C'était impossible !
Et pourtant…

« Quand le bizarre se glisse dans la vraie vie »

Du même auteur

Les enquêtes impossibles, avec Jérôme Equer, Flammarion, 2013.
Derniers Voyages, Flammarion, 2013.
Incroyable !, Flammarion, 2012.
Enquête sur 25 trésors fabuleux, avec Jean-François Nahmias, Flammarion, 2012.
Le Bonheur est pour demain, avec Jérôme Equer, Flammarion, 2011.
L'Enfer, avec Jean-François Nahmias, Flammarion, 2011.
Ils ont marché sur la tête : 450 faits divers inouïs, impayables et désopilants, avec Jérôme Equer, Albin Michel, 2010.
Kidnappings : 25 rendez-vous avec l'angoisse, avec Jean-François Nahmias, Albin Michel, 2010.
Sur le fil du rasoir : quand la science traque le crime, avec Jérôme Equer, Albin Michel, 2009.
La Terrible Vérité : 26 grandes énigmes de l'histoire enfin résolues, avec Jean-François Nahmias, Albin Michel, 2008.
26 dossiers qui défient la raison, avec Grégory Frank, Albin Michel, 2008.
Mort ou vif : les chasses à l'homme les plus extraordinaires, avec Jean-François Nahmias, Albin Michel, 2007.
Complots : quand ils s'entendent pour tuer, avec Jérôme Equer, Albin Michel, 2006.
Ils ont osé ! : 40 exploits incroyables, avec Jean-François Nahmias, Albin Michel, 2005.
Crimes dans la soie : 30 histoires de milliardaires assassins, avec Jean-François Nahmias, Albin Michel, 2004.
Destins sur ordonnance : 40 histoires où la médecine va du meilleur au pire, avec Jean-François Nahmias, Albin Michel, 2003.
Sans laisser d'adresse, avec Grégory Frank, Albin Michel, 2002.
Survivront-ils ? : 45 suspenses où la vie se joue à pile ou face, avec Jean-François Nahmias, Albin Michel, 2001.
Je me vengerai : 40 rancunes mortelles, avec Jean-François Nahmias, Albin Michel, 2001.
Les Dossiers extraordinaires, vol. 3, Éditions n° 1, 2001.
Les Dossiers extraordinaires, vol. 2, Éditions n° 1, 2000.
Les Dossiers extraordinaires, vol. 1, Éditions n° 1, 2000.

Suite en fin d'ouvrage

Pierre Bellemare
Grégory Frank

C'était impossible !
Et pourtant…

« Quand le bizarre se glisse dans la vraie vie »

Documentation : Evelyn Perriard

Flammarion

ISBN : 978-2-0813-3023-8

Prologue

Appréciez-vous les histoires *possibles*, mais totalement inventées ?

Il y en a plein Internet…

Ici, nous faisons le pari inverse : vous passionner, vous faire frémir ou… rire, avec des histoires *vécues*, même si elles étaient totalement impossibles !

Si l'on vous disait que :

— Un magicien de quartier a garanti la fortune à ses clients… Et qu'il a tenu parole ?

— Un simple ouvrier est mort dans un accident stupide… puisqu'il est ressuscité en génie de la musique ?

— Qu'un Français a servi de modèle au « Doctor House », devenant le supertoubib d'un grand hôpital américain… Qu'il a soigné des centaines de patients, en a sauvé du trépas des dizaines, à la plus grande admiration de ses confrères… tout en cachant un lourd secret ?

— Que, bien avant la naissance d'Internet, on a rendu publiques les photographies du postérieur d'une très noble dame, pour élucider une trahison d'État qui mettait la France en péril ?

— Et si l'on vous racontait aussi comment deux amis organisent minutieusement un attentat contre un patron gênant. Mais ils y renoncent à la dernière seconde et voient quand même l'agression se dérouler inéluctablement, point par point ?

Vous diriez : « C'était impossible ! ».

Et vous auriez raison.

Sauf que… c'est arrivé !

1

Les amants de Melbourne

11 novembre 1918, à Calais. La ville est comme prise de démence, mais d'une douce démence. Songez donc : quand on s'est endormi, on était en guerre. Ce matin, on s'est réveillé encore en guerre. Et, depuis 11 heures, toutes les cloches carillonnent pour annoncer la fin de cette immense boucherie.

On s'embrasse, on parcourt les rues en agitant des drapeaux et en criant « À mort, Guillaume ! » et « Vive Clemenceau ! » On chante *La Marseillaise*, *La Madelon* ou *Tipperary*. Des bals s'improvisent au coin des rues, on danse, on pleure encore, on rit enfin, on se bouscule, on boit, on se fait mal aux doigts à force de brandir au ciel le V de la victoire.

Or, dans cette foule en folie, deux êtres qui ne se connaissent pas encore vont, dans quelques minutes, être mis face à face par le destin, qui les appelle à vivre une extraordinaire, une stupéfiante aventure… Mais une fois vécue, ils voudront en nier la réalité. Ils voudront la refuser de toute leur logique, puisque, bien entendu… c'était impossible.

Et pourtant…

Quelque part, dans cette liesse populaire, un grand gars brun : Michel Davel. Il a vingt ans, l'air trop sérieux pour son âge. Il a eu la chance de ne pas se faire hacher menu par les mitrailleuses ou les obus, comme des dizaines de ses copains d'école. Il a conscience de sa chance et se dit que la vie vaut d'autant plus la peine d'en profiter au maximum. Pour l'instant, il n'est que simple matelot : il vient d'une famille modeste, on pourrait même dire pauvre. Mais il est déterminé : le cercle vicieux, qui veut que les fils de pauvres fassent des métiers de pauvres, il va le briser ! Son plan, c'est de se faire engager sur des bateaux de commerce pas très brillants, pas trop regardants sur les références. Il pourra se « former sur le tas », acquérir une solide expérience et passer ses brevets de sous-officier de la « Marchande ».

Un peu plus loin, dans cette foule : Rose-Mary Adrian. Dix-sept ans. Blonde, les yeux pervenche, l'air déjà de la fiancée idéale dont les matelots de la marine en bois de jadis faisaient peindre le portrait sur un médaillon d'ivoire, pour le garder sur le cœur pendant les voyages au long cours.

Le père de Rose-Mary est anglais, sa mère, française. La fortune familiale est solide malgré la chute du franc-or : les Adrian sont dans le textile depuis des générations et, pendant les années de conflit, la production de drap pour les uniformes a plutôt accru leurs avoirs. Rose-Mary, ses deux frères et leurs parents vivent dans une grande maison entourée d'un parc, à la sortie de Calais. On y parle indifféremment l'anglais, le français, et deux ou trois autres langues indispensables au commerce et à la culture, enseignées à domicile par des précepteurs.

Michel Davel se baguenaude seul dans la fête. Rose-Mary, elle, est accompagnée de trois cousines, de quatre à cinq ans ses aînées. Toutes quatre ont piqué sur leurs manteaux ou sur leurs bérets des cocardes tricolores et de minuscules drapeaux britanniques.

Bras dessus, bras dessous, elles s'approchent d'un petit bal improvisé où des couples dansent sur l'air de *Viens, Poupoule*. C'est là que Michel, parmi les badauds qui regardent les danseurs, remarque tout à coup Rose-Mary. Il est fasciné par tant de charme, tant de fragilité, tant de blondeur. Et comme aujourd'hui tout est permis, il s'approche, effleure le bras de la jeune fille.

— Mademoiselle ? Vous voulez bien danser ?

Elle tourne la tête, amusée. Danser avec le populo ? Sûrement pas ! Mais, dès le premier regard, un éclair la traverse... Exactement comme celui que l'on décrit dans les romans que ses cousines lui ont passés en cachette.

Michel, lui, n'a pas lu de romans : pendant ses rares loisirs, il se plonge dans les manuels d'instruction pour les élèves officiers.

N'empêche : le même séisme le secoue. Et la même polka effrénée les emporte.

Quand la musique s'arrête, le matelot ramène Rose-Mary vers ses cousines ; mais il ne la quitte pas. Il a d'ailleurs décidé de ne plus la quitter jamais. L'une des jeunes filles demande :

— Monsieur reste avec nous ?

— Oh oui : il reste ! répond simplement Rose-Mary.

Tout le groupe replonge dans la foule. Les trois cousines devant, Rose-Mary et Michel derrière, savourant un plaisir étrange qui leur tourne un peu la tête. Leurs mains sont restées entremêlées, depuis la danse, comme par peur d'être séparées.

Ils se revoient le lendemain, le surlendemain. Ils se revoient tous les jours du mois de novembre. Et tous ceux de décembre. Rose-Mary, en fille honnête, ne veut plus garder pour elle seule ce secret. À la veille des fêtes, elle veut partager ce bonheur avec sa famille : un soir, elle révèle à ses parents l'existence de son amoureux et, dans la foulée, leur annonce qu'elle veut l'épouser.

M. Adrian prend des renseignements sur Michel et détermine aisément que le jeune homme n'a « ni fortune ni espérances » comme l'on dit encore, à la mode du siècle précédent... Alors le papa, lui aussi, réagit comme un père bourgeois dans un de ces romans où l'amour est impossible : il s'oppose de façon catégorique au mariage.

— Non, jamais ! Jamais je ne l'autoriserai ! Ce serait une folie ! Unir ma fille à un petit matelot sans fortune et sans avenir, il n'en est pas question ! Tu es beaucoup trop jeune... Te rends-tu compte que tu n'as que dix-sept ans ? Tu as bien le temps de te passer la corde au cou. D'ailleurs, je t'interdis de revoir ce garçon ! Tu m'entends, Rose-Mary ? Je te l'interdis !...

Mister Adrian ponctue ses phrases en frappant lourdement du poing sur la table de la salle à manger. Debout à côté de lui, sa femme l'écoute silencieusement. En face, effondrée dans un fauteuil, la jeune Rose-Mary sanglote à fendre l'âme.

Pour l'adolescente, c'est le monde entier qui s'écroule. C'est la fin de son beau rêve. On a saccagé son histoire d'amour, la grande, la vraie... Et la seule de sa vie, elle le sait déjà.

Évidemment, Charles Adrian n'agit ainsi que pour protéger sa fille. C'est évident pour tout le monde, sauf pour la jeune fille. Madame Adrian, elle, a bien compris la vivacité de son mari. Elle essaie timidement d'intervenir :

— Ton père a raison, ma chérie... Il vaut mieux oublier ce garçon. Tu nous en remercieras plus tard... Crois-moi, tout cela, c'est pour ton bien !

Mais allez donc raisonner une jeune fille en proie à un chagrin d'amour ! Rose-Mary est inconsolable et, à travers ses gémissements, elle affirme que, jamais, elle n'aimera un autre homme.

Ses parents hochent la tête, l'air de dire que tout ça est bien naturel pour l'instant : c'est un mauvais moment à passer. L'existence se chargera bien de le lui faire oublier.

Eh bien, ils ont tort, madame et monsieur Adrian... Ils ont tort de considérer cet épisode comme une amourette sans importance, comme une toquade que le temps pourrait effacer... Non seulement les deux jeunes gens ne s'oublieront jamais, mais leur amour va les amener à vivre cette magnifique, et pourtant impossible aventure.

Malgré tous leurs efforts et leur compréhension, les Adrian voient leur fille dépérir de jour en jour. Elle n'a plus de goût à rien et passe le plus clair de son temps prostrée dans sa chambre. Elle ne leur adresse pas la parole et refuse le plus souvent toute nourriture.

Les pauvres parents ne savent plus à quel saint se vouer. Ils commencent à se demander s'ils ne se sont pas trompés. Au point que, pour réparer leur erreur – si erreur il y a eu – ils vont essayer de rencontrer le jeune homme pour se faire une meilleure idée de lui, de ses intentions, et de l'avenir qu'il pourrait offrir à leur fille, si par hasard les tourtereaux devaient convoler.

Mais il est un peu tard pour arranger les choses : Michel Davel, lui aussi déçu et désespéré, a depuis longtemps quitté Calais, embarqué sur on ne sait quel bateau de passage. Pas moyen de retrouver sa trace. Et Rose-Mary reste inconsolable.

Deux années plus tard, la jeune fille est toujours dans cet état. Faible, grise, taciturne, elle refuse de fréquenter des jeunes gens et s'éloigne même de ses cousines. La famille entière est affectée, et Charles Adrian se sent la conscience lourde des conséquences de son refus. L'enfer est décidément pavé des meilleures intentions... L'opportunité d'effacer toute cette peine et d'apporter un peu d'air frais à sa famille va lui venir de son métier : le tissage. Des relations de toute confiance lui proposent de devenir leur fournisseur privilégié... en Australie. Sur ce continent en plein essor, les immenses élevages de moutons et la main-d'œuvre abondante offrent à un spécialiste comme lui de nouvelles perspectives.

Une vie nouvelle pour tous les siens... Un tel dépaysement peut guérir bien des blessures de l'existence. Certes, il lui faut tout laisser, tout changer ? Charles Adrian aime assez sa fille pour saisir cette opportunité : au début de l'année 1920, Rose-Mary et ses parents quittent définitivement l'Europe pour Melbourne.

L'intuition de Charles Adrian a été la bonne : ce changement radical améliore très sensiblement la santé de la jeune fille.

Peu à peu, elle semble reprendre des couleurs, de l'énergie. Pour autant elle ne retrouve pas son enthousiasme et sa gaieté.

On dirait que sa jeunesse s'en est allée définitivement avec son fiancé perdu.

Les années passent, tristes, moroses… Rose-Mary ne parvient pas à oublier Michel. Systématiquement, elle repousse toutes les demandes en mariage, tous les soupirants. Pourtant, ils se pressent nombreux : en ce premier quart du XXe siècle, dans l'immensité australienne, les femmes sont plutôt rares, et les femmes à marier rarissimes. Autant dire que cette jeune fille blonde, aux yeux bleus, intelligente, fortunée et d'excellente famille britannique, représente un trésor pour lequel on est prêt à offrir toute sa fortune et à semer sous ses pas des brassées de pétales de roses.

Mais aucun parti, si brillant et si flambant de passion soit-il, n'intéresse Rose-Mary. Elle espère toujours revoir son Michel. Ses parents ont beau lui expliquer que cet espoir est insensé, elle s'entête. Pourtant, sa logique et son intelligence vive savent bien qu'il faudrait une suite de hasards inouïs pour qu'elle retrouve, tant d'années plus tard, un jeune homme qu'elle a connu si brièvement et à des milliers de kilomètres.

Mais qu'est-ce que l'intelligence et la logique ont à voir dans les histoires d'amour ? Au plus profond d'elle, Rose-Mary est persuadée que cela doit arriver… Il est *impossible* que cela n'arrive pas. Elle le dira elle-même plus tard : cette certitude était ancrée en elle, envers et contre toute raison, tranquillement, tout simplement…

Et c'est dix-sept ans plus tard que l'impossible arrive… Tout simplement.

Rose-Mary a maintenant trente-quatre ans. Elle vit seule près de l'immense port cosmopolite de Melbourne. Ses parents sont décédés l'année précédente, emportés par une épidémie. Cette fois encore, la jeune femme a ravalé son chagrin : nantie de son héritage, elle n'a aucun souci matériel, mais elle a pris un petit emploi de bureau comme dérivatif à la solitude. Elle occupe ainsi ses journées, refusant de se morfondre dans la contemplation du vide de son existence.

Et un matin, c'est en se rendant à son travail qu'elle se trouve soudain, sur un trottoir, face à un homme qui s'immobilise devant elle. Un barbu, à la peau tannée, le front comme creusé au burin par tous les vents du globe.

Les lèvres de l'homme forment d'abord des syllabes muettes, et puis il hurle :

— Rose-Mary !

Dans un premier temps, la jeune femme ne réagit même pas. Elle avait toujours été persuadée que « cela » arriverait. Mais elle pensait aussi qu'elle reconnaîtrait d'emblée son bien-aimé, de très loin, elle la première… Or, à cette seconde, elle n'a pas encore identifié, dans ce costaud rugueux, le tendre petit matelot de Calais gravé dans son souvenir…

Parce qu'elle n'a que son souvenir. Lui aussi. Pas même une vieille photo, cachée comme marque-page dans un livre de chevet… Il est vrai que lorsqu'ils s'étaient croisés, là-bas, en France, en 1918, les appareils de photo n'étaient pas dans la poche de tout un chacun… Et comme ils se rencontraient en cachette de la famille Adrian, ils n'auraient jamais osé poser ensemble au studio du coin, où seuls allaient les fiancés « officiels ».

Et la réalité physique du Michel de 1935 est bien différente du souvenir de son amoureuse. En dix-sept ans, il a vraiment changé. Il lui semble plus grand ; son visage même est différent : la mâchoire est plus large et les yeux d'un bleu plus foncé qu'autrefois… Mais lorsqu'il parle, elle retrouve ses expressions, son rire, ses inflexions tendres, son timbre chaud et, caractéristique entre tous, son savoureux accent du nord de la France.

Si les yeux peuvent douter, la voix ne trompe pas : c'est bien Michel qui est là devant elle ! Michel, revenu de sa surprise, qui lui sourit, la rassure, la soutient comme si elle allait tomber… En fait, elle a vraiment besoin de ce soutien : les jambes lui manquent pour de bon ! Alors, elle se laisse guider vers le premier café venu. Tout ce qu'elle peut faire, c'est murmurer à chaque pas :

— Michel, Michel…

Ce jour-là, Rose-Mary Adrian n'ira pas au bureau. Installée depuis des heures dans ce pub avec son amour enfin retrouvé, elle évoque des souvenirs de Calais et de l'Armistice. Novembre 1918. Comme elle, Michel n'a rien oublié. Pas une seconde de leur première journée, pas un détail de « leur » bal... Quelles images leurs viennent ? Cette robe rouge qu'elle portait ? La musique sur laquelle ils ont dansé toute la nuit ? Leurs rendez-vous secrets, les baisers dans les parcs embrumés ? Les cafetières fumantes sur le coin du poêle et la sciure sur le plancher de « leur » bistrot de Calais ? Est-ce qu'elle lui demande :

— Et le poème, Michel ? Le poème que tu m'avais écrit ?

— C'était sur du papier bleu ciel, avec de l'encre violette...

À dix-sept ans d'intervalle, Rose-Mary croit vivre un rêve. Pourtant, c'est-elle qui revient la première à la réalité :

— Mais dis-moi, Michel, que fais-tu ici à Melbourne ?

— Je travaille dans le port depuis près d'un an. Ce n'est pas très passionnant, comme job... Mais avec mon mauvais anglais, je n'ai pas pu trouver mieux...

— Du travail ici ? Mais pourquoi as-tu choisi l'Australie ?

— Tu ne vas peut-être pas me croire, mais je n'en sais strictement rien ! Rien du tout... Je ne me souviens même pas de mon arrivée. Figure-toi que l'année dernière, j'ai eu un accident. Une fracture du crâne. Je me suis réveillé à l'hôpital, totalement amnésique... Peu à peu, la mémoire m'est revenue. Mais seulement pour les choses anciennes. Aujourd'hui encore, je n'ai aucun souvenir des circonstances de mon accident... Tout ce que je sais c'est qu'il a eu lieu en août dernier... Le 12 août 1934... La date, elle, je ne risque pas de l'oublier. Pour tout le reste, ce qui précède, c'est le trou noir. Absolu. Mais, tu vois : ça ne m'a pas empêché de te reconnaître... Ton visage fait partie de mes souvenirs anciens et, sans vouloir pousser le compliment, tu n'as vraiment pas beaucoup changé.

Rose-Mary ne rosit même pas sous l'éloge : elle-même, de l'intérieur, se sent tellement « comme avant », comme si cette rencontre prenait la suite immédiate d'un de leurs rendez-vous secrets de 1918, dans un café face à la mer du Nord. Encouragé par le demi-sourire de son interlocutrice, Michel tente :

— Et maintenant que je t'ai retrouvée…

Il hésite un peu :

— Tu… Tu n'es pas mariée, au moins ?

Elle rit comme devant une évidence :

— Non !

Et elle ose ajouter, avec une franchise de jeune fille :

— Je t'ai toujours attendu.

Le silence s'installe entre eux, puis Michel reprend, avec toute la timidité d'un jeune homme :

— Crois-tu… Que ce soit… Enfin, que… quelque chose soit encore possible, entre nous ?

Les dix-sept années de séparation se sont effacées d'un coup. Rose-Mary n'exprime pas l'ombre d'un doute :

— Bien sûr… Ce qui serait impossible, c'est qu'il n'y ait rien entre nous.

Et Michel, heureux et inconscient comme un gamin, conclut :

— Alors, je t'épouse !

Un mois plus tard, Rose-Mary et Michel sont enfin mariés. Le bonheur, en quelque sorte… Cela pourrait être une magnifique et heureuse conclusion. Ce n'est que le début de l'histoire, en fait. Et d'une histoire impossible, car ce joli conte va s'achever de la façon la plus inattendue qui soit. Ce couple sans problème va se trouver confronté à une telle aberration, qu'elle amènera Rose-Mary Adrian à consacrer le reste de sa vie à la recherche métapsychique.

Pour le couple, il va y avoir d'abord treize ans de bonheur australien. Treize années de vie conjugale sans le moindre nuage. Même la Seconde Guerre mondiale ne leur paraîtra que comme un tumulte bien lointain. C'est peut-être égoïste, mais leur passion et leurs retrouvailles fantastiques gardent une telle intensité que le monde entier semble à l'extérieur de leur bulle.

Et puis, un soir de 1948, Michel ne rentre pas à la maison. Il ne revient qu'après trois jours d'absence. Un Michel hagard, hébété, épuisé… Rose-Mary, folle d'inquiétude, avait déjà alerté tous les hôpitaux et les postes de police. Elle le presse de questions :

— Mais qu'est-ce qui se passe ? Où étais-tu ? Qu'est-ce qui t'est arrivé ?

Michel est apparemment incapable de répondre. Incapable même de parler. Rose-Mary insiste :

— Je t'en prie, mon amour, dis-moi quelque chose !

Alors Michel sort de sa sidération et il parle. Dès les premiers mots, le visage de Rose-Mary se décompose. Cette voix… Cette voix, ce n'est pas celle de Michel ! Ce timbre si familier qu'elle avait instantanément reconnu après toutes ces années et à des milliers de kilomètres de distance… Elle se dit « ce n'est pas possible, je deviens folle… Ou alors c'est l'émotion… ». Mais non, pourtant : elle a beau prêter toute son attention, l'homme qui est devant elle s'exprime dans un anglais impeccable, alors que Michel avait conservé un accent français à couper au couteau et ne possédait qu'un vocabulaire anglais limité ! De plus, cet homme lui révèle une chose effroyable :

— Excuse-moi, Rose-Mary… Il fallait que je revoie très vite ma femme et mes enfants !

— Qu'est-ce que tu racontes ? Tu as perdu la tête, Michel ?

Et l'homme rétorque calmement, et EN ANGLAIS :

— Mais je ne suis pas Michel ! Je n'ai *jamais été* Michel…

Presque froid, maintenant, l'homme continue doucement, avec le même accent typiquement australien :

— Non, je n'ai pas perdu la tête… Au contraire, je viens de la retrouver ! Je *me suis* retrouvé. Il y a trois jours que je suis… comment dire ? que je suis *à nouveau moi*. La mémoire m'est revenue. Toute ma mémoire… Je ne suis pas Français. Je suis australien. Je m'appelle Littlon, George Littlon… Je suis marié… En fait, j'étais marié avant notre rencontre. Ma femme et mes deux enfants vivent ici, en Australie… Durant ces trois derniers jours, je suis allé les voir… Ils m'ont reconnu tout de suite… Je ne comprends pas pourquoi j'ai pu me faire passer pour un Français nommé Michel Davel ? Ni surtout comment ? D'autant plus que je ne parle absolument pas le français ! Enfin… Je ne le parlais pas dans ma vie précédente… Et aujourd'hui, il ne m'en reste que des bribes.

Évidemment, Rose-Mary ne croit pas un traître mot de toute cette fable. Comment admettre que cet homme avec lequel elle a vécu pendant treize ans, prétende maintenant ne pas parler le français ? Et puis, s'il n'est pas Michel, comment a-t-il pu la reconnaître dans la rue ? Oui : tout ce fatras, ce ne sont que des inventions ! Des inventions maladroites dans le but de la quitter ! Peut-être a-t-il une autre famille sur ce continent, mais il l'avait bien caché ! Et elle, sotte qu'elle était, ne s'est jamais doutée de rien ! Cette pensée la met très en colère :

— Si c'est tout ce que tu as trouvé pour me larguer, ce n'est pas très malin ! Franchement, Michel, tu me déçois ! Tu me prends vraiment pour une imbécile !

Spontanément, comme elle l'a toujours fait depuis leur mariage, Rose-Mary s'est exprimée en français. Et l'homme fait un geste d'impuissance, signifiant qu'il n'a rien compris. Cette attitude ne fait qu'augmenter la fureur de la femme trahie. Elle emprunte la langue de son interlocuteur :

— Puisque la mémoire t'es revenue, dis-moi : quand as-tu quitté la France ?

— Mais je n'y ai jamais mis les pieds ! C'est bien trop loin !

Rose-Mary est au bord de la crise de nerfs. Quant à Michel – ou à cet homme qu'elle continue à appeler ainsi – il est si manifestement effondré que cela ne peut pas être du faux-semblant. Ou alors, quel comédien de génie ! Mais, décidément non : c'est un malheureux type complètement dépassé qui essaie de se justifier, de trouver, lui aussi, une explication :

— Je ne peux rien te dire de plus, Rose-Mary. Je sais seulement que je ne suis pas ce Michel. Je suis bel et bien George Littlon. Je t'ai dit tout ce que je savais... Je t'ai parlé de mon accident le 12 août 1934 ! Je me suis effectivement retrouvé à l'hôpital avec une fracture du crâne. On m'avait probablement attaqué sur les docks, dévalisé... Je n'avais pas de papiers sur moi... Et quand je me suis réveillé, on m'a demandé mon nom. Le seul qui me soit revenu spontanément, c'était Michel Davel. Vu mes vêtements et l'endroit où j'avais été retrouvé, ils ont pensé que j'étais marin. Ça me parlait, mais je ne me souvenais plus du nom de mon bateau... Je suis resté en observation pendant quelque temps. Mon état physique s'est amélioré, mais je n'ai pas réussi à retrouver la mémoire des mois précédents.

Une fois rétabli et capable de me débrouiller, j'ai demandé à rester ici, en Australie. Les autorités m'ont fourni une carte de séjour et une carte de travail sous la seule identité que l'on me connaissait : Michel Davel. J'ai cherché un emploi et c'est comme ça que je suis devenu docker. J'en étais là lorsque je t'ai rencontrée... Et d'anciens souvenirs sont revenus en avalanche à cet instant : j'ai crié ton prénom et je t'ai reconnue, parfaitement reconnue, comme si ton visage s'était gravé dans mes souvenirs anciens !... Il faut me croire Rose-Mary ! Je sais que c'est difficile, mais je te jure que tout cela est vrai ! Tu vas pouvoir le vérifier ! Il ne faut pas m'en vouloir, mais nous ne pouvons plus rester ensemble... Pendant treize ans, je peux jurer que j'ai été sincère, mais je vivais avec les souvenirs d'un autre homme ! Aujourd'hui, je ne ressens plus rien de ce Michel Davel. Je suis redevenu George Littlon, avec mes véritables sentiments... Ma femme et mes enfants me croyaient mort. Maintenant, ils ont besoin de me revoir auprès d'eux...

Chez Rose-Mary Adrian – ou plutôt Rose-Mary Davel – la fureur a fait place à l'accablement. Elle vit un cauchemar. Sans réagir, elle regarde celui qui n'est plus Michel réunir ses affaires et quitter la maison, aussi bouleversé qu'elle. Une fois encore, elle voit son amour, son seul amour, s'envoler ! Lorsqu'elle parvient à se ressaisir, une violente colère l'envahit à nouveau. Seule réaction peut-être pour préserver sa raison, l'empêcher de sombrer dans la folie. Car il y aurait de quoi ! Puisqu'il en est ainsi, puisque l'homme pour lequel elle s'est dévouée pendant treize ans n'a rien trouvé de mieux que d'inventer une histoire abracadabrante, dans le but de la laisser tomber… Eh bien, elle va aller à la police pour l'obliger à revenir ! Après tout, elle est dans son droit : cet homme est légalement son mari !

Après avoir pataugé un bon moment dans les explications de Rose-Mary, les policiers sont prêts à se décourager, mais l'un d'entre eux trouve dans ce récit, sinon quelques bribes de raisonnable, du moins l'écho d'une absolue sincérité. Cette femme n'est pas folle : elle vit une histoire de fou ! Alors, contre l'avis de sa hiérarchie, il accepte le challenge : il va explorer les anciens dossiers.

L'enquête, sérieusement menée, confirme point par point la déclaration de George Littlon.

Il a effectivement été porté disparu le 12 août 1934.

Son épouse avait signalé cette disparition et demandé une recherche. Recherche abandonnée depuis longtemps : aucune trace du dénommé Littlon.

En revanche, on retrouve bien les documents attestant que, ce même 12 août 1934, un inconnu, vraisemblablement un matelot, victime d'une agression sur les docks, était admis à l'hôpital de Melbourne.

L'homme ne possédait plus aucune pièce d'identité. Après avoir reçu des soins assez longs (presque une année) et une rééducation suffisante, on lui avait donné la permission de retourner vers la vie active. Vu son état d'amnésie partielle persistante, du seul nom dont il se souvenait et du fait qu'il ne parlait que le français, il avait reçu des autorités australiennes des papiers officiels lui permettant d'avoir un statut légal et de travailler sous l'identité qu'il avait déclarée : Michel Davel.

Devant ces preuves tangibles, Rose-Mary doit bien admettre qu'il ne peut pas s'agir là d'une ruse maladroite inventée par un mari désireux de reprendre sa liberté. Et, malgré l'invraisemblance de la situation, elle est confrontée à l'indéniable réalité des rapports de police et de leur troublante chronologie. La voici obligée de se rendre à l'évidence : durant treize années, elle a été victime d'un phénomène propre à faire perdre la raison.

Plus que troublée, désemparée, Rose-Mary quitte bientôt l'Australie pour revenir en Angleterre. Là, elle met tout en œuvre et mandate des enquêteurs, des journalistes, pour l'aider à retrouver Michel Davel. Le vrai Michel, cette fois...

Un matin, une lettre à l'en-tête de la mairie d'une petite commune du nord de la France annonce la seule réalité possible, et pourtant la seule dont Rose-Mary ne voulait pas : Michel Davel est décédé... Il a été victime d'un accident de la route.

C'est triste, et ce serait banal si un détail ne rendait le fait hallucinant : la date.

La mort de Michel est survenue le 12 août 1934 !

Et rappelez-vous : c'est le 12 août 1934 que, à des milliers de kilomètres de là, un certain George Littlon était victime d'une fracture du crâne et tombait dans le coma ! Un état dont il était sorti, en quelque sorte... « possédé » par la personnalité du défunt Michel !

Bien entendu, il n'était pas question d'avaler cette histoire impossible sans en mettre en doute chaque point, chaque invraisemblance. Des scientifiques, des officiels, ont cherché différentes entourloupes possibles, notamment une complicité entre George Littlon et Michel Davel (on se demande bien, d'ailleurs, dans quel but ?). Après vérification, il s'avère qu'ils n'ont pas pu se connaître : le matelot Davel n'a jamais mis les pieds en Australie, et le modeste George Littlon n'a jamais pu s'offrir le voyage vers la France, ce petit pays, dont il situe à peine la position, là-bas, de l'autre côté du globe…

Le reste de la vie de Rose-Mary Adrian fut austère, irrémédiablement troublé. Elle se consacra essentiellement à enquêter sur les mystères de ce genre et à écrire de nombreux livres afin d'y apporter une explication… Pour tenter de percer les mystères de la mort. Elle a fondé une société de recherche métapsychique. Évidemment, pendant des années, leur premier sujet d'études fut le cas Davel. Rose-Mary et certains membres de cette société ont été les plus farouches et impitoyables chercheurs.

Que cherchaient-ils ? Une explication, bien sûr ! Qu'il soit crédule ou sceptique, l'être humain fonctionne ainsi : par *explications*, qui vont justifier… son scepticisme ou sa crédulité ! Alors, l'explication à laquelle les chercheurs du groupe fondé par Rose-Mary se sont ralliés, la voici.

Au moment de sa mort brutale, le 12 août 1934, fauché sur une route du nord de la France, la dernière pensée de Michel Davel se tourne vers l'être qu'il aimait le plus, depuis toujours : Rose-Mary.

Même si sa conscience « normale » ne sait pas où se trouve la jeune femme, son âme, libérée, trouve le chemin, vers l'autre bout du globe. Non loin de Rose-Mary, à Melbourne, le corps de Georges Littlon est rendu momentanément disponible par son accident et sa très longue perte de connaissance.

L'âme éperdue de Michel Davel s'y précipite, s'y réfugie, s'y calfeutre.

Le corps de Georges Littlon sera littéralement « habité » par l'esprit, la conscience de Michel Davel jusqu'en 1947.

Certes… Ces explications sont celles d'adeptes de la métapsychique. Autrement dit : elles sont quelque peu orientées et confortent (comme ça se trouve !) les théories mêmes qu'ils veulent prouver. N'empêche : elles font frissonner et rêver.

C'est tellement délicieux que nous aurions bien aimé nous arrêter là.

Seulement voilà : il y a des gens dont la fâcheuse manie est de vouloir tout expliquer en se passant totalement de paranormal. Et qui, en plus, ont le mauvais goût d'y réussir ! Ce sont les neuroscientifiques.

Ils ont collecté les rapports médicaux tout autour du monde et nous apprennent ainsi que les symptômes manifestés par George Littlon ne sont absolument pas uniques. Des manifestations du même type ont été remarquées et diagnostiquées depuis le début du XXe siècle. Elles ont reçu la dénomination de *Foreign Accent Syndrome (FAS)*, syndrome de l'accent étranger.

L'un des cas les plus connus est celui d'une Norvégienne, Astrid L. En 1941, lors d'un raid aérien, elle est blessée à la tête par un éclat de shrapnell. Lorsqu'elle reprend conscience, elle s'exprime avec un accent allemand si caractéristique... qu'on la dénonce comme espionne infiltrée de la Cinquième Colonne !

En 1999, Judi Roberts est victime d'un accident vasculaire cérébral. Cette femme, qui a été élevée et a vécu dans l'Indiana, se met à cinquante-sept ans à parler avec le très pur accent d'une Britannique de souche. Elle n'est jamais allée en Angleterre.

Citons une dépêche de l'AFP de 2006 : « Après une attaque cérébrale, une femme de Newcastle (nord-est de l'Angleterre) s'est réveillée avec l'accent de la Jamaïque. » Linda Walker, soixante ans, une ancienne administratrice d'université, ne s'en est pas rendu compte tout de suite. Il a fallu que son thérapeute l'enregistre pour qu'elle constate que son accent nasillard de la région de Newcastle avait disparu. « J'étais accablée, a-t-elle déclaré au journal local *Evening Chronicle*. Maintenant, j'ai l'impression d'être quelqu'un d'autre. » Au téléphone, elle a selon la majorité de ses interlocuteurs, l'accent jamaïquain. « Mais ma belle-sœur trouve que j'ai l'accent italien et mon frère dit que je parle comme une Slovaque », a-t-elle confié, perplexe.

Cindy Lou Romberg, de Port Angeles, dans l'État de Washington, a rendu public son cas sur Discovery Channel, le 26 octobre 2008. Blessée au cerveau lors d'un accident de voiture, elle aura mis dix-sept ans avant de déclarer le syndrome : toujours incommodée par les séquelles, elle se confie aux mains d'un chiropracteur qui effectue un réajustement des vertèbres cervicales. Après la séance, madame Romberg ne parle plus qu'avec un accent russe. Elle s'est mise ensuite à faire, en anglais, les mêmes fautes grammaticales qu'une personne de langue maternelle russe.

Et puis la Britannique Kay Russell, quarante-neuf ans, de Gloucester, obligée d'abandonner son travail dans la vente, parce que l'accent *frenchy* qu'elle ne peut soudain plus empêcher est considéré comme très vulgaire par ses employeurs et sa clientèle.

Britannique aussi, miss Sarah Colwill, voici quelques mois est débordée par un accent… chinois !

Mentionnons enfin, car elle est australienne et nous ramène à notre histoire, Leanne Rowe, de Tasmanie. C'est sa fille qui est venue plaider son cas devant les caméras de la télévision. Elle voulait clamer la vérité, faire « retrouver l'honneur de sa mère ». Car madame Rowe, elle aussi, a la désagréable surprise de se voir typée comme une Française. Une très sale réputation dans sa contrée. Elle n'ose sortir que la nuit, lorsqu'on ne peut plus la montrer du doigt.

Nous pourrions mentionner ainsi une soixantaine de cas, frappant des hommes comme des femmes. On remarque que tous ont été touchés à la tête, par maladie ou par accident. Tout comme George Littlon, agressé sur les docks de Melbourne.

Tous, aussi, ont subi de graves désagréments et leur entourage en a été affecté, comme Rose-Mary Adrian. Le professeur Nick Miller, spécialiste du FAS à l'université de Newcastle, décrit ainsi ces ravages :

« Beaucoup de ces personnes ressentent la perte de leur ancien accent ou langage comme un deuil et comme si elles avaient perdu une partie d'elles-mêmes. Elles disent qu'une partie de leur personnalité est morte. »

Voilà : plus de mystère, plus de paranormal ! Une maladie, une altération de la cervelle... « Ils » ont vraiment le don de tout dépoétiser en braquant, sur une palpitante aventure, le projecteur aveuglant de la science.

Rassurez-vous : on ne va pas « leur » laisser une trop facile victoire !

Admettons : le syndrome décrit explique le changement d'accent et peut-être même de vocabulaire de George Littlon après sa blessure au crâne.

Mais en quoi le FAS aurait-il permis à cet Australien amnésique de donner, au réveil de son coma, le nom de Michel Davel ?

Le FAS lui aurait permis, en pleine rue, au milieu d'une foule, de reconnaître Rose-Mary Adrian ?

Le FAS lui aurait « injecté », en 1934, tous ces détails sur la liesse de l'Armistice, le 11 novembre 1918 et sur Calais en France ? La robe rouge de Rose-Mary pour ce bal improvisé dans la rue ? La musique de leur première danse ? Les lieux de leurs rendez-vous secrets, ensuite, et les mots qu'ils y échangeaient ? Et le poème d'amour du jeune Michel ?

Le FAS explique-t-il que l'accident mortel de Michel Davel, dans le nord de la France, et l'agression contre George Littlon en Australie, aient eu lieu le même jour ?

Et pourquoi l'identité de Michel Davel, si bien chevillée au corps de Littlon pendant treize années, s'éclipse-t-elle tout soudain, pour céder obligeamment à nouveau la place à la conscience de Littlon ?

Allez, terminons sur une hypothèse apte à faire plaisir au poète qui sommeille en nous : ouvrons le Grand Livre de l'Éternité !

Selon lui, Michel Davel EST la « moitié d'orange » de Rose-Mary, son âme sœur : donc, il DOIT faire ce bout de chemin auprès d'elle. C'est pour accomplir ce devoir sacré qu'il vient squatter le corps de Littlon.

Après treize années de vie conjugale, il estime que c'est fait. Ouf ! (Tous ceux qui savent ce que c'est que d'être marié pendant treize ans le comprendront…).

Tranquillisé, son esprit peut poursuivre son cycle éternel : il restitue le corps de Littlon à son légitime occupant… Ce que c'est beau, non ?

Et ne venez pas tout gâcher en demandant : « Oui, mais… comment Littlon savait-il qu'il devait se trouver justement là en 1947 pour reprendre le corps ? »

Au moment où il réintègre son enveloppe, il n'a aucun souvenir de ces treize ans. Son « âme » a-t-elle su qu'elle avait encore « droit » à des années sur terre ?

Dans ce cas, à quoi a-t-elle occupé tout ce temps, de 1934 à 1947 ?

A-t-elle erré aux alentours, dans un « ailleurs » qui n'aurait laissé aucune trace dans sa mémoire ? Mais alors, quel est donc cet « ailleurs » ?

À cette question-là, ni les adeptes du paranormal, ni les neuroscientifiques ne nous fournissent de réponse.

Pour la connaître, désolés de vous le confirmer : il vous faudra attendre d'y aller jeter un coup d'œil… par vous-même.

2

Panique sur Turin

Le juge Bernardoni, manteau noir et complet anthracite, sonne à une grille.

Il est venu voir un mort. Il va rencontrer un fantôme. Un fantôme de juge.

La vieille madame Cuneo fait rouler son fauteuil vers le guéridon, là-bas, au bout de son grand salon. Elle va répondre à la sonnerie du téléphone. En même temps, elle entend frapper à la porte d'entrée.

Madame Cuneo hésite : la porte ou le téléphone ? Elle choisit le téléphone.

Elle a tort : elle va y apprendre la mort de son fils unique.

Derrière la porte de madame Cuneo, on s'impatiente. C'est le fils défunt, un gros bouquet de fleurs à la main.

Quel rapport existe-t-il entre un juge, un fantôme de juge, une vieille dame, un fils mort qui porte des fleurs ?

Un lien étrange, une bien folle histoire. Impossible. Et pourtant…

La nuit. 3 heures 15. La cité HLM des « 400-Familles », dans la banlieue de Turin.

Les façades de béton, récentes encore et déjà rongées d'une lèpre grise, se renvoient l'écho d'une sirène d'ambulance. La lumière bleue du gyrophare ne balaie que de la laideur.

La voix de la sirène n'a pas fini de mourir dans un decrescendo lamentable, que deux hommes en blouse blanche grimpent un escalier qui sonne le creux. Bien sûr, l'ascenseur est en panne.

La sonnette aussi, à la porte au vernis couvert de graffitis où ils frappent.

Ils frappent encore.

Un type dans la cinquantaine finit par ouvrir, les yeux gonflés de sommeil, en pantalon de pyjama et tricot de corps douteux, traînant les pieds dans de vieilles babouches :

— C'est quoi, votre cirque là ? J'bosse à 5 heures, moi ! Besoin de roupiller !

— Vous êtes bien l'appartement 124 ?

— Ben oui !

— Bâtiment 21, bloc 2, escalier C, premier étage ?

— Ben oui !

— Vous êtes bien Dolprone, prénom Basilio ?

— Ben oui !

— Madame Dolprone, prénom Tina, c'est votre épouse ?

— Ben oui !

L'ambulancier consulte un bordereau et le colle sous le nez de l'homme en maillot de corps.

— Dolprone, Tina : c'est bien elle que nous venons chercher.

Dolprone Basilio n'est manifestement pas très bien réveillé. Complétement abasourdi, il se tourne vers une femme toute maigre qui sort de la chambre à coucher, en s'empêtrant dans un peignoir de nylon, orné de fleurs orange et marron.

— Tina ! C'est... c'est pour toi... Ils viennent te chercher... Comprends pas !

Sur le palier, des portes s'ouvrent et les voisins commencent à s'assembler en demi-cercle. Conforté par leur présence, Basilio hausse le ton :

— Comprends rien, je vous dis ! Tout le monde va bien, ici ! J'en n'ai rien à cirer, de votre paperasse ! Cassez-vous et laissez pioncer les travailleurs !

— Écoutez, monsieur Dolprone… Pourtant, c'est bien vous qui nous avez téléphoné parce que votre dame était en train d'accoucher ?

Les deux hommes en blanc échangent un regard plutôt ennuyé.

— Quoique… À voir madame, il y a sûrement erreur…

Dans l'entrée du modeste logement, la femme maigre éclate en sanglots et se met à hurler :

— C'est dégoûtant ! Vous n'avez pas le droit ! Le bon Dieu nous a punis, et nous le méritions ! Mais vous, vous êtes le Diable, pour oser des choses pareilles !

Le mari fait un pas en avant, menaçant, puis jauge d'un regard la carrure des ambulanciers.

— Je ne sais pas ce qui me retient de… Bande de salauds ! Vous ne l'emporterez pas au paradis !

La porte claque au milieu des murmures outrés. Les voisins soutiennent manifestement les Dolprone. Ils se rapprochent en grondant. Tout costauds qu'ils sont, les ambulanciers se sentent mal embarqués, dans cet escalier de cité !

Mais ils sont sauvés par le gong, ou plutôt par les sirènes : une deuxième, puis une autre, une autre encore… La cour, entre les mornes façades, résonne : trois, quatre… cinq ambulances arrivent presque en même temps ! Les équipes se bousculent, les civières s'entrechoquent dans l'escalier.

Cinq ambulances sont venues bâtiment 21, bloc 2, escalier C, premier étage, pour transporter une même femme, supposée être dans les douleurs de l'enfantement.

Quatre ambulances repartiront vides. À bord de la cinquième, on emporte quand même la maigre madame Dolprone, secouée par une crise nerveuse, qui lui vaudra une cure de sommeil et une longue dépression.

Une voisine attristée a donné aux infirmiers l'explication du craquage de Tina : elle avait, dans sa jeunesse, pratiqué trois avortements clandestins. Elle n'a jamais eu d'enfant et ne pourra plus jamais en avoir. Le couple traîne cela comme une malédiction du ciel. Et il faut être méchant… oh oui, bien plus que méchant, pour remuer à ces pauvres gens le couteau dans la plaie ! Tous les voisins sont d'accord là-dessus.

En revanche, qui a appelé les ambulances ? Qui connaissait le douloureux secret de Tina et s'en est servi pour la torturer ainsi ? Personne n'en a la moindre idée.

Changement de décor : toujours à Turin, mais via Camoletti, une tranquille avenue des beaux quartiers.

11 heures du matin. La chaleur se fait déjà pesante. Sous son manteau de vigogne noir et son complet anthracite de bonne coupe, l'homme qui sonne à la grille du numéro 22 transpire stoïquement. Un domestique compassé ouvre le portail.

— Bonjour, monsieur le juge ! Veuillez vous donner la peine d'entrer.

Le visiteur ôte son chapeau à bords roulés. Il constate que la cour est vide, alors qu'il s'attendait à la trouver encombrée de voitures.

Sur le perron, apparaît la maîtresse de maison, une belle femme d'une quarantaine d'années. Le visiteur tique en la voyant en robe bleu clair. Il marque même un temps d'arrêt, quand elle lui adresse un signe de main guilleret. Néanmoins, il avance, les bras tendus, la tête légèrement penchée sur le côté.

— Ah… Lucia… ma pauvre Lucia ! La vie est décidément bien cruelle… Ce sont toujours les meilleurs qui s'en vont, n'est-ce pas ? Mais vous êtes forte. Vous maîtrisez vos larmes, c'est bien, c'est très bien !

Elle le regarde bizarrement.

— Mais… Bernardoni, avez-vous pris un coup de chaud, dans votre tenue du dimanche ? Pourquoi voudriez-vous donc que je pleure, un jour comme aujourd'hui ? Il fait beau… La vie est merveilleuse, au contraire !

Le juge Bernardoni prend affectueusement madame Guisoni par les épaules. Pauvre, pauvre Lucia ! La douleur lui trouble assurément la raison : cette robe claire, cette gaieté dans un moment pareil ! Il est vrai que le malheur qui la frappe est si soudain, si inattendu : le juge Guisoni, le mari de Lucia, le plus brillant peut-être de sa promotion… Le juge Guisoni, si plein de santé, emporté brutalement à la fleur de l'âge !

— Chère Lucia, je mesure le courage qu'il va vous falloir. Nous serons tous à vos côtés !

Inquiète, la femme s'arrête, se tourne vers lui.

— À mes côtés pour quoi ? Vous me faites peur, tout à coup, Bernardoni !

— C'est que le décès d'un époux tel que le vôtre…

— Quoi ? Flavio ? Mon Flavio est mort ? Mais c'est impossible ! Où ? Quand ?

— Dieu du ciel ! Vous… vous ne saviez pas ? Ils ne vous ont pas avertie ?

Le domestique arrive juste à temps pour recevoir dans ses bras Lucia Guisoni, évanouie.

— Aidez-moi, je vous prie, monsieur le juge. Allons étendre madame au salon ! C'est horrible ce que vous venez de lui apprendre. Ainsi monsieur est décédé ?

— Mais oui mon pauvre Pietro ! Quelle tragédie, n'est-ce pas ?

— Comment est-ce…

— Un accident vasculaire cérébral, selon toute vraisemblance ! C'est arrivé ce matin, au Palais ! Je n'étais pas de service. Un huissier a trouvé mon numéro privé, je ne sais pas par qui, d'ailleurs. Il m'a appelé chez moi. Je suis venu tout de suite. Je n'avais pas pensé que j'aurais, en quelque sorte, la triste mission de tout apprendre à notre pauvre Lucia ! Quel horrible malentendu !

Les deux hommes montent les marches du perron, avec leur précieux fardeau.

— Allez-y doucement, Pietro : elle n'a vraiment pas l'air bien…

Une voix puissante les cloue sur place.

— Bernardoni ! Pietro ! Qu'est-ce qui arrive à ma femme ?

Ils ont failli lâcher la malheureuse : dans l'ouverture du portail, sa serviette noire à la main, s'encadre le fantôme du juge Guisoni !

Pour un revenant, il se porte plutôt bien ! Une bonne raison à cette belle santé : le juge Guisoni n'est pas mort. Pas même un tout petit peu... En revanche, le malaise de sa femme Lucia s'aggrave. Elle va devoir séjourner plusieurs semaines en clinique, puis partir en cure de repos. Elle était sous traitement depuis plusieurs années pour une faiblesse cardiaque. Elle est très amoureuse de son mari et le croire mort a causé un choc profond. Quelqu'un a frappé fort, et juste.

La spacieuse chambre privée, emplie de fleurs, où se repose l'épouse du juge, est bien loin de la salle commune de l'hôpital. Bien loin et bien différente : entre trente-deux autres patientes, Tina Dolprone, la maigre femme de l'HLM, gémit en attendant une infirmière surchargée.

Il y a cependant un lien entre ces deux femmes en souffrance. Un lien aussi fin et ténu qu'un fil.

Un fil de téléphone, très exactement.

Pour l'instant, dans cette vaste métropole, où se déroulent tant de délits, de vols, d'agressions, tant de drames, personne n'a connaissance à la fois de ces deux incidents privés.

D'ailleurs un policier aurait-il les deux rapports en main, qu'il ne ferait probablement pas le rapprochement, entre les perturbations qui bouleversent la famille de l'ouvrier Dolprone et celle du juge Guisoni.

Justement, allez-vous penser : pour de simples travailleurs, dérangés par un mauvais plaisant, on ne va évidemment pas gâcher le temps des représentants de l'ordre. Mais lorsqu'un *magistrat* est victime d'une telle agression, la police devrait au moins remuer ciel et terre ?

Seulement, du fait même de sa profession, qu'il exerce avec une remarquable intransigeance, le juge Guisoni ne compte plus ses ennemis. Il sait qu'une enquête n'aboutirait qu'à réjouir les médias. C'est lui-même qui retire le dossier de la pile. Pour ménager la tranquillité de Lucia.

Il a tort de ne pas engager une action dès cet instant. Car il laisse ainsi la voie libre à une vague d'exactions qui vont mettre Turin sens dessus dessous.

De par la ville, le téléphone fait de nouveaux ravages. Une fuite de gaz mobilise les ouvriers de la compagnie au moment du changement de service. Deux équipes arrivent ensemble sur les lieux, juste en même temps qu'une unité de pompiers. Pour une fuite qui n'existe pas.

La nuit suivante, la même alerte est lancée. Branle-bas de combat. Pour rien, une fois encore.

À la troisième alerte, les secours savent qu'ils ont affaire à un appel bidon, mais ils sont forcés d'intervenir : la sécurité impose que les vérifications soient opérées. Ils repartent sous les huées des riverains privés de sommeil.

Ils reviendront cinq fois en tout.

La presse commence à poser des questions aux services publics. Qui n'ont pas de réponse. D'ailleurs, l'auteur de ces perturbations va, judicieusement, les laisser en repos pour s'attaquer à des privés.

Un pharmacien est prévenu par un fleuriste que « la livraison » sera effectuée à son domicile dans la matinée. Comme le fleuriste a raccroché sans attendre, et que le pharmacien n'a rien commandé, il rentre chez lui pour vérifier. Juste à temps pour intercepter une gerbe de roses, destinée à sa femme. Elle est accompagnée d'une carte non signée, où est écrit : « À toi, ma brûlante passion, en souvenir de la folie de nos corps » !

Comme la dame est plutôt bien faite, qu'elle a le sourire facile et ses journées libres, on entendra voler dans la villa du pharmacien les bibelots rares et la porcelaine centenaire !

Jusqu'ici, la similitude entre toutes les nuisances pratiquées par téléphone n'a pas été remarquée. Or, voici que la poste italienne s'en fait complice.

Qui décrira les nuits d'insomnie de monsieur Armando Cinquetti, maître pâtissier ? Commerçant, ne voulant s'aliéner aucune clientèle, il se donne depuis des années un mal fou afin de modérer les passions politiques, lors des réunions de quartier. Il a toujours prêché (et pratiqué) le centrisme le plus rigoureux, seule position honnête pour qui veut voir prospérer son négoce. Voici que ce brave homme reçoit une carte de membre... du Parti communiste !

De quoi déjà lui donner de mauvais rêves. Mais le courrier suivant lui apporte le cauchemar : une invitation à un dîner de sympathisants du député néofasciste, très chaleureuse et commençant par « Armando, mon cher ami, j'espère que tu pourras me faire la joie... » !

Le cauchemar se transforme en terreur absolue lorsque parvient le premier exemplaire d'un journal démocrate-chrétien, auquel on le félicite de s'abonner.

Et enfin, pour faire bonne mesure, entre midi et deux heures, quelqu'un dépose dans la boîte à lettres de la pâtisserie... un badge monarchiste bien voyant, qu'on demande au patron d'arborer lors de toutes ses sorties. Il n'en dort plus, le maître pâtissier !

Ailleurs en ville, une famille avec trois enfants en bas âge rentre chez elle, après un week-end à la campagne. Elle trouve son logement condamné pour quarante-huit heures : en leur absence, quelqu'un a fait intervenir en urgence des équipes de destruction de la vermine, qui ont répandu des produits toxiques.

Nous voici maintenant chez madame Cuneo. La vieille dame, infirme, seule chez elle, reçoit un appel téléphonique, juste au moment où on frappe à sa porte d'entrée. Madame Cuneo se dit que le visiteur peut attendre. Elle fait rouler son fauteuil jusqu'au salon et décroche le combiné.

— Madame Cuneo ? Madame veuve Cuneo ?

— C'est moi.

— Vous êtes bien la maman de maître Giovanni Cuneo, avocat ?

— Oui, mais il n'est plus ici…

— Hélas, oui, nous le savons, madame… Nous sommes désolés d'aborder avec vous un sujet bassement matériel, à un moment aussi douloureux… Mais étant donné que vous êtes sa seule famille, nous pensons que c'est vous qui prendrez en charge les frais ?

— La seule famille de qui, monsieur ? Les frais de quoi ?

— Mais… Nous parlons de votre fils, chère madame… Et des frais de ses obsèques !

Madame Cuneo pousse un hurlement, renverse le téléphone et son guéridon… De l'autre coté de la porte, le visiteur qui s'impatientait entend le bruit et le cri. Il lâche le bouquet de fleurs qu'il tenait. De quelques vigoureux coups d'épaule, il défonce la porte et se précipite vers la vieille dame, défaillante dans son fauteuil.

— Maman ! Maman vous êtes malade ?

Curieuse coïncidence : c'est le fils, l'avocat Giovanni Cuneo, qui faisait cette visite surprise avec un gros bouquet pour la fête de sa maman !

Alors cette fois, c'est une tout autre histoire. Maître Giovanni Cuneo, jeune loup du barreau turinois, ne va pas lâcher l'affaire : au lieu de se taire, comme la plupart des victimes, il va faire grand bruit. Il porte plainte contre X, fait mettre sa ligne sous surveillance et ameute un journaliste de ses amis.

Il s'avère qu'il a mis le doigt sur un gros, un énorme dossier… qui n'existe pas encore ! Parce que les feuillets de ce dossier sont éparpillés ici et là, dans les mains courantes des commissariats, dans les greffes des tribunaux. Tellement éparpillés que l'on n'en mesure pas l'épaisseur !

Par la poste, sous forme de lettres ou d'envois anonymes et farfelus, mais surtout par faux appels ou fausses alertes téléphoniques, un corbeau sème sournoisement la panique dans Turin !

Des dizaines de personnes ont été ses souffre-douleur, mais la plupart ont refusé de porter plainte pour éviter les tracas supplémentaires.

Patiemment, l'avocat et le journaliste réunissent le maximum de pièces éparses. Mais c'est un tel fouillis qu'il n'y a pas moyen de retrouver un point commun, qui mènerait à une piste. Cela dit, même si la méthode est parfois semblable, les enquêteurs commencent à douter que toutes ces attaques puissent être le fait d'un seul et même auteur : elles sont si nombreuses, leurs procédés si subtils ! Les renseignements recueillis sur les futures victimes semblent tellement précis ! L'action qui s'ensuit dépasse la simple nuisance : elle blesse si juste, elle cause tant de mal, qu'elle confine à l'agression.

Il faut bien croire que l'on a affaire à une bande, ou en tout cas un groupe bien organisé, disposant de techniques d'investigation et des moyens importants pour les mettre en œuvre.

L'autre inconnue est : tant de moyens, pour quel profit ?

Enfin, les juges Bernardoni et Guisoni, qui ont été parmi les premiers touchés, perçoivent la similitude entre leurs mésaventures et la surprenante enquête lancée par maître Cuneo, dont la presse se fait l'écho. Il y a donc maintenant une « Affaire du fou au téléphone ». Les deux magistrats ont demandé à en être saisis conjointement.

Malgré leur motivation et leurs efforts coordonnés, leur instruction ne progresse pas plus que les déductions de l'avocat et du journaliste : aucune piste commune ne peut être dessinée. Aucun groupuscule terroriste ne revendique ces méfaits. Ceux qui les commettent savent admirablement rester discrets.

Et puis le hasard d'un tout autre dossier envoie un jour le juge Bernardoni chercher une information dans un commissariat de quartier. On a mis à sa disposition un bureau pour compulser tranquillement les procès-verbaux. Tranquillement, c'est beaucoup dire, car le local contigu résonne de glapissements. C'est la voix haut perchée d'une vieille femme.

— Vous devez faire quelque chose ! Vous ne pouvez pas le laisser continuer ! C'est lui le monstre, je vous dis ! Celui qui est marqué dans les journaux ! Le monstre du téléphone ! Déjà, c'est à cause de lui que ma première fille s'est retrouvée à l'hôpital ! Et moi j'aurais pu en mourir aussi !

Perturbé dans sa concentration, le juge passe le nez dans la pièce voisine, pour réclamer un peu de calme. Un inspecteur, bien trop jeune, essaie d'endiguer l'indignation d'une matrone en furie.

— Nous allons faire tout notre possible. Mais il faut vous calmer, madame Arnoldi !

Le juge sursaute. Ce nom… Ce nom… Pourquoi est-ce qu'il lui semble tellement… Tellement quoi, au fait ? Le magistrat entre carrément et fait signe au jeunot de s'écarter.

— Laisse : je m'en occupe ! Arnoldi ? C'est bien votre nom, madame ?

— Mais oui ! Vous êtes le supérieur de ce petit gars ?

— En quelque sorte, madame…

— Alors c'est vous qui pouvez mettre le monstre du téléphone en prison ?

— Qu'est-ce qu'il vous a fait ?

— Il m'a appelée, soi-disant qu'il était le contremaître de mon fils, et que mon garçon venait d'être écrasé par une grue sur son chantier ! Vous avez une mère, monsieur le policier ?

— Je ne suis pas policier. Je suis juge.

— Mais vous avez une maman ?

— Certes…

— Eh bien, imaginez qu'on lui apprenne que vous ne rentrerez jamais du travail parce qu'une grue vous a réduit en bouillie !

C'est une éventualité peu probable dans un palais de justice, mais Guisoni est encore tout retourné par le malaise de sa femme, lorsqu'elle a été avertie de son « décès ».

— Je vous comprends, madame. Et vous disiez que votre fille, elle aussi, est à l'hôpital à cause du fou du téléphone ?

— Mais oui, monsieur ! Ma deuxième fille, Tina !

— Tina Arnoldi ?

— Non : Tina Dolprone. Elle est mariée avec Basilio Dolprone ! Un gentil garçon. Ils habitent aux « 400-Familles » !

L'étincelle !

Voilà enfin le premier point commun entre tous les éléments de cette affaire : Arnoldi ! C'est ce nom qui réveille d'un coup la mémoire du juge ! Arnoldi ! Et la lumière va être faite sur cette étonnante histoire.

Voici un an et demi, un jeune homme de 24 ans, Salvatore Biasco se rend à une séance de cinéma. Modeste et rare distraction, pour ce petit Sicilien, sec comme un coup de trique, au cheveu déjà rare et terne, le visage en lame de couteau.

Salvatore Biasco se donne des airs d'intellectuel, mais ce qui traîne dans les méandres de son cerveau bizarre, il se l'est composé lui-même : une espèce de galimatias d'éducation politique, ultracommuniste et idéaliste.

Mais tout cela ne repose sur rien, ne mène à rien : il a été refusé au Parti, renvoyé de l'usine où il indisposait ses camarades d'atelier par des discours fumeux.

Il vit tout seul, dans une minuscule chambre qui tient plutôt du taudis. Pour échapper un moment à cette solitude, il s'offre, une fois la semaine, un ticket de cinéma. Un dimanche après-midi, il se trouve placé à côté de celle qui sera… la femme de sa vie.

Oui, il l'a compris tout de suite, rien qu'en sentant sa présence dans la pénombre : cette personne, pas très belle mais aux confortables avantages, qui selon les apparences a, au moins, vingt ans de plus que lui, il *devait* la trouver ! Elle lui est destinée de toute éternité ! Elle sera sa muse, son égérie, la mère du grand bouleversement politique qu'il apportera dans ce monde ! Ils ne se quitteront plus. Dès qu'elle saura les trésors qu'il porte en lui, dès qu'elle aura entrevu la puissance de son esprit, elle comprendra.

Encore faut-il qu'il lui parle : à la sortie du cinéma, il engage la conversation.

Paolina Arnoldi, la fille aînée de madame Arnoldi, n'a rien de spécial à faire : ses sœurs sont mariées, mais elle, à quarante ans largement passés, est encore demoiselle. Alors elle accepte de boire un expresso avec ce petit Sicilien. Mais les yeux étranges du garçon et son exaltation effraient un peu Paolina.

Au bout d'un quart d'heure, il est déjà en train de lui dire des choses définitives ! Il insiste pour l'accompagner en bas de chez elle. Elle n'arrivera à s'en dépêtrer qu'en le plantant sèchement sur le trottoir.

Paolina Arnoldi ne pouvait se douter qu'elle mettait le doigt dans un drôle d'engrenage : dès le lendemain, Salvatore Biasco, un bouquet serré au creux du bras, fait le planton devant l'immeuble, fixant les persiennes du troisième avec des yeux de merlan rance. Paolina le chasse.

L'amoureux transi entame un siège en règle, jour et nuit, semaine et dimanche. Il se fait jeter. Il tambourine plusieurs fois à la porte. Il crie son amour sous les fenêtres… Paolina n'ose même plus sortir faire le marché, parce que l'autre excité la guette, bondissant autour d'elle, de plus en plus violent et agressif !

Alors ce qui doit arriver arrive : elle finit par appeler Police Secours, qui embarque le Sicilien, écumant comme un chat enragé, qui insulte tout le monde et vocifère :

— Vous n'avez pas le droit ! C'est ma fiancée ! Nous allons nous marier !

La chose dégénère si bien que le petit nerveux se voit appelé à comparaître devant le tribunal, pour insultes et blessures volontaires à des agents de la force publique. Il est condamné à quatre mois de prison ferme. Verdict clément, comme on le comprendra dans un moment…

Pendant le procès il ne dira pas un mot. Mais il prend des notes. Des pages entières. Surtout des noms, encore des noms et des adresses.

La vieille maman, qui le traite de persécuteur et lui intime l'ordre de ne plus approcher *sa* Paolina, c'est madame Arnoldi.

Noté. Le greffier prie aussi la maman de décliner son adresse : notée.

La vieille bique est soutenue par la sœur de Paolina, Tina. Et son mari, auquel le greffier demande :

— Nom, prénom, adresse ?

— Dolprone, Basilio. Cité des 400-Familles. Bâtiment 21, bloc 2, escalier C, premier étage, appartement 124.

Noté.

Les Arnoldi se sont même cotisés pour prendre un avocat : maître Cuneo. Noté.

Deux témoins sont venus attester des scandales que le Sicilien a causés devant leurs boutiques : le boulanger centriste Cinquetti et le pharmacien cocu. Noté. Noté.

Enfin, celui qui cautionne la cabale de toute cette société, liguée pour briser l'irrésistible passion qui unit Salvatore et Paolina : le juge Bernardoni.

Il y avait donc bien un lien entre toutes les victimes, si disparates pourtant, du « fou au téléphone » : de près ou de loin, ces personnes étaient jugées coupables par Biasco. Coupables de s'être interposées entre lui et son âme sœur, de les avoir empêchés de se rejoindre, alors qu'ils étaient faits l'un pour l'autre.

À sa sortie de prison, le Sicilien n'a plus consacré chaque minute de son temps qu'à une seule activité, obsessionnelle : retrouver tous ces gens, mais aussi leurs familles, leurs amis, leurs relations d'affaires, leurs voisins, leurs employeurs.

Il a mené une enquête d'une minutie étonnante, décortiquant toutes leurs habitudes, les valeurs auxquelles ils étaient attachés, leurs petits secrets, leurs travers et leurs vices. Il en a consigné les résultats dans une dizaine de cahiers. Les spécialistes de la police estiment que, pour obtenir un tel résultat, il aurait fallu une équipe… de policiers spécialisés !

Ensuite, tout aussi méthodiquement, il a entrepris de les persécuter, une à une, avec une précision chirurgicale, sans état d'âme.

Lorsque les enquêteurs apportent les preuves de cette machination, qui a réussi à semer le trouble et même la paranoïa dans toute une ville, le juge Bernardoni a d'abord peine à les croire : tout cela n'aurait été mis sur pied et réalisé… que pour venger un amour contrarié ?

Et puis il se rappelle le procès, court, auquel il n'avait pas accordé une très grande importance. Suite à la plainte de Paolina, il lui avait semblé que c'était déranger la justice pour bien peu de chose. La demoiselle presque quinquagénaire avait, certes, subi des désagréments. Mais ce petit type n'avait pas l'air bien méchant. Ni bien malin, d'ailleurs. Un peu « allumé », sûrement : il ne cessait de prendre des notes, des tas de notes dans un cahier.

Étant donné que c'était la première comparution du Sicilien, Bernardoni avait opté pour une condamnation symbolique, à titre d'avertissement. Il lui avait surtout adressé une sévère admonestation, pour le dissuader d'ennuyer ses concitoyens. Le délinquant avait écouté avec respect. Puis il avait précieusement rangé son cahier dans un cartable.

Le juge revoit parfaitement Biasco quitter le prétoire entre deux carabiniers. Il s'était retourné, juste avant de franchir la porte, balayant du regard tous les intervenants, un à un.

Maintenant, Bernardoni se remémore aussi les mots *exacts* que Salvatore Biasco avait prononcés, poliment, d'une voix douce :

— Je vous remercie, monsieur le juge, pour m'avoir éclairé sur la conduite à tenir. Je vous le promets : quand je serai libre… je vous enverrai un petit mot. Ou je vous passerai un coup de téléphone. Si, si : c'est promis.

Il a tenu parole.

3

Cendrillon engueulait les anges

La jeune femme hésite : elle a commencé par poser sur la table son porte-documents de Nylon bleu vif, puis, au moment de l'ouvrir, elle se ravise et le replace au pied de sa chaise.

Nous la laissons faire, pour ne pas la stresser. Nous avons décidé de nous montrer juste accueillants et de la laisser mener son récit à son gré, à son rythme. Par respect, certes. Mais un respect quelque peu… stratégique, convenons-en : c'est la meilleure façon de ne pas la voir se refermer comme une fleur sous l'averse. Nous avons remarqué à quel point elle est émotive, lorsqu'elle téléphonait en direct, pendant l'émission de la semaine précédente. Depuis que l'envie nous a pris de composer ce livre – celui que vous lisez en ce moment – nous profitons de chacun de nos passages sur une radio ou une télé pour lancer un appel aux témoignages. Là, c'était à la radio et l'auditrice s'était annoncée sous le prénom de Stella. Probablement un pseudonyme.

— Bonsoir ! Je suis contente de pouvoir vous… Ce que vous cherchez, pour le livre que vous préparez, ça me…

Elle s'exprimait avec une façon charmante de ne pas terminer ses phrases. Charmante, mais à la radio, c'est un brin gênant.

— Oui, Stella ? Ça vous… étonne ?

— Non.

— Ça vous… intéresse ?

— En fait, ça me donne envie de vous confier ce qui m'est arrivé… Et en même temps, j'en suis un peu… Parce que ce serait la première fois que j'en parlerais, et je crains bien de… de passer pour… enfin, vous voyez ce que je veux dire ?

Effectivement, nous voyons très exactement. Nous rencontrons deux catégories de témoins : ceux qui se répandent en détails, racontent à qui veut les entendre des faits vécus, mais réputés impossibles. Ils le font rarement par tromperie. Plutôt pour se rassurer, s'entendre dire qu'ils ne sont pas les seuls dans leur cas.

Stella appartient à l'autre catégorie : les personnes qui n'ont jamais pu s'en ouvrir à qui que ce soit, par crainte de « passer pour… ».

Pourtant, c'est elle qui avait osé lancer cet appel, pendant l'émission. Et néanmoins, elle était restée bloquée. Et elle s'en voulait, se reprochait de « gâcher le spectacle ». Sa voix semblait déjà au bord des larmes. Nous l'avions rassurée :

— Oui, bon… Vous êtes à l'antenne, mais rien ne vous oblige à aller plus loin. Si vous préférez, on se dit au revoir, on vous passe votre chanson préférée et vous venez nous voir en privé, tranquillement.

— Vous accepteriez de…

— Bien sûr ! Cela vous fera peut-être du bien, déjà. Si vous le souhaitez, tout pourra rester dans la confidentialité. Ou alors figurer dans le livre. C'est vous qui déciderez ?

Elle avait demandé à entendre *Fontenay-aux-Roses*, de Maxime Le Forestier. Une ballade délicate, qui évoque une passion romantique pour des jeunes filles au pensionnat. Puis, hors antenne, nous avions fixé ce rendez-vous.

La voici, maintenant, en face de nous. La quarantaine, peut-être plus ? Brunette, fine, élégante sans coquetterie. Élevée dans un pensionnat ? Pas d'alliance. Elle a choisi la chaise plutôt que le fauteuil, et le café plutôt que le thé.

Après un dernier regard vers la sacoche de Nylon bleu, la jeune femme reprend, comme si elle poursuivait la conversation commencée au téléphone, avec toujours cette façon, timide et charmante, de laisser la phrase en suspens :

— Vous voyez… Même là, maintenant, je crains encore de… Vous comprenez, tout ça tient à tellement peu de… Vous imaginez ? ILS sont vraiment là ! Je *sais* que c'est réel, mais c'est tellement impossible à… Vous comprenez ?

Pour l'instant, nous ne comprenons pas. Alors, elle va raconter, relater une vie que l'on n'imaginerait pas admissible dans un pays qui se dit socialement évolué. Mais aussi, elle va témoigner d'une expérience qui touche au merveilleux de nos contes d'enfant. Elle va accumuler des détails d'une précision méticuleuse, nous faire revivre la moindre de ses impressions et remonter littéralement dans le temps.

Ces détails, nous avons tenu à vous les rapporter dans toute leur abondance, car ils signent la naïveté et l'authenticité de ce récit. Nous disons bien : l'authenticité *du récit*. Quant aux événements… Ils sont évidemment impossibles. Et pourtant…

*
* *

La jeune fille regarde avec effarement autour d'elle. Elle n'imaginait pas que sa nouvelle vie pourrait ressembler à… ça ! Les odeurs, surtout. À tordre l'estomac… Là-haut, pourtant, la boutique sentait toujours tellement bon, quand elle s'arrêtait devant la vitrine, rêvant d'un petit pâté à la viande pour son quatre-heures ! Des fumets tièdes, croustillants, qui aiguisaient encore plus l'appétit de l'écolière affamée. C'est qu'elle a toujours faim. Bien que son corps en plein développement reste gracile, elle croque tout ce qui se présente. Ici, dans ce sous-sol, les remugles de chair morte dans la chaleur d'étuve donnent envie de tout, sauf de manger… Pour surmonter la nausée, la petite rappelle le souvenir récent de sœur Bénédicte. C'est elle qui tenait la cantine et les clefs de l'économat, au collège Sainte-Marthe.

« Mais où est-ce que tu arrives à caser tout ça ? », la plaisantait rituellement la religieuse. Elle fournissait presque chaque jour du rab à la petite, sous le manteau, ou plus exactement sous les manches de son ample tenue. Elle lui glissait le supplément dans son sac à dos, juste avant la sortie. Ce n'était pas grand péché, puisque mère Jeanne des Douleurs, la directrice, était au courant. C'était pour ménager l'image de la gamine : en la surprenant à emporter chez elle de la nourriture, ses petites camarades (en toute charité chrétienne) auraient eu vite fait de l'affubler d'un de ces sobriquets vachards, dont on a le don même dans une école religieuse.

L'écolière faisait un détour par une sente : elle connaissait un buisson creux entourant une souche. Elle s'y asseyait à l'abri des regards et (vite vite, pour que le temps supplémentaire de trajet passe inaperçu à la maison) elle dévorait la tranche de pain et le bout de fromage ou de saucisse. Bien sûr, ce n'était pas aussi délectable qu'un petit pâté à la viande, mais cela tenait au ventre. Il n'aurait pas fallu qu'elle s'avise, au souper, de réclamer plus qu'on ne lui mettait dans son assiette : les frangins avaient la priorité, quand même !

Les religieuses gardaient donc le petit secret du rab de quatre-heures, et aussi un plus gros : elles ne faisaient pas payer l'écolage à la famille Caudron. Déjà que l'école soit obligatoire jusqu'au même âge pour les filles que pour les garçons, c'était dur à avaler… S'il avait, en plus, fallu dépenser pour leur remplir la cervelle… Faudrait pas exagérer ! On aurait mis la gosse à la communale jusqu'à l'âge légal, et tant mieux si elle arrivait au certificat d'études ! Ensuite : zou ! Placée comme bonne chez des bourgeois, elle aurait rapporté sa paye dès la première année.

Mais on l'avait confiée au curé pour le catéchisme et la préparation à la communion. D'abord, c'est gratuit. Ensuite, pour la réputation de la famille, c'est quand même mieux vu, non ? Et l'abbé Borel avait discerné, derrière la timidité presque maladive, la vivacité, la curiosité de ce jeune esprit. Connaissant les idées bornées et la pingrerie des parents, il avait présenté la fillette à l'austère mère Jeanne des Douleurs, qui régentait l'école Sainte-Marthe. La cause n'avait pas eu besoin d'être plaidée longtemps : quelque chose émanait de cette enfant, quelque chose à quoi on devait donner une chance d'éclore. L'abbé avait su faire valoir aux Caudron qu'avoir sa fille chez les sœurs de Sainte-Marthe, ça valait son pesant de prestige dans le bourg. Moyennant la gratuité, les religieuses avaient réussi à aiguiller leur recrue sur la voie, non plus du certificat d'études, mais du brevet, qui ouvrait jusqu'au bac. Et le bac, voici quelques années encore, représentait une valeur. Après ? On pouvait rêver : des études, des vraies ?

Mais justement non : on ne pouvait *pas* rêver ! Pas une Caudron ! Une fille, en plus ! Le bac, ça prenait trois ans, après le brevet, à condition, encore, de ne pas redoubler : la seconde, la première et la terminale. C'est-à-dire des classes qui n'existaient pas à Sainte-Marthe. Il aurait fallu aller à Beaune. Autocar, train et tout le toutim ! Alors, merci les bonnes sœurs : puisqu'elles avaient toujours prétendu que leur BEPC valait plus qu'un bon vieux « certif », c'était largement suffisant.

— Surtout pour une fille !

Le père, Raymond Caudron, avait été inébranlable, et ne s'était pas laissé impressionner par mère Jeanne, toute « supérieure » qu'elle fût !

— La Loi, je connais ! Mais la Loi et le laisser-aller, ça fait deux ! La gosse a l'âge de travailler : c'est pas trop tôt qu'elle fasse *vraiment* quelque chose de ses dix doigts !

Madame Caudron avait déjà placé des jalons : la charcutière de la rue du Général-Leclerc en avait par-dessus la tête de sa vendeuse. Une petite prétentieuse qui se faisait porter pâle pour un oui, pour un non, qui aguichait le patron avec ses minijupes sous sa blouse et se permettait de répondre quand on lui adressait une remontrance. Et qui avait eu le culot de demander une augmentation, sous prétexte qu'elle était payée pareil depuis trois ans ! Dès que la charcutière lui aurait trouvé une remplaçante, elle allait lui donner son congé, à celle-là, vite fait, bien fait !

Apparemment, les volontaires ne se bousculaient pas au portillon. Certes, en ce temps-là, les emplois n'étaient pas si rares, on ne sautait pas sur la première offre venue, histoire d'échapper au chômdu, mais tout de même : une place de vendeuse au centre du bourg ! Madame Caudron aurait pu supposer que le poste en question avait quelque raison cachée de ne pas tenter la jeunesse. Au contraire : elle avait considéré cette opportunité comme pain bénit. Il ne manquait plus, au bas du contrat, que la signature de l'intéressée. Pour la forme : le marché avait été conclu entre la mère et la patronne, il n'y avait pas à revenir dessus.

— Hé ben ! Tu rêvasses, ou quoi ? Si t'as des questions à poser, c'est maintenant ! Parce qu'après, on n'aura plus le temps !

La charcutière, les mains aux hanches, jauge sa nouvelle apprentie : celle-là, on va la mettre au pas dès le départ, pour ne pas s'exposer aux mêmes insolences qu'avec la précédente ! Après un tour rapide de la boutique et de la chambre froide au rez-de-chaussée, elle lui a désigné, sur une porte au bout du couloir, une plaque de cuivre gravée « PRIVÉ » :

— C'est le bureau pour moi et le patron ! Fermé à clef et interdit au personnel. Mais ça t'empêchera pas de briquer la plaque !

Les voici au sous-sol : le laboratoire, le four, la réserve des produits d'entretien.

— Le nettoyage, ce sera ton principal travail. L'hygiène, c'est essentiel dans notre commerce ! Tu dois commencer par là. Quand ma vendeuse aura fini son préavis, on te fera monter derrière le comptoir, à mi-temps. Parce que l'entretien, tu devras le continuer, mais à ce moment-là, tu seras rodée, ça te prendra que la moitié de tes heures.

Maintenant, elle montre un appentis, ou une ancienne cave vaguement aménagée : murs de brique blanchis à la chaux, un lavabo en inox, de la taille d'un lave-mains, un lit étroit et une armoire pliante en plastique à motifs de bergers et de bergères.

— Tu feras attention : la fermeture Éclair est un peu coincée. Ne la ferme pas à fond ! Pour les toilettes et la douche, c'est les mêmes que pour le commis, à mi-étage.

La jeune fille se demande si tout cela est bien réel. Les odeurs, surtout : la triperie, les relents de cuisson, mêlés à l'âcreté d'un détergent agressif envahissent ce réduit. Elle y sera logée, cela fait partie de l'arrangement passé par sa mère : jusqu'à présent, les deux plus jeunes de ses trois frères dorment dans la même chambre. À leur âge, ils ont droit à avoir chacun la sienne, non ? Problème résolu.

— C'est plus commode que tu dormes ici : il y a les terrines qui cuisent la nuit, il faut les démouler, ensuite sortir les produits froids et faire les présentations persillées sur plats, les mettre en rayon. Je veux pouvoir tout contrôler avant l'ouverture. Ça te demanderait de venir pour 4 heures 45 du matin… Avec votre tendance, à vous les jeunes, de vous la couler douce au fond du plumard, je ne serais jamais sûre que tu sois à l'heure. Je veux pouvoir dormir sur mes deux oreilles, moi…

Ces odeurs, ça vous… Et cette chaleur moite… La jeune fille a dû s'asseoir au bord du matelas.

— Tu vois : j'ai pas plutôt parlé de se reposer que te voilà assise ! C'est pas le moment !

— Non, madame… C'est à cause de… Le chauffage, on le règle comment ?

— Quel chauffage ? T'as donc pas assez avec ce qui vient du labo ?

— Si, au contraire… Ce serait pour le baisser.

— Tu sais vraiment pas ce que tu te veux, toi ! Si c'est pour aérer, tu inclines le vasistas, au-dessus de ton lit. Mais là, je te préviens : il paraît qu'on a le froid sur la tête ! Et quand il pleut, tu seras priée de le garder fermé : l'eau rentre. Et les bestioles aussi.

La petite fenêtre, dans l'angle du plafond, donne effectivement au ras des pavés, dans la courette derrière le magasin. Là où sont remisées les poubelles.

— Ah, à propos ! Sortir les poubelles, c'est ce que tu devras faire en premier : la benne passe à 5 heures !

La femme qui nous confie son histoire semble avoir été marquée par cette scène de son arrivée à la charcuterie. La voix au bord de la cassure, elle nous fait revivre ce moment avec tant d'émotion, que nous pouvons presque sentir les odeurs oppressantes et la moiteur de ce qui sera son cadre désormais.

— Pendant les premiers mois, je passais le plus clair de mon temps dans le sous-sol. Enfin : « clair » n'est pas le mot, si vous voyez ce que… Je travaillais à la lumière du néon. J'étais contente, aussitôt levée, de monter dans la courette pour traîner les poubelles et attendre le passage du camion : au moins, je pouvais voir un peu de nuages. Je passais aussi mes pauses dans la courette, sous ce carré de ciel : me montrer sur le trottoir dans mon bonnet de plastique et ma combinaison de travail, je n'aurais jamais osé ! Je prenais le déjeuner en bas, sur le coin de la table de découpe en inox, entre un tonneau de boyaux en attente de nettoyage et une cuve de sang pour le boudin. Sur le plan nourriture, la maison n'était pas pingre, il faut le reconnaître : les invendus de la veille, à finir plutôt que de les jeter, auraient pu nourrir un régiment. Il fallait voir comment le commis les engloutissait par louche. Moi, j'avalais ce que je pouvais et j'allais m'allonger jusqu'à la reprise, dans l'après-midi.

Elle était épuisée par ce passage soudain à un rythme nouveau et son bel appétit s'était envolé. Probablement ces odeurs, cette chaleur d'étuve, la vue et le contact peu ragoûtants de ce qu'une chargée de basses besognes en charcuterie doit se coltiner.

— Je pense qu'il y a des natures plus aptes à supporter ça… Il y a même, heureusement, des gens qui aiment ce métier. Le patron, je ne savais pas trop. C'était un petit chauve taciturne. En fait, il n'était que le mari de la patronne, et son premier ouvrier. Il avait pris la suite de son beau-père, par facilité. Et devant le verbe haut de son épouse, il faisait en permanence le dos rond, évitait de répondre autrement que par « *moui* ».

En revanche, le commis se trouvait dans son élément. C'était une sorte de poupon rose géant, d'un blond si pâle jusqu'au bout des cils qu'on le croyait albinos. Il prenait un plaisir évident et un peu bizarre à émincer la tripaille et à malaxer de ses mains nues la chair hachée et le gras.

— En faisant ça, il me fixait avec ses yeux presque transparents. Sans bien comprendre, je sentais confusément que ce n'était pas avec les meilleures pensées… Mais il ne m'a jamais touchée : à six heures pile, il enfilait un anorak et il s'éclipsait vers une belle voiture, qui l'attendait. Un modèle de luxe datant au moins d'une vingtaine d'années, mais briqué à miroir. Quand la vitre s'ouvrait, derrière la fumée de cigarette, on apercevait une dame chic, pas toute jeune. Une Dijonnaise, je pense. Une fois, la patronne m'a glissé avec un sourire aigre : « Va pas croire que c'est sa mère ! Et il ne prend surtout pas de douche : il paraît qu'elle les aime tels quels ! Y en a, je te jure, qui sont pas dégoûtées, si tu vois ce que je veux dire ! » Je ne voyais pas, mais là aussi, j'ai senti que ce n'était pas quelque chose de très… J'ai découvert aussi que les gens sont bien compliqués.

En dehors de la jeune fille et du commis, la charcuterie employait toujours la « prétentieuse », la vendeuse en titre. Elle ne copinait pas avec les autres, ne descendait au sous-sol qu'en cas de nécessité absolue, ne restait pas entre midi et quatre heures. Le soir, elle filait sur le scooter de l'un de ses nombreux chevaliers servants. À la pause, elle n'avait aucun complexe à quitter sa blouse et à sortir sur la rue, en minijupe et pull trop serré, fumer une cigarette ultramince et extralongue.

Une fois ou deux, elle a daigné adresser la parole à la « petite d'en bas », sur le ton de la moquerie. Elle l'affublait d'un surnom qui persiflait entre ses lèvres peintes couleur cerise.

— Dis voir, *Cendrimuche* ! Je sais pas avec quelles belles promesses elle t'a embobinée, madame la baronne de la

Charcutaille, pour que tu la supportes comme ça ? Mais si tu t'imagines que tu vas me remplacer au comptoir, tu te fourres le doigt dans l'œil : c'est pas demain la veille ! Pour l'instant, ce qui m'arrange, c'est de rester : j'ai tous mes copains par ici et je gagne assez sans trop me crever. Je m'en irai quand je voudrai, c'est pas la patronne qui décidera ! Parce que je la tiens par la culotte, cette grosse vache ! Elle a pas intérêt à me marcher sur les pieds, avec ce que je sais sur elle !

Et elle fit comme elle avait dit. Pourtant, elle aura un élan d'humanité. Ou de basse vengeance par personne interposée, allez savoir ? À la veille de son départ, elle convoque l'apprentie dans la courette.

— Dis voir, Cendrimuche, t'es au courant que je quitte ce paradis, samedi qui vient ?

— Ben... oui, vaguement...

— Te fatigue pas : c'est pas un secret. La vieille l'a déjà claironné partout, comme si c'était elle qui me virait. En fait, si tu veux savoir, j'ai un nouveau mec, un vigile. Et il descend bosser sur Marseille. Cette fois, je crois que c'est du sérieux, je tente le coup : j'emménage avec lui. Alors, tu sais quoi, la môme ? Je vais te faire un cadeau de départ ! Tu t'attendais pas à celle-là, avoue ?

— Non, je te remercie ! Mais tu sais, faut rien m'acheter : j'ai tout ce qu'il me faut !

— J'en suis pas sûre, justement... Mais te fais pas de mouron : mon cadeau, c'est pas de ceux qu'on achète. C'est toi qui vas le trouver.

— Où ça ?

— Au-dessus de ta tête ! Mais non, andouille : pas maintenant ! Lundi prochain, pendant que tu feras le grand rinçage... Surveille donc ce qui se passe au rez-de-chaussée, dans le « Privé »...

Le lundi après-midi, le magasin restait fermé. Pour la nettoyeuse, c'était le jour des à fond, récurage total. C'était aussi jour d'abattoirs. Le patron s'y rendait seul et en revenait avec la camionnette remplie de carcasses et de tonneaux d'abats. Le commis l'attendait à l'entrée de service et transférait le tout en deux temps, trois mouvements, dans la chambre froide. Entretemps, il était censé aiguiser les instruments et préparer les bardes de graisse pour les plats de vitrine de la semaine. Dans la pièce du fond marquée « Privé », la patronne mettait à jour la comptabilité, passait les commandes et liquidait la paperasserie.

Elle était censée le faire. Effectivement, presque tout l'après-midi, on entendait le cliquetis de la machine à écrire et les appels des fournisseurs. Sauf entre 14 heures et 14 heures 15 : là, des chocs cadencés émanaient du Privé, audibles jusque dans le mur du sous-sol. Comme si le bureau cognait par saccades contre la cloison…

L'éducation relative aux « choses de la vie » reçue chez les bonnes sœurs était assez évasive, disons : « globale et biologique ». Elle ne comportait pas de détails quant à la mise en pratique. Surtout pas sur un coin de bureau, en l'absence d'un mari… Néanmoins, même sans avoir l'esprit mal tourné, une vague hypothèse était permise sur les origines de ces percussions hebdomadaires.

À la pause du mardi, la vendeuse avait alpagué la petite d'en bas :

— Alors, Cendrimuche ? T'as pigé ? Si un jour il te prenait l'envie de ruer dans les brancards (de toi, ça m'étonnerait, mais bon… on sait jamais), t'aurais de quoi lui tenir la dragée haute, à l'autre rombière… Je dis ça, j'ai rien dit… À toi de voir !

À quoi la vendeuse, désignant du menton le gigantesque poupon albinos qui passait, avait ajouté la même petite phrase aigre, entendue voici peu :

— T'avoueras quand même : y en a qui sont pas dégoûtées !

La petite n'avait pas compris en quoi la vendeuse lui avait fait un cadeau, en lui faisant connaître une laideur de plus. Elle avait juste, la nuit suivante, ressenti un peu plus fort le besoin de pleurer.

La sinistrose absolue. Et navrante de mocheté, en plus. Gluante. La jeune fille ne pouvait même pas décompresser auprès de sa famille. Elle avait congé depuis le samedi soir jusqu'au lundi midi. À bicyclette, puisque le dernier autocar était passé, elle rejoignait la maison des Caudron, dans un hameau à neuf kilomètres du bourg. Elle apportait dans ses sacoches un beau rôti de porc ou des saucisses premier choix. Elle les obtenait avec un bon rabais : seuls les restes ou les pièces de moindre qualité étaient gratuits et, pour ses proches, elle voulait le meilleur.

Elle se pomponnait au mieux, mais rien n'y faisait : l'odeur de triperie et de détergent imprégnait sa garde-robe, ses cheveux et lui collait à la peau. Une fois, elle avait tenté de s'asperger d'eau de Cologne : l'addition des deux était insupportable. Elle avait renoncé à masquer les relents. Du coup, sa mère l'accueillait d'un rapide baiser en biais, son père évitait de l'embrasser. Ses frères, eux, ne l'avaient jamais fait. Ils n'hésitaient pas à lui dire qu'elle « schlinguait le cadavre ».

Sa chambre ayant été attribuée au cadet, elle dormait sur un lit de camp dans le living. Autant ne pas compter sur une grasse matinée : les garçons allaient s'entraîner au foot et envahissaient la grande table dès six heures, bousculant le lit et la dormeuse qui gênaient, en travers du passage. Avec, en prime, quelques gracieusetés du genre :

— Pousse ta couenne, Pue-la-graille ! On a faim, nous autres ! Viens pas nous faire gerber !

Dernier moment pénible, le lundi, avant de retourner au bourg : en disant au revoir, elle tendait la main et sa mère, en comptant, y déposait l'argent de poche de la semaine. C'est qu'elle était mineure : sa paye était versée directement à ses parents. La jeune fille remerciait, comme pour une faveur. Avec cet argent, elle devrait acheter ses dessous, ses produits d'hygiène. Parfois, elle s'offrait un roman sentimental, à la Maison de la Presse. L'essentiel de la somme était investi dans le rôti du dimanche suivant.

Nous écoutons toujours cette femme d'une discrète élégance. Elle décrit une existence qui semble dater d'une époque largement révolue, qu'elle n'a pas pu connaître. Au point que, à un moment, nous nous permettons de lui poser la question :

— Mais… Ça ne remonte pas si loin ?

— Trente ans cette année, quand même…

— Ce n'est pas le Moyen Âge ! Aujourd'hui, dans ce pays, on appellerait cela du *mobbing* !

Une étincelle malicieuse dans son regard.

— Oh, c'est un terme que je connais bien… Aujourd'hui !

— Et à l'époque, vous ne réagissiez donc pas ?

— Non. J'étais comme médusée… Sonnée… Tout ça était tellement…

Elle cherche le terme et, pour une fois, termine sa phrase :

—… Tellement violent !

Elle se reprend aussitôt :

— J'exagère… On ne me frappait pas !

Le mot, lui, est frappant : non, elle n'exagère pas. Elle ne nous parle ni de temps de guerre, ni de catastrophe, ni de maladie. Elle esquisse un univers banal. C'est pourquoi nous n'avions pas perçu à quel point ce changement constituait une violence. Une violence communément admise. Une violence ordinaire.

Cette immersion sans transition dans un monde brutal avait littéralement sidéré l'adolescente. Un plongeur, saisi par l'eau glacée, peut être hydrocuté, sa capacité de réaction anesthésiée. Ainsi la jeune fille, sans rien à quoi s'accrocher, se laissait dériver sans se débattre, sans même la conscience de couler…

— Dans ma famille comme dans ce travail, je n'avais pas la sensation d'une injustice… Je n'ai jamais supposé, par exemple, que mes parents ne m'aimaient pas assez : j'étais persuadée que je ne présentais *réellement* aucun intérêt ! Déjà que j'étais une fille… Pour mon père, c'était…

La vendeuse, en lui trouvant le diminutif presque affectueux de *Cendrimuche*, s'était montrée fine connaisseuse des ressorts tordus de l'âme humaine : l'apprentie manifestait ce que l'on pourrait appeler « le complexe de Cendrillon ».

Accepter les tâches ingrates, jusqu'aux brimades, était probablement sa manière de se rassurer. Une manière paradoxale, certes, mais en endossant ce rôle, elle gardait néanmoins une place, une raison d'être là.

C'est sûrement un beau sujet d'observation pour les passionnés de psychologie, et sur le plan humain, assez poignant... dans le genre Zola. Mais, jusqu'ici, nous ne faisons pas le rapport avec « l'impossible expérience » dont elle prétendait témoigner. Et nous le lui disons franchement. Elle ne se laisse pas démonter :

— Si, si, quelque chose a vraiment fait appel à l'impossible : c'est le moyen que j'ai trouvé pour vaincre cette sorte de « malédiction ».

— Et ce moyen, c'était... ?

— C'était d'engueuler les anges !

Stella Caudron a été surprise : d'où viennent donc ces trois billets de 5 francs retrouvés, pliés en quatre, au fond de la poche de son imperméable ? Ces 15 francs ne correspondent à aucun reliquat explicable sur son argent de semaine. Ça fait beaucoup. Dans un premier temps, elle pense : « Pourvu qu'ils n'appartiennent pas à quelqu'un qui se serait trompé de vêtement ! Comment faire pour les rendre ? » Puis elle se souvient : elle les avait mis de côté pour la cartouche de cigarettes qu'elle prévoyait pour l'anniversaire de son père, en septembre. Le jour venu, elle ne les avait pas retrouvés. Vous imaginez la panique ! Mais le problème avait été résolu. Le père avait eu ses gitanes : il suffisait de n'acheter ni shampooing ni dentifrice ce mois-là. Se laver la tête ou se brosser les dents au savon, ça n'avait jamais tué personne. Et après tout, c'était bien fait pour elle et sa cervelle de linotte !

Donc, ces trois billets lui appartiennent désormais, et, sans léser personne, elle peut réfléchir à la façon de les dépenser. Cela ne lui demande pas longtemps : voilà une éternité qu'elle relit les quelques romans rangés dans sa valise, sous le lit. Avec cet argent inattendu, elle pense bien renouveler son stock de rêves. Seulement, elle va trouver plus. Bien plus. Ces trois billets vont changer sa vie.

À la Maison de la Presse, madame Marceau, la postière, discute avec monsieur Augier, le marchand de journaux. Lucienne Marceau, postière et « clairon du village » : rien ne lui échappe, tout sera répété ! L'apprentie préfère attendre son départ, derrière le panneau des cartes de vœux. Puis elle file vers le rayon librairie. Les romans pour dames, en collection de poche, se présentent sur un tourniquet. Au moment où elle commence à examiner les titres, l'ensemble se met à pivoter : de l'autre côté, quelqu'un d'autre consulte l'assortiment. Une cliente de la charcuterie ? Stella fait volte-face et se retrouve devant l'emplacement « noble » : une table où sont exposées les nouveautés et les best-sellers. Pas dans ses prix, évidemment. Elle feint néanmoins de s'y intéresser, en attendant que le tourniquet soit libéré. Et là, le déclic se fait instantanément : le titre ! Juste la fraction de seconde pour que ce titre s'imprime sur sa rétine :

DIALOGUE AVEC L'ANGE

La jeune fille sait qu'il lui *faut* ce livre. Mais le prix ? La voix de monsieur Augier résonne juste derrière son épaule :

— Je sais, il n'est pas en très bon état : il a été beaucoup feuilleté, mais c'est le dernier. S'il t'intéresse, je te le solde !

Elle en a presque les larmes aux yeux : le prix proposé correspond juste à ce qu'elle a dans son porte-monnaie. Vivement, le livre glisse dans un sachet de papier, le sachet glisse dans le cabas à commissions, et le cabas va disparaître sous le lit : elle a bien failli arriver en retard pour la reprise du boulot.

C'est seulement tard le soir qu'elle se rend compte : ce titre qui l'a hypnotisée appartient à un genre inconnu. Inclassable. En dehors des illustrés et des histoires d'amour sous couverture souple, elle ne connaît que les bouquins d'école. Or, ce texte la désarçonne complètement.

Ce n'est même pas un récit d'aventures. Il relate l'expérience spirituelle de quatre amis hongrois. Entre juin 1943 et novembre 1944, alors que les nazis déportent massivement les juifs, l'une des quatre, Hanna Dallos, prononce des paroles fascinantes de rayonnement et de sagesse. Trois des amis vont être anéantis dans les camps de la mort. La survivante, Gitta Mallasz, chrétienne mais non pratiquante, réfugiée en France en 1960, traduit et publie ces quatre-vingt-huit entretiens.

Ils sont, à l'origine, en langue hongroise d'une tournure ancienne, et en vers. Ils décrivent l'organisation de la Création, l'ordre de l'Univers. Un enseignement mystique vaste, universel, éclairant. Ce qui est le plus saisissant, et qui a fait de cet ouvrage un succès mondial, c'est que la défunte Hanna affirmait que ces paroles ne venaient pas d'elle, mais d'un ange, avec qui elle avait contact.

L'apprentie charcutière est dépassée par l'aspect ardu de ces considérations de très haut niveau. Elle avoue d'ailleurs aujourd'hui :

— Je crois bien que je n'ai pas lu plus loin que les dix premières pages. Pourtant, je gardais le livre sous mon oreiller, comme si l'Ange allait se mettre à me parler pendant mon sommeil.

D'emblée, elle adhère à la possibilité d'une telle présence : lorsqu'elle était petite fille, bousculée par ses frères, tenue pour quantité négligeable par ses parents, elle avait entendu évoquer l'existence de ces entités. Timidement, elle leur avait demandé de lui envoyer une amie. Pas juste une copine de classe : une vraie amie, avec qui partager ses secrets et ses chagrins, sans qu'elle se mette à se moquer et à les répéter à toute l'école. Mais les anges n'avaient pas provoqué cette rencontre.

— Je n'avais même pas vu qu'ils avaient exaucé mon vœu : ils m'avaient envoyé sœur Bénédicte. Mais je ne pouvais simplement pas imaginer qu'une grande personne, une religieuse de surcroît, puisse être mon amie.

L'écolière avait évoqué sa déception, un peu honteusement, en confession à l'abbé Borel. Il avait eu un rire indulgent :

probablement avait-elle demandé un trop gros miracle, ou alors elle n'avait pas fini ses phrases, comme c'était déjà dans sa manière ? Qu'elle adresse donc directement ses prières au petit Jésus : lui saurait les entendre.

— J'avais bien compris, allez ! L'abbé avait inventé cette excuse aux anges pour ne pas me faire de la peine, mais en vérité, eux non plus ne me trouvaient pas assez intéressante pour… Alors, Jésus, vous pensez !

Devant cette évidence cuisante, la fillette avait fait… une croix sur cette aide céleste. Elle avait même purement et simplement effacé le souvenir de sa tentative dérisoire. Et voici que, dans cette confrontation si âpre avec le monde des adultes, elle rencontre ce livre singulier d'entretiens supra naturels : il rallume une lueur. Au moment de s'endormir, elle est trop fatiguée pour lire l'ouvrage complexe, mais elle prend le titre au pied de la lettre : peut-être que les anges apprécient le dialogue, et non pas une requête à sens unique ? Pour un dialogue, on est deux, il faut bien que quelqu'un commence.

— Un soir, j'ai serré les paupières dans le noir et, à mi-voix, j'ai lancé : « Bonjour, là-haut ? » Le plafond de la cave ne m'est pas tombé sur la tête, alors j'ai continué : « Voilà, cette fois, je ne vous demande pas de miracle. Je voudrais juste que vous me parliez… Parce que, pour l'instant, c'est comme si je n'existais pas vraiment… Alors, si vous me dites quelque chose, je saurai que… »

Ces essais pathétiques se poursuivent, soir après soir. Et Stella se retrouve confrontée au silence. Bien sûr, elle pourrait laisser son imagination fabriquer quelques phrases ici et là. Qui de nous ne l'a pas fait ? C'est tentant, de se raconter des histoires pour combler le vide, éviter la peur. Mais elle est si sincère que, face à cette absence d'écho, elle refuse de se mentir.

— J'aurais pu aussi voir dans ce silence la preuve que ces prétendus compagnons invisibles n'existaient pas. Mais ça aurait été trop moche. Comme la vie l'était déjà suffisamment… Pour moi, ça ne faisait aucun doute : ils *refusaient* bel et bien de me répondre. Et pourtant, je savais que, dans ma tête et dans mon cœur, j'étais bien plus propre que beaucoup de gens, là autour... Je ne nommais personne, mais... Et si quelqu'un était bien placé pour connaître mes pensées et ma conduite, c'était bien eux, là-haut, du côté des étoiles ! Donc, là, ça commençait à bien faire, j'en avais marre de toujours jouer la laissée-pour-compte. Je leur ai vidé mon sac, carrément. Ça m'a fait un bien... ! Et cette fois là, je n'ai pas été étonnée qu'ils ne me répondent pas : quand on se fait assaisonner comme ça, en général, on se la coince, si vous me passez l'expression !

Presque surprise de ne pas recevoir de punition pour son monstrueux culot, elle va continuer, soir après soir, à exprimer sans ambages ce qu'elle aura subi d'injuste dans la journée. Et quand elle constate que « ceux de là-haut » gardent bouche cousue, elle va les houspiller pour leur manque de considération.

— Si depuis des siècles, on se fait des illusions sur votre... Si en réalité vous ne pouvez rien faire... Vous feriez mieux de le dire franchement ! Ou alors, si c'est juste contre moi que vous en avez, ce serait plus charitable de ne pas me laisser dans...

Cet exutoire valait ce qu'il valait, n'empêche : il lui a permis de tenir jusqu'à ce qu'enfin un changement survienne. Involontaire, bien sûr : la jeune fille va s'y soumettre, comme à l'accoutumée.

Avec le départ de la vendeuse en titre, la patronne applique son plan originel : sa bonne à tout faire, maintenant exercée aux travaux de nettoyage, va pouvoir les effectuer en moins de temps. Elle montera donc aider à servir la clientèle aux heures de pointe. C'est tout bénéfice.

— Tu te changeras, évidemment ! Tu laisseras ton bleu avec les récurants, et t'enfileras une blouse. Je vais t'en fournir deux, gratuitement. Tu t'arrangeras pour en avoir tous les jours une de propre et de repassée... La coiffe amidonnée, les cheveux sous la coiffe. Pas de parfum ni de rouge à ongles. Quand on attend la clientèle, on ne s'assoit pas, on ne s'adosse pas, on ne s'avachit pas, les coudes sur le comptoir. Devant les clientes, quand tu t'adresses à moi, tu commences toujours par « Madame ». Moi, je te vouvoierai. En boutique, j'entends !

Elle recule d'un pas, jauge la gamine, comme un tailleur qui s'apprête à tailler un costume.

— Et puis, voyons voir… Comment je vais t'appeler ?

Curieuse question, face à une employée qui est déjà là depuis des mois. Mais jusque-là, on l'appelait « hé, toi, en bas ! » ou « hé, la môme ! »… Avec sa spontanéité habituelle, l'apprentie répond :

— Ben… Par mon prénom, madame !

La charcutière écarquille les yeux. Pour un peu, elle éclaterait de rire :

— Non mais, ça va, la tête ? Ça sonnerait faux, sur toi ! C'est trop prétentieux ! Tiens, je sais : je t'appellerai Jocelyne, comme la précédente. Les clientes seront pas dépaysées. Et puis ça m'évitera de changer l'étiquette sur les blouses !

Nous ne pouvons plus éviter de demander :

— Et votre vrai prénom ?

— Celui que je vous ai dit à la radio : Stella.

— Mais c'est ravissant ! La charcutière avait tort : vous le portez très bien !

— C'est… C'est mon père qui l'a trouvé.

— Eh bien, vous voyez : choisir un nom de baptême aussi poétique, ça prouve qu'il était content d'avoir une fille ?

Les paupières papillonnent.

— Je n'ai pas dit qu'il l'avait choisi. J'ai dit « trouvé ». En fait… Il s'estimait humilié par ma mère : elle n'avait réussi à lui pondre qu'une « pisseuse ». Le mot n'est pas de moi : c'est lui qui m'a raconté l'épisode, tel quel… La nuit de ma naissance, il est rentré avec une biture carabinée, proche du coma. Pour noyer sa honte, ses copains du tiercé lui avaient offert tournée sur tournée de sa bière préférée : c'était la Stella Artois…

Sans commentaire…

Après Cendrimuche, Pue-la-Graille ou Hétoilàbas, Stella devient donc Jocelyne. Elle ne va pas contrarier la patronne pour si peu n'est-ce pas ?

Son changement de statut lui permet au moins de voir la lumière du jour et d'échanger quelques mots avec des « vraies gens ». Quelques mots, strictement nécessaires à l'amabilité commerciale, la patronne a bien posé les limites :

— T'es là pour faire entrer l'argent, pas pour te faire des relations !

Elle ne va même pas essayer : comment en aurait-elle seulement envie, sous ce prénom étranger et cette blouse, taillée pour la poitrine généreuse de la vraie Jocelyne et qui, selon la remarque du commis albinos, « tombe sur elle comme un tablier sur un âne ».

Une ou deux fois, elle aperçoit sa mère qui passe dans la rue. Sans jamais entrer, bien sûr : selon un accord avec la patronne, il ne faut surtout pas mêler travail et vie privée. Elle s'arrête comme par hasard sur le trottoir d'en face, pour jeter un œil dans la vitrine du magasin de nouveautés, où la charcuterie se reflète assez bien. Puis elle reprend son chemin en évitant soigneusement de laisser tomber un regard direct vers sa fille. Elle avait attendu que la période probatoire au sous-sol soit achevée pour pouvoir enfin, sur la place du marché et sur le parvis de l'église, glisser à toutes les dames du bourg (avec toute la modestie requise) :

— À la charcuterie du centre... Derrière le comptoir... La vendeuse, maintenant... C'est ma fille, vous avez vu ?

Alors que là, cette maigrelette, attifée comme un sac, avec ses trois cheveux raides qui dépassent sous le bonnet... ce n'est pas pour lui faire honneur, à madame Caudron ! Et voilà : une déception, une de plus, avec cette gamine...

Sœur Bénédicte, en revanche, n'est pas déçue, mais carrément inquiète. Elle n'avait pas revu son ex-collégienne depuis son entrée dans la vie active. Pourquoi a-t-elle pénétré dans la charcuterie du centre, alors que, de notoriété publique, elle fait livrer toute la viande pour la cuisine du collège Sainte-Marthe par un concurrent de Beaune ? Le hasard... Elle passait par là, et elle en profite pour acheter quelques kilos de déchets à destination des chats qui pullulent dans les jardins du cloître... Elle patiente dans la queue, comme une cliente ordinaire et elle s'arrange, en papotant à mi-voix pendant que Stella la sert, pour lui demander quelques nouvelles de sa santé : elle trouve que son ancienne protégée a « décollé ».

— Non mais regardez-moi celle-là : épaisse comme un haricot vert sans fil ! Pas la peine de te demander si tu te plais ici ?

Et c'est vrai qu'elle s'amaigrit, l'apprentie : plus grand-chose ne passe. Pas même les petits pâtés chauds, le rêve de gourmandise pour l'écolière de jadis. La seule idée de manger lui devient pénible. D'ailleurs, après tant d'années, rien qu'à l'évocation de ce souvenir, le teint translucide de la jeune femme assise devant nous se colore en bleu pâle. Trente ans plus tard, elle a conservé un rapport plus que difficile à la nourriture.

Sœur Bénédicte va revenir une fois ou deux, avec le même prétexte : approvisionner les chats du cloître. Puis elle va s'arranger pour se retrouver dans le square voisin aux heures où Stella prend sa pose. Ainsi, sans atteindre le stade de la confidence amicale, les conversations seront un peu plus libres.

Malgré la réticence de la jeune fille à se plaindre, la religieuse finit par apprendre qu'un gros chagrin la mine constamment : ne pas avoir pu continuer ses études. Ne pas pouvoir espérer, un jour, savoir apprécier autre chose que les romans à l'eau de rose. Le livre sur les anges en est bien la preuve : le deuxième chapitre n'est toujours pas lu. Aussi a-t-elle une réaction curieuse lorsque la sœur, comme si elle n'avait pas entendu ce regret, lui demande à brûle-pourpoint :

— Qu'est-ce que tu aimerais faire, une fois ton baccalauréat en poche ?

Stella se détourne, éclate en sanglots.

— Oh non ma sœur ! Pas vous !

— Pas moi... Quoi ?

— Ben... Je pensais pas que... Comme tous les autres, quoi ? Vous retournez le couteau dans la plaie !

Bénédicte lui pose doucement une main sur la nuque.

— Excuse-moi ! Je voulais seulement avoir ta réaction sincère, pour mesurer à quel point ce diplôme compte pour toi. Je vois bien, maintenant, que c'est pas juste en réaction contre le sale boulot qu'on te fait faire. Alors, mouche-toi un bon coup, sèche tes yeux, et regarde là-bas... Oui : là-bas, au bout de l'allée de ce square.

— La porte en fer forgé ?

— Oui : elle donne sur l'avenue de la Gare. Une gare, un quai, un train, et n'importe quelle destination dans le monde ! Eh bien : ton baccalauréat, il est pas plus loin de toi que cette porte de fer ! Et derrière lui, tout ce qu'il t'ouvre, loin d'ici...

C'est ainsi que l'espoir se refait une petite place dans cette vie grisâtre. Sœur Bénédicte s'est documentée : maintenant sur tout le territoire et dans toutes les académies, on peut préparer le bac par correspondance ! C'est même un droit dans le nouveau règlement de l'apprentissage. On reçoit les cours. On renvoie les devoirs. Ils reviennent corrigés par de vrais professeurs. La jeune fille s'illumine, mais se rembrunit aussitôt :

— Ça veut dire que c'est le facteur qui va...

— Oui : par correspondance, en principe...

— Ce sera pas possible, alors : recevoir le courrier à la charcuterie, déjà, ça va déranger... Mais aller à la poste toutes les semaines... Mon père sera vite au courant. Et mon père, pour ce qui est des études, il est... Vous savez ?

Bénédicte a pratiqué le père Caudron. Elle s'est aussi renseignée sur la charcutière. Elle ne va pas mettre sa protégée en bisbille avec ces gens-là : ce serait lui fermer à double tour l'accès à toute culture. Elle va donc ruser diplomatiquement : mentir est un péché, mais... ne rien dire n'est pas mentir.

Elle inscrit dare-dare Stella en seconde moderne. La demoiselle Caudron était sur la liste des élèves de Sainte-Marthe jusqu'à l'an dernier. L'adresse, dans un premier temps, sera celle du collège. La religieuse apportera le courrier entrant lors des entrevues au square, collectera en échange les réponses aux interrogations, et se chargera de les poster. Commode, n'est-ce pas ?

D'autant plus que l'élève doit tout faire pendant ses soirées, assise au bord du lit, dans la cave qui lui sert de chambre. Lire, passe encore : au bazar Manin, elle s'est acheté une de ces lampes de chevet orientables, avec un pied flexible. Mais écrire est plus difficile quand on ne dispose pas d'une table. Une planche à découper, posée sur les genoux, fait office d'écritoire. Là encore : commode, n'est-ce pas ?

Qu'est-ce donc qui soutient cette frêle jeune fille, pour qu'elle trouve l'énergie d'ajouter cette fatigue à celle de son travail, de ses corvées ? Qu'est-ce donc qui lui donne la force de caractère pour braver toutes ces impossibilités ? Une force qu'elle, la timide, la craintive, l'obéissante, ne se connaissait pas. Le désir forcené de sortir de sa condition ? Aujourd'hui, elle en sourit :

— Sortir de ma condition ? Je crois bien qu'à cet âge et avec, justement, cette absence totale d'ouverture sur le monde, je n'avais pas la moindre idée de ce que cela pouvait bien signifier. Je savais seulement que je *pouvais* obtenir ce papier, qu'il était là, aussi proche que la grille du square, qu'il fallait juste avancer, avancer…

Mais elle se heurte à de nouveaux obstacles. Des questions, d'abord :

— Dis donc, Jocelyne… Il me semble que j'ai vu de la lumière bien tard, chez toi, cette nuit ?

— Je… je n'arrivais pas à dormir, madame.

— Eh ben, tes insomnies, tu peux aussi bien les passer dans le noir ! Je te signale que le courant, c'est moi qui le paye !

Masquer avec son manteau le soupirail qui donne sur la cour. Colmater le bas de la porte en y tassant une serpillère… On peine à croire que cela se passe si près de nous, dans l'espace et dans le temps. Que, pour ouvrir un livre scolaire, il faille se cacher, ruser, trembler d'être surprise !

Peu à peu, les copies vierges, les devoirs en cours, le tas de livres, tout le matériel, deviennent de plus en plus envahissants, de plus en plus difficiles à dissimuler. C'est certain : la patronne va faire un jour une tournée d'inspection et découvrir le pot aux roses ! L'apprentie en transpire dès qu'elle l'imagine descendue au sous-sol et qu'elle-même est coincée au comptoir.

— Eh bien, Jocelyne ! Vous ne voyez pas que *m'ame* Bernard attend son jambon ! Vous n'avez pas la tête à votre travail, mon petit ! Excusez-la, madame Bernard : ça doit être le printemps qui la travaille !

Elle complète, avec un sourire gras :

— Heureusement, nous n'avons plus ce souci-là, hein, *m'ame* Bernard !

Stella courbe l'échine : si elle n'était pas tenaillée par cette envie saugrenue de diplôme et ce secret à cacher à tous, bref, si elle se conduisait comme une bonne fille, comme une fille Caudron *normale*, elle pourrait devenir une vendeuse acceptable ! Tout ça est bien sa faute ! Alors, trop, c'est trop : les poussées d'indignation, qui avaient disparu dans l'enthousiasme des premiers mois d'études, reviennent en force. Et quand, ce soir-là, elle éteint la lumière « pour ne pas dépenser le courant », le visage dans l'oreiller pour que ses pleurs ne s'entendent pas, c'est toujours aux mêmes qu'elle s'adresse : à ceux de là-haut.

— Je ne leur ai plus dit de me parler, ni même de m'écouter : je voyais le résultat ! Je leur reprochais... de ne pas exister ! De n'être que des inventions pour faire espérer ceux qui souffrent et mieux les décevoir ensuite.

Ce qui advient dans les jours qui suivent n'est, bien entendu, qu'un simple hasard. Elle a passé un dimanche exécrable dans la maison familiale, redoutant qu'une mauvaise appréciation de la patronne n'ait été adressée à ses parents, histoire qu'ils « lui remontent un peu les bretelles ». Rien ne lui est tombé dessus. Le lendemain, lundi, c'est jour, pour elle, de grand récurage et jour d'abattoir pour le patron.

— C'est arrivé vraiment pas exprès, je vous jure ! Je me suis trouvée avec mon savon noir et ma peau de chamois dans le couloir du rez-de-chaussée, pour aller briquer la plaque de cuivre sur la porte du « Privé ». Quand elle s'est ouverte, j'ai réalisé trop tard que j'avais complètement zappé l'heure : il était pile 2 heures 15.

Elle voit jaillir le commis albinos, dont le visage, à ce moment, a troqué sa couleur rose habituelle pour un rouge soutenu. Surtout les oreilles, remarque la petite. Elle se plaque au mur pour laisser passer le colossal bébé, qui grommelle avec un bruit de goret satisfait. La porte, repoussée par un ressort, reste néanmoins ouverte assez longtemps pour qu'elle aperçoive la patronne. Et pour que la patronne l'aperçoive.

— Les stores étaient tirés, mais la lampe sur le bureau était allumée. Nos regards se sont croisés alors qu'elle rajustait vivement sa jupe. J'ai tourné les talons sans nettoyer la plaque, mais il était trop tard : j'étais fichue !

C'est ce qu'elle se répète, le soir, lorsque la charcutière vient la trouver dans sa chambre.

— Pourtant, quelque chose m'a fait drôle : elle a frappé à la porte. D'ordinaire, elle entrait sans prévenir.

La maîtresse des lieux referme derrière elle, jette un regard circulaire, désigne d'un coup de menton la valise fourrée sous le lit.

— Je les ai vus, tu sais… Tes livres, tes cahiers… Tu fais l'école toute seule, c'est ça ?

— Oui, madame, mais c'est jamais pendant mes heures, ça vous pouvez le…

— Je sais. Tu fais ça le soir. Tard dans la nuit, hein ?

— Oh, pour le courant, si vous voulez, je peux…

— Ta loupiote de chevet, c'est pas une telle dépense. Ne me coupe pas la parole, tu veux ! Ce que j'ai à te dire, c'est que… Y a une Espagnole qui m'a demandé plusieurs fois du boulot, déjà… Elle a trois mouflets et un mari en arrêt maladie…

— Vous voulez lui donner la place, c'est ça ?

— Pour le gros nettoyage, oui. Comme ça, tu peux te prendre tes lundis, si ça t'arrange... Comme apprentie qui prépare le bac, t'y as droit, de toute façon...

Le reste va tout seul, sans négociation, sans discussion : officiellement étudiante, l'apprentie peut demander à recevoir ses cours directement à la charcuterie, ce qui lui évitera les retards dus au transit par Sainte-Marthe. La charcutière lui propose même, en partant :

— Les grandes enveloppes pour tes devoirs... On en a, au Privé, pour les factures... T'auras qu'à en demander. J'y mettrai les timbres.

Sur le seuil, elle se retourne et, avec un air tout bizarre pour une personne si dure, elle murmure :

— C'est bien, les études. Pour une fille. Moi, j'ai pas eu...

Elle referme. Cette fois, c'est elle qui ne termine pas sa phrase.

Quelques soirs plus tard, on frappe à nouveau. Cette fois, c'est le charcutier. Le petit chauve taciturne a l'œil pétillant, exceptionnellement.

— La patronne m'a dit, pour tes études. Paraît que tu lui as demandé ton lundi ? Même qu'elle a l'air contente de votre arrangement... Je sais pas comment t'as fait, mais tu l'as mise dans ta poche. Ça mérite récompense. Viens donc me donner un coup de main.

Il a apporté une table minuscule et une chaise de jardin pliante.

— Tiens, la pépette... Y devrait y avoir juste la place dans ta carrée pour caser ça... Tu seras plus à ta main, pour tes écritures. Je t'ai aussi mis une rallonge électrique.

Pendant qu'il branche la lampe de chevet et la pose sur la table, lui aussi murmure :

— Les études, c'est bien.

« La pépette. » Un nouveau nom, presque sympa, qui ouvre une nouvelle période.

— J'étais très souvent enrhumée et ma mère m'avait demandé, en pareil cas, de m'abstenir de la visite dominicale.

Pour ne pas infecter les hommes, qui travaillaient. Une fois ou deux, pour voir, j'ai sauté le dimanche en famille sans prétexte valable. Ça ne semblait manquer à personne. Je n'y suis plus allée qu'une fois par mois. Mes parents, du moment qu'ils continuaient à toucher ma paye… Ma mère me donnait l'argent de poche en une fois. Elle le laissait dans un papier plié, sur le coin du buffet. Comme elle montait faire les chambres, au moment de mon départ, je criais au revoir et je prenais mon pécule. Au moins, je n'avais plus à tendre la main…

Ainsi, elle dispose du dimanche après-midi, du lundi et de ses nuits pour étudier. Assise sur une chaise, devant une table, sous une lampe de travail. Dans son cagibi, en respirant les remugles de l'étuve à tripes, certes. Mais c'est devenu presque vivable.

Avec les patrons, on n'en est pas encore aux rapports chaleureux, pas même à la gentillesse, mais les brimades cessent. La jeune fille s'étiole dans un désert affectif presque total. À part les rares et discrètes promenades dans le square avec Bénédicte, elle ne fréquente personne et passe de son labeur à ses cahiers. Et les anges ?

— Je me suis remise à espérer qu'ils existent quand même un peu. Je leur raconte ce qui me passe par la tête. Ils ne me répondent toujours pas, mais je ne leur en tiens plus rigueur : ils ont plus malheureux que moi à soulager.

Maintenant, Stella va en venir à la dernière phase de son témoignage : l'intervention fantastique dont elle affirme avoir été l'objet. Attention : tout va défiler très vite, en quelques minutes dans son récit et en quelques lignes ici, dans votre lecture.

Mais ne perdons quand même pas de vue que trois ans vont se passer. Trois ans. Jour après jour. Nuit après nuit. Et les vacances ? Pour augmenter ses économies et ne plus laisser Sainte-Marthe supporter les frais de cette scolarité volontaire, Stella trouve un petit job d'été, au noir.

— Résultat ? Vous n'en serez pas surpris : au moment d'aborder l'année du bac, je me suis levée un matin, à 4 heures 30, comme d'habitude et puis... plus rien. Voyant la boutique éteinte et les poubelles pas sorties, le patron est descendu et m'a retrouvée en chemise de nuit sur le carreau, incapable de me traîner ou d'appeler. On a cru que je m'étais chopé un plus gros rhume que les autres fois. Ensuite on a parié sur une bronchite infectieuse. Il a fallu pas mal d'imagination au médecin du coin pour poser le juste diagnostic : j'avais développé une tuberculose. Il n'en avait pas vu de vraie depuis son internat ! Soyez charitables, épargnez-moi les commentaires, je le sais : je suis une héroïne de Zola... attardée !

Elle a beau se moquer aujourd'hui courageusement d'elle-même, elle n'en a pas moins eu pour plusieurs semaines d'hôpital, plus une convalescence.

— Je l'ai faite sur le lit de camp du salon, dans la maison des Caudron. Vous ne me croirez pas, mais, aussitôt capable de tenir debout, j'ai été contente de retrouver *ma* chambre, dans la cave de la charcuterie.

Sa chambre et ses chers bouquins. Avec, très vite, une grosse frousse. Le médecin a bien insisté : si on la laisse reprendre, c'est sous condition de savoir se limiter dans ses fatigues et surtout, de dormir suffisamment. Or, jusqu'à présent, par ses sacrifices et son acharnement, elle avait réussi à ne prendre qu'une année de retard. Et là, elle vient de manquer sa réinscription et de perdre un trimestre. Donc, potentiellement, toute l'année scolaire. Rattraper les cours en marche demanderait un effort considérable, même à temps plein. Un effort interdit dans son état.

— Je ne supportais pas cette idée de m'arrêter. Je sentais que, si je décrochais, je n'aurais plus l'énergie de reprendre. Et je resterais en charcuterie, celle-là ou une autre. Toute une vie, jusqu'à la retraite. Pour moi, c'était une mort par asphyxie, une mort programmée, acceptée. Lorsque je pensais à un tel avenir (et j'y pensais tout le temps !) les étouffements me reprenaient.

C'est ce qui se produit le deuxième ou troisième jour après sa reprise d'activité. Elle a sorti les poubelles, préparé les instruments. Elle est au sous-sol, devant le plan de travail. 5 heures 30 du matin.

— Je hachais au tranchoir des hures de porc, pour le commis. Il les tassait dans une terrine au fur et à mesure, les couvrait de gelée chaude.

Sans s'en rendre compte, elle glisse dans un état cotonneux, s'appuie contre la table et reste le bras en l'air, l'œil vague. Elle se voit ainsi, au fil des années à venir. Mourant debout, à petit feu, sans que personne s'en aperçoive. Est-ce que c'est inéluctable ?

— Ho, la môme ! Tu te crois toujours en congé maladie ? Tu rêvasses encore ?

La voix grasseyante du commis : il s'impatiente devant une terrine à moitié remplie.

— Excuse-moi, Lucas ! Je… je pensais à…

— Oh là ! Il t'est donc poussé une cervelle, à l'hosto ?

— Je me posais juste une question et…

— Mam'zelle se pose des questions, maintenant ? Ben tiens : v'là une réponse !

Et, avec le coude, pour ne pas salir, il pousse le bouton de la radio. Le transistor, mal réglé, au maximum de niveau, lâche une déferlante de grésillements, au milieu desquels on distingue vaguement une musique, une voix.

— La chanson était noyée dans les parasites. Je n'ai compris qu'une phrase « À mourir pour mourir »… Je me suis demandé si les anges jouaient du piano et communiquaient par radio, ou s'ils pouvaient être agressifs, albinos et jamais douchés… Parce que c'était vraiment une réponse !

« À mourir pour mourir, je choisis l'âge tendre… » La voix ? Barbara. Un disque enregistré en 1964. La petite ne connaît ni la chanteuse ni la chanson. Mais elle se remet à respirer. Elle a entendu *sa* réponse. Elle sait quoi faire. D'un côté, une interminable agonie entre cuves de triperie et bassines de sang pour boudin. De l'autre, être terrassée par la fatigue, mais au milieu des livres, en ayant au moins cherché la sortie. Elle a choisi.

Le plan est le suivant : elle renonce à son inscription aux cours par correspondance. Avec plusieurs mois de retard, elle serait larguée, de toute façon. Elle va préparer quand même le bac sans rien dire à qui que ce soit. Et surtout pas à sœur Bénédicte qui connaît les interdits posés par le médecin. Et elle s'inscrira à l'extrême limite, comme candidate libre.

Avec ses économies, elle achète les livres. Mais pas tous en même temps : matière par matière. L'histoire, puis les maths, puis la physique-chimie, puis la géographie... Pour des raisons pécuniaires, mais aussi par stratégie réfléchie. Car elle commence à se connaître : ses points forts, depuis toujours, c'est la mémoire et la concentration. Sauter du coq à l'âne, c'est sûrement rafraîchissant pour des lycéens « normaux », mais pour elle, perdre le fil et le reprendre, c'est une perte d'énergie. Elle en a fait l'expérience les années précédentes. Donc, elle a décidé d'assimiler chacune des matières nécessaires au bac, dans son entier, avant de passer à la suivante. Une méthode un peu folle ? Mais qu'est-ce qui n'est pas fou, dans cette existence ?

Elle avance, elle creuse, obstinément. Elle a recommencé à masquer le soupirail et le dessous de sa porte, pour que personne ne puisse compter ses heures de sommeil. Elle en a peu, ça commence à se voir sur elle, elle le sait. Alors elle masque aussi les signes de l'épuisement sur sa personne : elle qui ne se maquillait jamais, s'achète au Prisunic une boîte de fond de teint pour estomper les cernes plombés qui se creusent. Surmontant son dégoût pour la viande, elle se force à manger autre chose que des légumes. Et comme, malgré tout, elle s'amaigrit encore, elle porte systématiquement un pull *et* un chandail informe sous sa blouse. C'est ainsi qu'elle aborde la dernière ligne droite. La toute dernière.

— Est-ce qu'il vous est arrivé d'attendre le bus et de vous absorber dans le journal ? Vous avez beau connaître l'horaire, quand le bus vous déboule dessus, vous restez scotché. Moi, j'avais beau avoir organisé chacune de mes minutes en prévision de ces examens, je n'ai pas vu arriver la date.

Elle a réalisé son programme fou presque en totalité. Presque. Sa mémoire, sa merveilleuse mémoire, tient en ordre ces milliers de données, classées, prêtes. Sauf dans UNE matière, qu'elle a gardée pour la fin. La littérature.

— C'était dans mon plan dès l'origine : j'aimais tellement les romans, les histoires ! Je savais qu'après y avoir plongé, je m'y serais attardée. Je n'aurais jamais eu le temps pour le reste du programme.

Or, là, c'est le contraire : prise de vitesse, elle sort, comme l'on dit, « le nez du guidon » et réalise qu'il ne lui reste plus que trois semaines. Elle profite de sa pause de la matinée pour se catapulter vers la Maison de la Presse.

— Monsieur Augier a grimacé en tirant de la réserve un carton impressionnant : les derniers livres qu'il gardait pour moi. Le coup d'assommoir (encore du Zola !).

Le pessimisme du libraire s'explique devant l'épaisseur des ouvrages et l'étendue des connaissances requises : cette année-là est l'une de ces « charnières » où l'Éducation nationale effectue la transition entre deux façons de répartir les programmes. Résultat : celui de la terminale conserve des reliquats de l'ancien découpage, en y adjoignant des échantillons du prochain. Une vraie malédiction, même pour les candidats « ordinaires ».

— Ces livres étaient si pesants que Monsieur Augier a insisté pour les mettre sur un diable et les déposer devant l'entrée de service de la charcuterie. Je les ai tirés vers le sous-sol, et j'ai repris ma journée, en essayant de ne plus y penser.

Mais au soir, rentrée dans sa cave, Stella, écrasée par le poids de cette réalité, ne déballe même pas les manuels neufs. Ils couvrent trois siècles de la production littéraire. Du XVIIe au XIXe siècle. La période la plus féconde en langue française. Des centaines d'auteurs, des milliers d'œuvres, toutes plus essentielles les une que les autres. Elle se laisse choir sur la chaise pliante, pose les bras sur la table étroite, y enfouit son visage et sanglote.

À partir de là, il est préférable de laisser place à la voix timide, mais spontanée de Stella : elle seule peut mener un récit aussi… impossible.

« Sans transition, je sens l'air de l'extérieur. Je *suis* à l'extérieur. Une ville probablement, bien que je n'entende aucun bruit de circulation. Je marche dans une ruelle, bordée de murs de briquettes rouges. Si étroite que je ne pourrais pas étendre les bras. Je ne sais pas comment je suis venue là, mais j'ai l'intime sensation qu'il ne faut pas avoir peur. Qu'il ne faut pas que j'accepte d'avoir la moindre peur, sinon je ne pourrai jamais partir d'ici. D'ailleurs, ce n'est pas de la frayeur que je ressens, mais plutôt de la curiosité. Car cette ruelle présente, ici et là, l'échancrure d'une porte. Je m'y dirige, à chaque fois pleine d'espoir : je vais frapper, quelqu'un ouvrira, j'entrerai dans une maison… Mais les portes sont anciennes, leur peinture est pelée. De la poussière et des herbes sèches dans tous les interstices montrent bien qu'elles sont closes depuis bien longtemps. Plus j'avance, plus je constate qu'il n'y a pas d'entrée possible. Je m'avise que, dans quelques mètres, je vais me trouver face au mur de briques : il ferme la ruelle. Un cul-de-sac parfait. J'ai parfaitement conscience que je pourrais faire demi-tour, revenir en arrière. Je n'essaie même pas. Je continue. Je ne peux pas dire qu'à ce moment, je n'aie toujours pas peur. J'appréhende, mais je marche, lentement. Et le mur n'existe plus.

Un souffle frais sur mon visage, des senteurs de plantes. Au loin, une forêt de pins. Entre elle et moi, une lande. Un sol sableux, des buissons rudes, au feuillage d'un vert sombre, où percent des fleurs allant du blanc au violet. Des bruyères, qui exhalent leur parfum, chauffées par un soleil que je ne vois pas. Je me dis que, dans la vraie vie, je n'ai jamais respiré le parfum des bruyères, mais qu'il doit être exactement comme ça.

« Dans la vraie vie… » Cette notion confirme que je suis bien dans un rêve, et je me sens rassurée, parce que tout cela commence à être franchement bizarre. Alors, je ris : dans un rêve, on ne craint rien. Pas même de mourir, n'est-ce pas ? Peut-être que je suis en train de mourir ? Et peut-être que c'est très bien comme ça ? Comment savoir ? Poser la question : tout est permis, dans un rêve ! Je me mets à genoux au milieu des plantes, je tourne mon visage vers le ciel, un ciel mauve comme les fleurs, j'élève les mains et je demande : « Est-ce que c'est fini, pour moi ? Est-ce que je dois m'arrêter ? » Le ciel, d'un coup, vire au noir, puis au jaune.

Le jaune, c'est la lumière de la lampe de chevet à travers mes paupières. Je reprends conscience dans ma chambre, à la cave. Allongée par terre. Tombée de la chaise. J'ai entraîné la lampe de travail : elle pend au bout de son fil et l'ampoule, qui ne s'est pas brisée, m'envoie sa lueur crue… »

D'abord, Stella pense qu'elle a été reprise d'un malaise comme celui qui l'avait envoyée à l'hôpital. Puis elle réalise que c'est différent.

« Je n'ai mal nulle part. Et surtout, les relents de détergent et de tripes chaudes sont comme estompés. Un parfum les couvre. Très présent et pourtant infiniment doux. Le parfum des bruyères de mon rêve ! Il me vient l'idée que, dans la vraie vie, je n'ai jamais senti de bruyères pour de bon, mais que ce doit être exactement ainsi… »

Elle se relève, va redresser la lampe et la remet sur la table. Et elle se fige, avec une peur glacée qui descend jusque dans ses jambes !

Le rond de lumière éclaire une feuille de papier. QUELQU'UN y a écrit quelque chose !

« C'est la seule hypothèse qui me vient : sans même avoir lu, je sais que je ne peux pas avoir écrit ça ! D'abord, j'étais inconsciente et surtout moi, j'écris toujours très petit. Des pattes de mouche minuscules et très serrées, presque sans espaces entre les lignes et quand je n'ai pas fini une phrase, je la fais remonter sur les côtés. Je couvre le papier du bord supérieur au bord inférieur. »

Là, au centre de cette page, en lettres larges, libres, aérées, flottent trois mots :

Question de caracteres

« Le temps de déchiffrer, les battements de mon cœur reprennent. Il y a dans ce tracé quelque chose qui me rassure : la dernière lettre, le *s*, se poursuit par une sorte de graffiti, qui pourrait faire penser à un oiseau en vol, stylisé. Quant à cette phrase de trois mots, je ne comprends pas ce qu'elle peut signifier. Mais j'ai une intime certitude : la personne qui a écrit si joliment ne peut pas être mauvaise ou me vouloir du mal… »

Mais alors, pourquoi ce visiteur est-il reparti en la laissant par terre ? Comment est-il entré ? S'il n'est pas entré, c'est quelqu'un de la maison ? Même pas le courage d'avaler une soupe : ça laisserait du temps pour trop de questions. Stella se réfugie dans son lit et s'endort aussitôt.

Au réveil, tout a repris les tristes teintes ordinaires de la réalité. Et les odeurs aussi. L'habituel mélange écœurant. Le parfum des bruyères s'est dissipé. Peut-être n'a-t-il jamais été là ? Le souvenir de la balade nocturne s'efface déjà : c'est fait pour ça, les rêves…

À la pause de midi, au square, c'est la rencontre hebdomadaire avec sœur Bénédicte. La jeune fille avoue sa cachotterie : elle n'a pas voulu perdre une année et elle s'est inscrite au bac comme élève libre. Elle confie aussi sa désillusion.

— Je suis bien punie de mon orgueil : les épreuves sont pour la fin du mois, et je n'ai pas eu le temps d'ouvrir un seul manuel de littérature. Avec le fort coefficient du français dans ma section, rendre une copie blanche… C'est fichu…

Étonnement : la religieuse ne lui reproche pas sa dissimulation. Elle la secoue vertement.

— Ah, oui ! C'est fichu à coup sûr si tu t'arrêtes maintenant ! Jusqu'à présent, personne ne t'a jamais ouvert les portes, non ? Tu as su trouver les issues par toi-même ? Alors, continue : avance encore ! Ça te servirait à quoi, de te retourner sur tes erreurs ! Qu'est-ce que tu risques, maintenant que tu es arrivée là ? De mourir ? Sûrement pas. Et même si ça doit se passer, le bon Dieu l'a déjà décidé, et ce qu'il décide est parfait ! Alors, en avant, mollasson !

— Mais c'est au-dessus de mes forces, ma sœur ! Si vous voyiez cette pile de bouquins ! Je n'aurais même pas le temps d'en lire le dixième que…

— Mais qui te parle de ça ? Prie un bon coup, demande, écoute ce qu'on te répond, et fais l'impasse !

Stella serait bien incapable de décrire le tourbillon au creux de son ventre : elle n'a pas raconté à son amie son malaise de la nuit précédente, ni le songe devenu confus. Or, les paroles de sœur Bénédicte le font revenir presque violemment.

— C'est comme si chaque mot de sœur Bénédicte était une… une « étiquette » qui marque chaque image, qui lui donne une signification ! « Faire l'impasse »… La ruelle, le cul-de-sac… Les portes que personne n'a ouvertes. Ne pas me retourner sur mes erreurs. Avancer quand même. Je ne risque pas d'en mourir. « Prie un bon coup, demande, écoute ce qu'on te répond. » Prier. Demander. C'est exactement ce que j'ai fait cette nuit. Mais…

Stella pose une bise sonore sur la pommette de la religieuse et elle s'en va en courant. Écouter ce qu'on lui a répondu ! Lumineux, maintenant : « on » lui a répondu ! Elle l'a complètement oublié, et c'était probablement le plus bizarre de toute cette nuit folle. Un élément qui *n'était pas* du rêve : quelque chose était écrit, sur cette feuille volante. Or, elle l'a totalement oubliée, car elle ne l'a pas vue, à l'aube, en reprenant son travail.

La feuille n'est pas sur la table. La jeune fille fouille, et finit par la retrouver, froissée, au milieu d'autres brouillons, au fond de sa valise, sous le lit.

— Je devais être bien secouée, déjà en demi-conscience, lorsque je l'ai fourrée là, avant de sombrer dans un sommeil protecteur.

Question de caracteres

Ces mots sibyllins, tracés d'une écriture aisée, avec ce *s* final et son graffiti comme l'envol d'un oiseau... Ils sont bien là, au milieu du feuillet blanc. Leur sens est clair : Bénédicte ne l'a-t-elle pas secouée en la traitant de « mollasson » ? Il serait temps, effectivement, ma fille d'affermir ton caractère ! La voilà, la réponse. Bof... Pas de quoi s'effrayer devant une telle évidence.

— En même temps, relire ces trois mots bêtement, à plat, ça m'a bien indiqué que c'était moi qui les avais tracés. Malgré la belle écriture, j'avais trouvé le moyen de faire une faute d'orthographe : « question de CARACTÈRE », au singulier, aurait été correct ! J'ai jeté cette stupide feuille au panier. Puis j'ai pris le gros carton du libraire, déchiré l'adhésif, retourné le contenu sur le sol, fermé les yeux et, à quatre pattes, j'ai tâtonné. J'ai effleuré les bouquins jusqu'à ce que ma main en trouve un qui lui plaise. Ma décision était prise : je lirais celui-là, je ferais l'impasse sur le reste. L'impasse.

Le titre de ce manuel va peut-être vous rappeler vos belles années ? *XVIIe siècle, Les Grands Auteurs français du programme* par Lagarde et Michard. André Lagarde et Laurent Michard. Éditions Bordas. Nous sommes des millions à l'avoir eu pour compagnon d'études. Stella, elle, le découvre, assise dans le sous-sol de la charcuterie.

Elle découvre aussi qu'un de ces grands auteurs se nomme Jean de La Bruyère.

Que La Bruyère est célèbre pour un unique ouvrage, publié en 1668. D'une plume à la finesse caustique et réjouissante, il trace les portraits des humains de son temps et de tous les temps. Une œuvre intitulée *Les Caractères*.

Avec un *s*.

La suite va presque de soi. Dans le domaine de l'impossible, évidemment. Pendant les trois semaines qui lui restent, Stella s'immerge dans la prose saisissante de Jean de La Bruyère. Totalement et uniquement. Elle n'a pas à se forcer : elle s'en délecte.

— L'un d'entre eux, surtout, Gnathon, un rustre épais, égoïste, glouton… Je peux encore vous en citer par cœur le début et la fin : « Gnathon ne vit que pour soi, et tous les hommes ensemble sont à son égard comme s'ils n'étaient point […] Il embarrasse tout le monde, ne se contraint pour personne, ne plaint personne, ne connaît de maux que les siens, que sa réplétion et sa bile, ne pleure point la mort des autres, n'appréhende que la sienne, qu'il rachèterait volontiers de l'extinction du genre humain. » Si parfaitement ciselé que j'ai pris le temps de le relire. Je regardais en même temps la reproduction d'un tableau d'Arcimboldo, vous savez : ces assemblages malins de fruits et de légumes, qui composent une tête humaine grotesque… C'est ce portrait que j'ai choisi comme point d'appui pour ma dissertation, le jour de l'examen.

Car (est-il besoin de le préciser, tellement il ne peut en être autrement !), parmi les trois sujets proposés à l'épreuve du bac, figure précisément celui-ci. « En vous basant sur ce texte, Gnathon, extrait du chapitre XI "De l'homme", direz-vous que La Bruyère est un chroniqueur, ou un philosophe ? »

N'est-ce pas une vraie « question… de *Caractères* » ? Avec un *s*.

Tel est le témoignage de Stella Caudron. Nous essayons de rester aussi neutres que possible. Nous lui demanderons encore quelques précisions, purement factuelles, pour notre dossier. Nous apprendrons ainsi que, loin d'une note éliminatoire, sa copie de français lui a valu des points à fort coefficient, qui ont soutenu sa moyenne un peu juste. Elle a obtenu son précieux diplôme et, comme elle atteignait sa majorité, elle a pu, sans avoir à implorer ses parents, s'inscrire en faculté. À Paris, s'il vous plaît !

— Je me suis orientée d'abord vers la psychologie, puis le droit social. Je me suis mariée, j'ai divorcé. J'ai une fille, à qui j'ai donné le prénom Bénédicte. Je suis retournée vers la province. Je m'occupe d'un centre d'accueil pour les ouvrières et les employées de maison victimes de maltraitances... Le *mobbing*, aujourd'hui, c'est un délit reconnu...

Réservée, timide, elle attend notre réaction. Ou notre jugement ? Soyons honnêtes envers elle : nous n'avons à lui livrer... que notre perplexité. De deux choses l'une :

— Une ou plusieurs entités protectrices, qu'on les appelle anges ou autrement, seraient intervenues ? Cela porte témoignage de l'existence d'un monde parallèle, voire supérieur ou divin. Dans ce cas, c'est merveilleux.

— Ou bien la pensée inconsciente d'une jeune fille en détresse s'est mobilisée, pour un ultime recours, combinant cette précieuse chaîne d'hallucinations prémonitoires ? Et c'est plus merveilleux encore.

Notre visiteuse semble soulagée par cette franchise.

— Au moins, vous ne m'avez pas ri au nez... Et vous, on peut dire que vous savez laisser les portes ouvertes ! Alors, je vais me permettre de vous montrer encore une... Oh, ce n'est pas très... Enfin, ce n'est pas à proprement parler une preuve, mais c'est tout ce qu'il me reste... Parce que la feuille avec les « caractères », je l'avais jetée, vous vous rappelez ? Je l'ai regretté, lorsque j'ai réalisé toutes ces incroyables *synchronicités,* comme les appellerait un psychanalyste jungien. En revanche, la dernière nuit avant mon départ de la charcuterie, je suis restée à veiller dans ma chambre. J'ai réalisé l'ampleur des attentions qu'« on » m'avait portées, à moi qui me croyais délaissée... Le prix immense des cadeaux que j'avais reçus, moi qui me plaignais sans cesse... J'ai eu envie de remercier. Mais QUI ? Alors, j'ai demandé.

Elle s'installe pour la dernière fois sur sa chaise pliante, derrière la table étroite. Dans le rond de lumière de la lampe de chevet, elle place son cahier secret. Elle ne tient pas vraiment de journal intime, comme nombre d'adolescentes. Mais depuis toute petite (en fait, depuis qu'elle sait écrire), elle note parfois une pensée, une phrase retenue dans un roman à l'eau de rose, elle crayonne. Toujours dans ce cahier, qu'elle garde au fond de sa valise. Elle prend un stylo et elle attend.

— J'ai juste essayé de me remettre dans le même état intérieur que la première fois. Je voulais retourner dans le même endroit, parce que c'était le meilleur pour poser une question. Et recevoir une réponse.

— Et vous avez réussi ?

— Oh, je ne vous dirai pas que je suis retournée dans mon impasse, ni que j'ai gambadé dans de la bruyère ! J'aimerais bien, mais non... En vérité, je n'ai pas le souvenir d'avoir quitté la cave. Je me suis réveillée parce que c'était le matin : la lumière entrait par le soupirail. Ma tête reposait sur mon bras replié, et je m'offrais un bon torticolis ! Mais j'avais une réponse.

Stella Caudron ouvre sur ses genoux le cartable de Nylon bleu. Elle en tire un cahier.

Un cahier d'école, jauni, corné. Elle le feuillette devant nous : on voit défiler des dessins d'enfance, puis des poésies de jeune fille. Vient une page sur laquelle elle s'arrête.

— Depuis cette nuit, j'ai écrit dans d'autres cahiers. Dans beaucoup d'autres... Mais plus jamais dans celui-ci.

Au milieu d'une page, un mot : un nom.

Et là, nous pouvons nous permettre d'être sidérés : la jeune fille avait demandé :

« Pour tout ce bonheur, qui est la personne que je dois remercier ? »

La réponse est bien là, en toutes lettres : un nom, écrit d'une seule envolée. Il se termine par une arabesque figurant comme la silhouette d'un oiseau déployé.

STELLA

Contente de voir notre air ébahi, la jeune femme reprend doucement son cahier, le referme, le glisse dans la sacoche de Nylon bleu et précise, dans un sourire radieux :

— Stella. Avec deux ailes.

4

Un amour… vraiment fou !

Gudrun Pedersen (prononcer *Goudroune*, et *PeDersen*, avec un D, notez-le) solide demoiselle norvégienne de cinquante-quatre ans, jure comme un charretier, depuis un bon moment. Mais seulement dans son for intérieur. Non pas pour respecter un quelconque savoir-vivre : en temps ordinaire, balancer une bordée de vocables malsonnants ne la dérangerait pas outre mesure. Mademoiselle Pedersen assume des manières de bûcheron qui concordent parfaitement avec sa robuste constitution. Si elle prend bien garde à ne pas ouvrir la bouche, c'est à cause de la température qui règne à cet arrêt de bus.

La Norvège, fin novembre. Le *nord* de la Norvège... Vous voyez le tableau : nuit totale à quatre heures de l'après-midi, et un froid à décorner les rennes du Julenisse (prononcer *Ioullenissé*). C'est le bonhomme barbu en houppelande rouge qui apporte des cadeaux aux petits en fin d'année, en Norvège. Le Père Noël, en somme, sauf qu'il n'est pas père...

Une native du pays comme damoiselle Pedersen devrait être équipée pour affronter la météo hivernale, qui dure ici la moitié de l'année. Or, elle poireaute dans les congères du bas-côté en tenue légère : bottines en imitation peau d'ours, anorak mince comme un dictionnaire (à peine !). Autant dire qu'elle va geler d'un bloc, si ce bus n'arrive pas bientôt.

Or, même si elle ne l'aperçoit pas encore, il n'est plus très loin. Il arrive, conduit par le prince charmant en personne.

Impossible ? Attendez, avant de vous faire une opinion. Car voici mieux encore : il va emporter Gudrun vers le paradis, ce bus. Et propulser le prince… en enfer ! De plus en plus impossible ? Et pourtant…

Gudrun fulmine : des glaçons se forment dans sa moustache (du bûcheron, elle n'a pas que la carrure et le vocabulaire…). C'est qu'elle n'avait pas prévu de faire le pied de grue à un arrêt en pleine cambrousse. Petit retour en arrière…

Elle était partie d'Oslo à bord de son increvable voiture, conçue pour le nord du Nord, qui ne l'avait jamais trahie. Elle voulait visiter sa cousine, hébergée en maison de retraite, dans le comté du Trondelag, à 350 kilomètres à peine.

À peine, oui : pour les distances, en Scandinavie, il faut changer d'échelle. Quand on vous parle du « prochain village », il peut se situer à une heure de route. Comptez plutôt deux.

En revenant de la maison de retraite, « l'increvable » automobile… rend l'âme ! Comme de bien entendu : au milieu de nulle part.

Coup de veine : au milieu de ce nulle part du Trondelag, le téléphone portable accroche une bribe de réseau. Le service du Touring capte, agit sans délai et un dépanneur intervient assez vite.

Coup de déveine, il arbore grise mine en levant le capot :

— TTT TTT TTT… Soupape grillée, ma pauv' madame !

— Mademoiselle, je vous prie !

— Eh ben, ça change pas grand-chose : votre bagnole a morflé.

— Vous ne pouvez pas réparer sur place ?

— Non. Faut changer une pièce. Je vais l'enlever de la route, déjà. Je vais l'emmener à mon garage. Va falloir me la laisser un petit moment.

— J'ai le temps d'aller manger une soupe ?

— Oh, je pense… J'en aurai pour, disons… Une petite dizaine de jours !

— Vous dites ça pour rigoler ?

— Sérieux : la pièce, faut la commander au constructeur, vu l'âge de la bête !

— Et zut ! C'est que j'habite Oslo, moi !

— Pas grave : je peux vous louer une chambre d'hôte pour la nuit ? Avec mieux qu'une soupe : le repas complet. Ma femme mitonne un très bon ragoût…

— Pas question : il y a mon chat qui m'attend pour souper ! Vous pouvez m'emmener à la gare ?

— Y a pas de gare, par ici… En revanche, si je vous dépose au bus, il peut vous emmener à une gare…

— Bon… Et où il passe, ce bus ?

— Au prochain village…

« Le prochain village. » Vous avez compris ? Voilà pourquoi, depuis tantôt deux heures, Gudrun Pedersen fulmine, moustache givrée, à ce carrefour où le vent tranchant s'insinue jusqu'à votre moelle… Mais lorsque le bus s'arrête enfin, qu'elle monte enfin à bord, elle cesse de maudire le monde entier, pour, au contraire, remercier en vrac le ciel, le destin et les pièces introuvables des vieilles voitures.

C'est qu'elle vient de le voir… LUI… Elle ne comprend pas exactement ce qui se passe à cet instant, mais elle SAIT au fond d'elle-même que sa vie vient de changer. De basculer.

IL est assis derrière son volant, en uniforme gris-bleu. Sa veste déboutonnée laisse déborder sur les genoux son adorable petit ventre… Pas petit, en fait, mais adorable… Sa moustache rousse décolorée lui donne un air de Viking… Oui, c'est ça : un Viking de l'asphalte, seul maître à bord de ce vaisseau routier.

Et c'est pour elle qu'il s'est arrêté, pour la recueillir, elle, naufragée dans ce brouillard… Il la sauve de la nuit, et du froid en l'accueillant dans la lumière jaune de la cabine. Tellement rassurant. En encaissant le prix du billet, il a effleuré sa main. Exprès, elle en est certaine.

Elle s'installe dans le premier siège libre le long de l'allée centrale. Ainsi, pendant tout le trajet, elle peut voir ses yeux, dans le rétroviseur… Il doit surveiller la route, mais, par instants, il regarde vers l'intérieur du véhicule. Vers elle, à coup sûr !

La gare est le terminus de ce trop bref, mais magique, parcours. Gudrun laisse passer tous les passagers, pour descendre la dernière. Lentement. Pas à pas. Ainsi, elle peut déchiffrer le badge pincé à la pochette de l'uniforme. Et là, les jambes lui manquent presque : « Ingvar Pedersen ! » PEDERSEN ! Avec un D ! Il se nomme comme elle ! Si ce n'est pas le signe de la destinée, ça ! De LEUR destinée !

Car elle n'aura même pas à changer de nom : madame et monsieur Pedersen… Gudrun et Ingvar… Ingvar et Gudrun… Cela chante comme un refrain, dont, bien longtemps après l'avoir vu repartir aux commandes de son drakkar, elle se laisse bercer, avec le rythme du train. Mais elle s'éveille en sursaut :

— Quelle sotte j'ai été ! Pour ne pas lui montrer, dès la première rencontre, que j'avais bien vu ses appels, je ne lui ai même pas laissé un indice de ma destination finale ! Dans cette gare, combien de trains passe-t-il ? Comment Ingvar va-t-il faire pour me retrouver, le pauvre !

Le lendemain, depuis le bureau de l'administration fiscale où elle travaille, Gudrun téléphone à la compagnie de transport. Sous prétexte d'un contrôle de revenus, elle se fait préciser l'adresse de « son » chauffeur. Il demeure, comme elle s'en doutait, dans le Trondelag. 350 bornes. La porte à côté. Mais sans véhicule… Peu importe : pour le tenir dans ses bras, elle attendra le week-end.

Mais d'ici là…

— Allo, Ingvar ?

— Heu… oui… Je… Je dormais… Qui m'appelle ?

— C'est moi, Gudrun… La demoiselle que vous avez prise à bord, à l'arrêt de Rotmark…

Évidemment, le terme de « demoiselle » ne permet pas de visualiser d'emblée la… généreuse silhouette quinquagénaire de Gudrun…

— Je vois beaucoup de monde, vous savez… Comment vous avez eu mon numéro ?

— Par votre compagnie.

— Et ce serait à quel sujet ?

— Je voulais vous remercier…

Le hasard fait que, la veille, une étudiante a oublié son ordinateur dans le bus. De retour au dépôt, le chauffeur l'a déposé au comptoir « objets trouvés ». D'où une facile confusion, qui amène cette réponse :

— Mais c'était tout naturel, mademoiselle !

Gudrun est aux anges : « tout naturel » a avoué Ingvar ! Tout naturel de tomber ainsi en arrêt devant elle ! De la dévorer ainsi des yeux ! Quel coquin ! Mais pour ce beau Viking, elle est déjà prête à toutes les indulgences. Et même… à toutes les folies !

Lorsqu'il comprend le quiproquo, Ingvar Pedersen tente de se défaire de sa correspondante, puis agacé, il raccroche.

Elle rappellera… trente fois, cette nuit-là ! Vous avez bien lu : trente fois, et d'autres nuits, encore plus ! Car il y en aura d'autres, des nuits ! Beaucoup d'autres !

Lorsque Gudrun Pedersen récupère sa voiture, il va lui arriver de quitter Oslo juste à la sortie du bureau, d'accomplir les centaines de kilomètres sur les routes gelées. Elle va s'installer sur le parking, sous les fenêtres de son « amoureux », dîne d'un sandwich et, sans relâche, laisse le téléphone recomposer le numéro de l'élu. Elle est renvoyée, bien sûr, vers le répondeur, auquel elle roucoule des messages enflammés. Par centaines.

Puis elle retourne vers la capitale, elle y arrive au petit matin, juste à temps pour prendre une douche et filer à son travail.

Quant aux week-ends, elle les passe dans la petite bourgade de son prince charmant, à le suivre jusqu'au marché, ou à l'attendre au café où il a ses habitudes, ses copains… Plus exactement : « où il avait », car Gudrun a fait la connaissance de tous les clients de l'établissement, et elle s'est présentée comme « la future épouse ». D'où les fines plaisanteries du style :

— Dis donc, les tourtereaux… Vous z'avez pas perdu de temps : vu le tour de taille de ta dulcinée, le bébé va pas tarder !

— Ça te fait pas peur, vingt-cinq ans de plus… en faveur de ta fiancée ?

D'où la conclusion, à laquelle nous passons rapidement : après quinze mois de ce cirque, Ingvar Pedersen obtient devant un tribunal une injonction interdisant à Gudrun de pénétrer dans le comté où il réside.

Quelques semaines plus tard, elle enfreint l'interdiction et elle est arrêtée dans le cinéma où elle voulait « juste s'asseoir à côté de son fiancé »…

Cette fois, elle risque une vraie condamnation. Mais le docteur Harald Knudsen, célèbre psychiatre expert, s'est entretenu pendant plus d'une heure avec elle. C'est peu, mais assez pour établir un diagnostic. Il déclare qu'elle est une personne malade, atteinte de délire érotomaniaque, et recommande l'indulgence. En conséquence, le juge énonce un verdict léger, assorti d'une condition :

— Mademoiselle Pedersen, vous devrez vous engager à un suivi psychiatrique, afin d'assurer votre guérison.

L'obligation ne semble pas affecter la prévenue.

— Oh, je vous remercie, Votre Honneur. Je me rends bien compte que, pour m'avoir traînée devant la justice, ce chauffeur d'autobus ne m'aime vraiment pas…

Elle sourit :

— Vous voyez : je suis déjà guérie.

Inquiétude du juge :

— Disons que votre lucidité toute nouvelle est un point positif. Néanmoins, il n'est pas question d'échapper à un traitement sur la durée !

— Je n'en ai nullement l'intention, monsieur le président ! Malgré ma guérison, je m'engage solennellement à suivre ce traitement. Je m'y rendrai autant de fois par semaine qu'il sera nécessaire…

Et elle tourne un regard de braise vers le psychiatre, un minuscule septuagénaire barbichu :

— … Parce que Harald… Enfin… le docteur Knudsen, est un homme qui a tellement… tellement bien su me comprendre !

5

Un cadeau emm… bêtant

Lorsque le jeune Fédor Filipovitch Doubinski, au lendemain de ses dix-sept ans, se réveille, il sourit à la vie, et il trouve cela bien normal.

Ce qui l'est moins, c'est le cadre : il n'est pas dans sa chambre, mais dans un endroit tout blanc, où plein de gens s'approchent pour le voir se réveiller.

Inattendue aussi, l'attitude de ces gens : ils sont surpris. Ils poussent des exclamations, comme si le fait de se réveiller était une prouesse.

Pour tous ces gens, *c'est* une prouesse. Mieux, même : une sorte de miracle. Certains se signent, bien que l'on soit en plein régime communiste.

En fait, le jeune homme semble être le seul, ici, à ne pas s'étonner d'être encore vivant. Tout simplement parce qu'il est le seul à ne pas savoir que, depuis quatre mois... il était mort !

Fédor Filipovitch Doubinski, pendant cette absence de quatre mois, est entré au pays des fées. Elles l'attendaient depuis sa naissance, puisqu'elles sont ses marraines. Elles lui ont même offert, en cadeau de bienvenue, un don. Un pouvoir merveilleux et effrayant. Impossible ? Et pourtant... Ça ne va pas être vraiment une partie de plaisir !

Fédor Filipovitch Doubinski, dès sa naissance, aurait tout pour être heureux : les bonnes fées se sont mobilisées. Elles ont tenu à le gâter. Elles déposent dans son berceau l'intelligence et la beauté. Mais, tout à leur joie de bien faire, elles sont probablement victimes d'une seconde d'inattention et commettent une légère maladresse : elles le font naître dans la banlieue ouvrière de Volgograd, dans les années soixante-dix. Cette ville assez rébarbative, plus connue jusqu'en 1961 sous le nom de Stalingrad, s'étend sur quatre-vingts kilomètres, le long de la Volga.

Vous souvenez-vous de ce qu'était le « rideau de fer », et, au-delà de ce rideau, vous rappelez-vous l'ambiance politique ? Plutôt tendue, voire sinistre...

Fédor a reçu de ses marraines un esprit vif. Est-ce vraiment un cadeau ? Pas certain... Voir le jour en plein obscurantisme communiste borné, dans un cadre déprimant, dans un milieu ouvrier sans avenir, sans accès possible aux études et à la culture... La grisaille, le béton, les briques et la ferraille. L'alcool et le tabac âcre comme seuls dérivatifs au cafard. Ce n'est pas un avenir qui l'enchante vraiment.

Certes, il est aussi doté de la beauté. Plus que cela, même : tout son être est imprégné d'une grâce naturelle, les traits fins, des yeux de gazelle... Un avantage certain auprès des filles, non ?

Si, si, bien sûr... Quand on aime les filles...

Or, si Fédor Filipovitch Doubinski, dès son plus jeune âge, adore passer son temps auprès des filles... c'est pour jouer avec leurs poupées. Il aime par-dessus tout se déguiser en « matouchka », en « petite maman », avec un châle et un tablier.

Jusque-là, passe encore. Tant que l'on reste protégé par l'état d'enfant, où les affres de la chair ne posent pas encore à l'entourage le problème de la « normalité ». Mais cet âge arrive, forcément. Pour Fédor aussi. Et sa première manifestation va s'avérer des plus traumatisantes : sans qu'il l'ait prémédité, dans un élan d'une sincère fraîcheur, son cœur se met à battre la chamade dès qu'il aperçoit l'un de ses camarades de classe. Un malheureux soir, palpitant et en toute innocence, il avoue son émoi à l'objet de sa flamme. Il écope en retour d'une raclée mémorable, sans comprendre ce qui lui tombe dessus.

En résumé, dès son enfance, le jeune Doubinski doit se rendre à l'évidence : les fées sont des gourdes sans jugeote ! Elles auraient dû offrir leurs présents à quelqu'un qui aurait pu en profiter ! L'intelligence et la beauté sont une malédiction... quand on appartient au prolétariat de base.

Il va tenir compte de ces cuisantes leçons. D'abord, quitter cette école populaire. Son premier élan sentimental a fait de lui, en un jour, la tête de Turc de ce ramassis d'ados chahuteurs et méchants. Il décide de se débarrasser au plus vite de la corvée humiliante que constitue leur fréquentation. Comment cela « il décide » ? Oui : pour lui, rien de difficile à leur filer sous le nez, à les laisser à leur marasme. Il suffit de rendre de bonnes copies et d'accumuler des connaissances. Avec deux ans d'avance, il obtient, les doigts dans le nez, son diplôme de fin d'études primaires.

Ensuite, il largue aussi ses anciennes petites copines de jeu. Devenues maintenant des jeunes filles averties, elles lui tirent la langue en le traitant de noms d'oiseau, stigmatisant sa supposée « sexualité honteuse ». Et elles ne lui prêtent plus leurs poupées ni leurs jupes. Dommage : à croire que la puberté rend tout le monde stupide et ingrat... Fédor prend de la distance avec son enfance toute rose : il trouve une place dans une usine à l'autre bout de cette ville immense.

Pour éviter toute confusion, due à ses attitudes souples et à ses articulations graciles, il s'habille comme un sac, avec des étoffes grossières, de lourds godillots de chantier. Trois poils de barbe pointent sur sa peau d'ivoire : il laisse pousser un semblant de barbichette. En revanche, il coupe à ras ses cheveux trop soyeux, visse une casquette sur son oreille et fume à outrance des cigarettes de tabac puant, qu'il roule d'une seule main désinvolte. Un petit mec, presque convaincant.

Mais chaque regard un peu trop en face d'un homme, le met mal à l'aise pour la journée : il lui semble que ceux-là, les vrais, percent d'emblée son « ignoble secret ». Et de tels regards, il n'en manque pas durant le long trajet jusqu'à l'usine, dans le tramway grinçant... C'est même pour échapper à cette paranoïa qu'il va faire un choix qui le mènera « au-delà du monde normal »...

Ce passage dans une autre dimension, Fédor Doubinski ne va pas l'effectuer entre les ailes d'un dragon. À dos de licorne ? Pas non plus. Il s'en ira vers le pays des fées sur un vélo à moteur.

Pour son dix-septième anniversaire, il s'offre une pétrolette. D'occasion, bien sûr. Hors d'âge, même. Mais cet engin rustique est le fruit de l'industrie de la grande URSS. Un tank sur deux roues, inaltérable : malgré quelques milliards de kilomètres dans les jantes, il promet d'assurer encore des années de service.

Un beau lundi, au lieu de s'asseoir face à des mâles arrogants et méprisants dans le tramway, Fédor saute en selle et s'élance, joyeux comme jamais, pour une traversée de l'interminable Volgograd. Enfin libre comme le vent !

Lorsqu'il se réveille, il est bien le seul à ne pas s'étonner d'être encore vivant.

Tout simplement parce qu'il ne sait pas... qu'il était mort, depuis quatre mois !

Mort ou tout comme : considéré en état de mort clinique, selon la définition médicale en vigueur. Il n'était conservé en état de vie assistée qu'avec l'assentiment de sa famille, et à la demande des équipes médicales. Ce maintien, coûteux pour la communauté, présentait une contrepartie scientifique : la jeunesse du sujet, la tonicité de ses tissus et de ses organes, leur capacité à résister à la décrépitude, intéressaient les chercheurs.

Revenir d'un coma à ce stade-là relève carrément du miracle, même en plein régime communiste ! Pour un mort, que l'on aurait, selon les normes médicales admises, débranché depuis longtemps et enterré sans se poser de questions, le rescapé se porte bien. Les batteries de test se succèdent : à part ce traumatisme crânien, qui explique son inconscience prolongée, et quelques os brisés, Fédor est intact.

Un policier vient à son chevet prendre sa déposition. Comme le miraculé ne se souvient de rien, l'agent lui décrit son accident : la roue du cyclomoteur s'est prise dans la gorge d'un rail du tramway. Elle s'est arrêtée net et détachée, alors que le reste de la machine s'envolait jusque dans une cabine téléphonique. Avec son conducteur.

Le représentant de la loi lui fait signer une dizaine de feuillets où il est consigné que Fédor n'a rien à déclarer. Il lui serre la main.

— Bon retour parmi les vivants, camarade !

Puis il lui remet une enveloppe bleue du plus mauvais aloi : effectivement, elle contient une facture pour « dégradation de matériel urbain ». Plutôt salée, la note.

Fédor ne grimace même pas. Il semble désemparé. Son infirmière est la seule à discerner autre chose que les séquelles du choc :

— Fédor Filipovitch ? On dirait que vous cherchez quelque chose, sans arrêt ? Qu'est-ce qui vous manque ?

— Rien, rien… Enfin : si, Irina Vassilievna… Mais vous ne comprendriez pas… Moi non plus, d'ailleurs…

— Dites toujours…

— J'ai envie… j'ai même le besoin angoissant… d'un cahier ! Un de ces cahiers avec des… des lignes de cinq traits…

— Des portées ?

— Oui, c'est sûrement ça… Vous savez : comme les… comme les musiciens, quoi !

— Un cahier de musique ? Facile : mon fiancé est pianiste dans un orchestre. Un orchestre de rock, ne le répétez surtout pas !

Dès le lendemain, Fédor est en possession du cahier. Et, à la minute même, sa main fine s'empare d'un crayon et le fait courir sur la portée vierge.

Qui se transforme en une partition de trois pages.

Il les arrache, et, sans même regarder, il continue à tracer des notes. Encore et encore. Des notes. Des barres de mesure. Des clefs. Des altérations. Des notes. Jusqu'à épuisement. Irina s'apprête à tailler une énième fois ce qu'il reste du crayon. Mais, sans transition, Fédor s'est endormi.

Au matin, le fiancé de l'infirmière est dans la chambre, les traits tirés. Sur ses genoux, un clavier électrique, relié à des écouteurs. Sans un mot, il les passe sur les oreilles de Fédor et se met à jouer. Le jeune homme écoute, les larmes aux yeux :

— Que c'est beau ! Mais quel génie peut créer autant de beauté ?

— Mais toi, Fédor Filipovitch... Toi.

— J'ai fait de la musique ? Mais comment ?

— Tu l'as écrite ! En quelques heures, tu as créé plus de merveilles que je n'en imaginerai de toute ma vie ! D'où tiens-tu ces mélodies ?

— Mais je ne les connais pas ! Tu viens de me les faire découvrir !

— Fédor Filipovitch, je n'ai fait que jouer ce que tu as écrit dans ce cahier, et qu'Irina m'a apporté pour que je le déchiffre ! Ne sois pas modeste, Fédor : TU ES l'auteur de ces enchantements !

Fédor se lève d'un bond, le regard fou :

— Je te jure, sur ce que j'ai de plus précieux, que je n'ai JAMAIS entendu ça !

D'ailleurs, le « compositeur » ne se souvient pas non plus d'avoir composé !

Et il en sera de même pendant les vingt années qui suivront : jusqu'à sa disparition prématurée, en 2007, d'un accident vasculaire cérébral, Fédor Filipovitch Doubinski écrira de la même façon des milliers de morceaux. Des longs, des courts, des sonates, des concertos, des requiems... Ces musiques, venues d'on ne sait où, seront publiées sous une multitude de pseudonymes, tant la production est abondante et les styles différents : parfois Lully, ou Beethoven… Parfois Stravinsky ou Pierre Boulez, mais aussi bien Miles Davis ou Dave Brubeck… Des génies de toutes les époques, dont il ignore jusqu'à l'existence…

Un jour, Irina, devenue son agent artistique osera lui demander :

— Mais enfin, Fédor Filipovitch… Tu ne sembles jamais vraiment heureux ? Pourtant, ce talent unique, même si tu ne sais pas d'où il t'est venu… Avoue quand même que c'est un vrai cadeau !

— Alors, c'est un cadeau bien em… merdant, si tu me passes l'expression chère Irina ! Parce que ces petites pattes de mouche noires et blanches que je griffonne, à longueur de journée depuis des années… je suis absolument IN-FI-CHU de savoir ce qu'elles signifient ! Alors que moi, ce dont j'aurais toujours rêvé, c'est de devenir PEINTRE ! Au moins, les images que j'aurais posées sur une toile… j'aurais pu les comprendre !

6

L'amour est un collier de pierres bleues

La jeune femme est discrète, élégante sans plus. D'ailleurs Jérôme Granger, silencieux comme un ours mal léché au fond de son échoppe, ne voit d'elle qu'une silhouette à contre-jour. Derrière elle, la vitrine (pas très propre) laisse passer la lumière grise de l'étroite rue Saint-Paul, qui joint les quais de la Seine à la rue Saint-Antoine, au cœur du Marais, le cœur de Paris.

Jérôme est avachi, comme toujours, dans un fauteuil au cuir usé, dans l'ombre de son antre. Barbe d'une semaine, veste de velours côtelé informe, jeans pochés aux genoux et santiags poussiéreuses. Il ne s'est même pas levé lorsque la flâneuse est entrée : à quoi bon ? Encore une bourgeoise désœuvrée qui use ses après-midi à musarder dans les boutiques. Elle va demander tous les prix, marchander, et repartir sans rien acheter. De toute façon, Jérôme sait qu'il n'a rien de vraiment intéressant à vendre. Et il s'en fiche : à quoi bon ?

— Combien ça vaut… ça ?

Elle a eu un geste du bout des doigts, faussement désintéressé, vers le collier de pierres bleues, à la devanture.

— Je regrette mademoiselle. Il n'est pas à vendre.

Jérôme Granger note avec amusement le mouvement agacé de la jeune femme.

— Mais enfin, vous êtes antiquaire, oui ou non ?

— C'est un bien grand mot… Disons : brocanteur.

— Oui, bon, c'est pareil… Quoi qu'il en soit, vous avez placé cet objet dans votre vitrine, je suis donc en droit de l'acheter ! Ou alors c'est un piège à clients ?

Oh, mais c'est une pimbêche, en plus ? Le style enfant gâtée ?

— Mademoiselle, si vous le prenez sur ce ton-là, je vais être obligé de penser que vous ne savez pas lire !

— Lire ? Mais lire quoi, je vous prie ?

— Eh bien l'étiquette ! C'est écrit en toutes lettres : « le-collier-n'est-pas-à-vendre » !

Il a ânonné les mots, comme pour une simplette.

— Vous vous moquez de moi ? Quelle étiquette ?

Piqué au vif, il se propulse hors du fauteuil… et il doit constater son erreur : le petit carton plié en deux a basculé. Il ne présente qu'une face blanche. Pour masquer sa confusion, Jérôme se penche acrobatiquement vers l'étalage, bouscule une lampe de table Belle Époque dont l'abat-jour de verre (signé Müller, quand même…) se fêle en heurtant une statuette de bronze qui chute sur un encrier de cristal (signé Lalique).

— Je suis désolé, mademoiselle… C'est le carton qui n'était pas à sa place… Est-ce que… Est-ce que vous avez vu autre chose qui vous plairait ?

— Autre chose ? Vous n'avez que des rogatons complètement ringards, dans votre boui-boui ! Et même ce collier ! Je vous demandais le prix uniquement pour vous donner l'impression de travailler un peu !

La porte a claqué. La cliente est déjà loin, laissant Jérôme stupidement penché au-dessus du petit désastre provoqué par sa maladresse. Vous pensez qu'il fait mentalement l'addition de la casse, qu'il va jurer, pester contre le sort ? Non : il redresse seulement les objets brisés, remet le carton à sa place. Mais sa main, doucement, effleure le collier.

Ce collier représente beaucoup pour Jérôme… Il rappelle une meurtrissure, l'une de celles qui nous font le plus mal : celles dont on ne peut pas se passer, tant elles finissent par faire partie de nous. Ce collier, pour Jérôme Granger, c'est un point final dans sa vie.

C'est du moins ce qu'il croit. Et c'est ce en quoi il se trompe. Car ce collier marque, au contraire, le début d'une histoire... Une histoire évidemment impossible. Et pourtant...

Jérôme a oublié l'incident, mais la jeune femme revient, le mardi suivant. Lorsque la clochette de la porte a tinté, l'ours était au fond de sa caverne : au sous-sol, à faire du rangement dans le fouillis de bricoles invendables, entassées sous les voûtes presque millénaires. Il remonte d'assez méchante humeur, en chemise marquée de sueur aux aisselles, la figure pleine de poussière et de toiles d'araignées :

— Minute ! On est là, on est là ! Qu'est-ce que je peux... Ah, c'est vous ? Il n'y a rien de plus à voir : j'ai toujours les mêmes « rogatons » que la semaine dernière, dans mon « boui-boui » !

— Oui... Justement... Je venais vous dire... Pour la manière dont je vous ai parlé... J'ai été... dure avec vous !

Il reste les bras ballants. Sans réaction. Elle penche la tête sur le côté :

— Hou ! hou... ! Y a quelqu'un ? Il me semble que ce que je suis en train de vous présenter, ça s'appelle des excuses ! Et c'est assez rare en société, aujourd'hui, pour qu'on les accepte.

Jérôme, affreusement gêné, se reproche déjà : « Et maintenant, qu'est-ce que tu vas faire, gros malin ? Tu ne vas quand même pas l'inviter à prendre un café ! »

Et il s'entend bafouiller :

— Je... Est-ce que je peux me permettre de vous... de vous offrir un café ?

Aussitôt, il se traite de tous les noms : « Ça y est : je l'ai fait ! Quel plouc ! Non mais, qu'est-ce que j'en ai à faire, de ses excuses ? »

N'empêche qu'il s'éclipse vers l'arrière-boutique et revient cinq minutes plus tard, recoiffé, le visage propre, veste de velours rapidement enfilée. Il transporte avec précaution deux tasses qui tremblotent sur leur soucoupe, surmontées chacune d'un récipient de métal chromé. Il explique :

— C'est du café filtre. Ça passe très lentement, mais c'est meilleur… On en servait encore dans les bistrots jusqu'à la fin des années soixante-dix.

Et il ajoute bêtement :

— Mais vous étiez trop jeune pour boire du café, à l'époque !

Elle rit :

— Si c'est une manière de me demander mon âge, vous êtes un peu pressé ! Vous pourriez commencer par mon prénom ? Je m'appelle Joëlle. Joëlle Ronceray. Et pour répondre à votre question : je suis moins gamine que je n'en ai l'air !

La jeune femme soulève le couvercle du filtre et, avec l'aisance de l'habitude, applique à sa place la paume de la main, exerçant une pression cadencée pour accélérer le passage de l'eau. Jérôme est surpris :

— Tiens ? Vous connaissiez le truc ?

Elle a un demi-sourire de Joconde :

— Il ne faut pas se fier aux apparences ! C'est comme pour vous…

— Moi ? J'ai l'air de quoi ?

— De tout… sauf d'un brocanteur !

Jérôme, l'espace d'un instant, se revoit, caméra sur l'épaule, plaqué contre un mur lépreux qu'une giclée de balles déchire autour de lui. Quelque part dans une ville exsangue, calcinée. Son meilleur reportage. Il chasse très vite cette image. La jeune femme a appuyé son menton dans sa paume, le coude posé sur le guéridon 1900 à la marqueterie pelée qui leur sert de table.

— Ça y est, je sais à qui vous ressemblez : à Claude Brasseur… L'acteur, vous savez ?

Jérôme passe une main sur son front qui se déplume :

— C'est à cause de mes cheveux, que vous dites ça ?

— Non… La voix éraillée… Et les yeux, surtout… Vous n'arrivez pas à faire oublier que vous êtes gentil, même quand vous preniez votre air sévère, avec moi…

Pendant qu'elle parle, Jérôme se rend compte qu'il ne l'a pas encore bien vue, depuis qu'elle est là… Est-ce qu'il aurait perdu l'habitude de regarder les femmes ? Peut-être, après tout. Parce que celle-là, il y a sûrement pas mal de types qui seraient contents de boire le café avec elle… Rien de fantastique, rien d'une double page centrale dans un magazine… Mais mieux que cela : le genre qui donne envie de vous sentir très fort, pour la protéger. Une petite figure aux yeux noisette, le nez espiègle, et, sous les cheveux courts, une nuque qui n'en finit pas. Tiens : s'il fallait chercher les ressemblances… Jérôme a tout de suite pensé à l'inoubliable Audrey Hepburn dans *My Fair Lady.* Fragile et effrontée. Mais il ne le dit pas : ça ferait tout de suite vieille génération.

Elle lui fait la causette jusqu'à 16 heures 50, et là, elle se lève au milieu d'une phrase :

— Au revoir ! Merci pour le café ! Filtre…

Resté seul Jérôme Granger hausse les épaules : drôle de fille ! Bof… Après tout, quelle importance ? Jérôme marche vers la porte vitrée, appuie le front sur le verre frais. Il tourne les yeux vers le coin gauche de la vitrine. Vers le collier de pierres bleues. Et il répète à voix haute le leitmotiv de son existence grisâtre :

— À quoi bon ?

Pourtant, cette présence nouvelle change quelque chose dans sa vie. Sans même y avoir pensé vraiment, Jérôme est sorti de son laisser-aller : il se rase (presque) tous les jours, il laisse au portemanteau sa veste de velours déteinte, il porte des pulls clairs sur des chemises propres. Il n'a pas pu se résoudre à abandonner ses santiags, mais il leur a donné un coup de cirage. Et il est heureux, tout simplement heureux, lorsque, derrière la vitrine maintenant nettoyée, se profile la silhouette de Joëlle. Deux fois par semaine, quelquefois trois.

De quoi parlent-ils, pendant ces tête-à-tête ? Elle ne se confie pas vraiment. Elle dit : « J'étudie un peu ! » Ce qui, chez elle, peut vouloir dire « beaucoup » ou « pas du tout »... Elle dit : « J'aimerais bien être plus libre ! »... Ce qui peut aussi bien signifier qu'elle ne dispose pas d'assez de liberté à son goût, ou qu'elle n'est pas libre dans la vie... Elle dit : « J'habite chez des amis... » Jérôme comprend : « Chez UN ami. »

Jérôme parle d'art, d'objets anciens... Peu à peu, Joëlle s'enhardit, jusqu'à lui demander un jour :

— Mais ce métier... Votre boutique, où n'entre jamais un chat... Pourquoi avez-vous choisi cette sorte de... retraite ? Un homme jeune comme vous ?

Il faut dire que cette histoire se passe voici déjà quelques années : la rue Saint-Paul et le quartier du Marais ne sont pas encore le nid d'antiquaires que l'on connaît aujourd'hui. C'est un dédale de maisons lézardées, de cours obscures et humides, des repères de chiffonniers et de fouille-poubelles... Jérôme, en s'installant là, joue peut-être les précurseurs, mais surtout les ermites !

— Jérôme, je me trompe sûrement, mais... Est-ce que tout cela ne serait pas en rapport... avec ce collier que vous ne voulez pas vendre ?

Il évite son regard :

— Un jour, sûrement, je vous le dirai ! C'est trop tôt, Joëlle...

— Mais je ne veux pas être indiscrète... Simplement, je m'intéresse à ce qui peut vous tenir à cœur... Et puis, ce collier, je le trouve très beau : après tout, c'est grâce à lui que je vous ai connu !

Jérôme grimace un sourire, désabusé :

— La vie est drôlement faite...

C'est vrai... La vie est drôlement faite. Car après cette visite, Jérôme se dit que maintenant, il est certain de ce qu'il éprouve pour Joëlle. Et la prochaine fois, il saura le lui dire...

Il osera. Une telle chance apportée dans une existence dont il n'espérait plus rien, il faudrait être idiot pour la refuser !

Et lorsque, trois jours plus tard, il la voit arriver dans la rue, il se lève, avec, déjà sur les lèvres, les phrases qu'il a tant répétées… Elle ouvre la porte, mais elle reste sur le seuil, le visage fermé :

— Je n'entre pas. Juste pour vous dire… Je quitte la France, Jérôme… Je ne vous verrai plus !

Il a la sensation de recevoir une enclume au creux de l'estomac. Il voit Joëlle, figée sur le seuil, comme prête à repartir après cette seule phrase.

Ce que Jérôme ne remarque pas, dans la rue pourtant pas très large, c'est la grosse limousine noire, qui vient de s'immobiliser le long du trottoir d'en face. Et sur la banquette arrière, à travers la vitre fumée, un homme observe avec une attention soutenue les deux personnes dans le magasin. Et si nous étions assez près de lui pour suivre son regard, nous pourrions constater qu'il se porte maintenant vers le coin gauche de la vitrine… Vers le collier de pierres bleues…

Jérôme s'avance, prend la jeune femme par le bras. Elle résiste. Il insiste, fermement, la fait entrer et referme la porte derrière elle. Cela donne à Joëlle le temps de se ressaisir un peu.

— Attendez, Joëlle : il faut que je vous…

Elle comprend qu'il va dire des choses qu'elle ne veut pas entendre. Vivement, elle lui pose la main sur les lèvres :

— Chut, Jérôme… S'il vous plaît… Ce serait bien trop difficile de partir, après !

— Ah !… Parce que, de toute façon, vous partirez ?

— Oui ! Je vais vous expliquer…

Il recule de deux pas.

— Vous ne me devez aucune explication ! Après tout… Il n'y a rien entre nous, n'est-ce pas ?

— Mais si, Jérôme ! Et l'amitié, qu'en faites-vous ?

— Ah ! Oui ! L'amitié ! C'est vrai, ça : l'amitié… J'ai presque envie de rire !

— Ne soyez pas cruel avec vous-même, Jérôme… Écoutez, je vous l'avais dit : je ne suis pas libre… L'homme avec lequel… Enfin : officiellement c'est mon patron, et je suis son assistante… Il est architecte urbaniste. Il va s'installer au Japon. Un projet immense. Une ville entière à repenser, à rebâtir… Comprenez-moi : tout ce que j'ai, mon métier, ma carrière… Ma vie de femme aussi… Tout est lié à lui… Comprenez-moi, Jérôme…

— Je vous comprends… Enfin : j'essaie. En fait, ce n'est pas à vous que j'en veux, mais à l'existence. Je trouve qu'elle s'acharne un peu contre certains… Contre moi, sans être parano ! Tenez : puisque vous avez choisi ce dernier jour pour me raconter un peu de votre vie, je vais faire pareil ! Vous m'avez dit un jour que je n'avais pas l'air d'un brocanteur, et à votre dernière visite, que je semblais comme « à la retraite » dans cette boutique. Et aussi que cela vous paraissait en rapport avec le collier bleu. Vous devez avoir un don de voyance. C'est vrai sur tous les points…

Jérôme raconte. Son vrai métier, c'était une vocation, un rêve d'enfant : dans le temps, il était reporter. Et il avait réussi à le devenir comme dans l'imagerie de ses livres d'enfants : il menait ses enquêtes, caméra au poing, au cœur de l'actualité la plus chaude, seul sur le terrain.

— Je me voyais dans la lignée des grands journalistes mythiques, et, pour parler franc, j'y étais presque ! J'avais le feu sacré et un vrai talent. Jusqu'au jour où la vie m'a attendu au tournant…

C'était dans un amas de béton, de poutrelles tordues, dans l'odeur des incendies et des cadavres. Une ville qui semblait avoir subi un tremblement de terre. Mais les forces telluriques n'y étaient pour rien : la capacité humaine à détruire avait suffi. Une de ces villes improbables, au milieu de cette absurdité improbable et interminable que l'on nommait déjà « le conflit du Moyen-Orient ». Terme vague, donc commode : il permet toutes les confusions, les erreurs de bonne foi comme les amalgames pernicieux. Tous les alibis qui excusent les abus et les monstruosités, perpétrés au nom de « la juste cause ».

— Une filière de résistance, réfugiée à Genève, m'avait fourni des adresses, difficiles à obtenir, et qu'il fallait garder secrètes car les personnes concernées étaient probablement les plus fragiles et les plus menacées : dans cet affrontement, elles n'étaient soutenues ni par un camp ni par l'autre. Elles ne représentaient qu'un reproche permanent, gênant pour tous…

Jérôme Granger avait entrepris une série de reportages sur les familles qui étaient à la fois arabes et juives. Une identité difficile à tenir déjà pendant des siècles en temps de paix, et devenue infernale dans ce maelström de haine. Pourtant, cette identité, quelques centaines de personnes avaient décidé de l'assumer en refusant de fuir, comme ces « survivants au milieu des zombies » que les films d'épouvante nous montrent.

La famille que Jérôme devait trouver était d'origine égyptienne. Elle avait émigré quelques décennies plus tôt, lorsque cette communauté avait été mise à mal, après le coup d'État de Gamal Abdel Nasser et la campagne de Suez en 1956 : un décret avait déclaré tous les Juifs « ennemis de l'État ». Ils allaient se voir expulsés et leurs biens confisqués. La plupart avaient choisi de s'expatrier vers l'Europe, ou les Amériques. Quelques centaines (les plus courageux, ou les plus désespérés ?) avaient opté pour maintenir leurs racines en terre arabe.

— Et c'était leur survie quotidienne que j'avais décidé d'aller partager, pour la faire connaître à notre monde. Je savais que j'étais parvenu approximativement dans l'ancien quartier, mais il avait été pilonné encore récemment. J'aurais dû me trouver dans la rue où logeaient ceux que je devais rejoindre, mais une rue, cela se situe entre des bâtiments, en principe. Or je m'aperçois qu'il ne reste que l'un des côtés de cet axe, la plupart des façades éclatées. En face, à la place de deux ou trois pâtés de maisons, un vaste terrain de ruines. C'est là que je me fais « accrocher », comme on dit. Prendre sous le feu d'un sniper. On me tire dessus à intervalles de quelques secondes. Pas de rafale : un coup après l'autre. Cela vient de loin, d'un immeuble, un ancien hôtel encore debout quelque part au-delà du terrain rasé. Après quelques coups, je comprends que le type m'a repéré dans sa lunette, avec ma caméra sur l'épaule, contre ces murs blancs, aussi visible qu'une mouche sur de la chantilly. Je comprends aussi que, si je ne suis pas déjà mort, c'est qu'il ne veut pas m'atteindre. En tout cas, pas tout de suite. Il fait gicler les pierres du mur contre lequel je me plaque et chaque balle touche l'endroit où je me tenais la seconde précédente. Il me force à « ramper » contre ce mur, un mètre après l'autre et, dès que je fais mine de foncer à couvert, il me stoppe en tirant devant moi, m'oblige à revenir au départ. Un sadique : il s'amuse avec ma peur, et il me descendra quand j'aurai cessé de le distraire. Et puis, d'un coup, je bascule en arrière et je me trouve dans le noir.

Dans le dos de Jérôme vient de s'ouvrir une porte, ou plutôt un assemblage de planches, dissimulé par des lambeaux de rideaux qui pendent sur la façade éventrée. Quelqu'un le tire par la veste, quelqu'un d'autre referme en calant les planches avec des madriers inclinés. Juste à temps : la paroi est hachurée par une salve vengeresse, comme dépitée. Le sniper tient à faire savoir à sa proie qu'elle est à lui, et qu'elle ne perd rien pour attendre.

— La première impression que je reçois, c'est un parfum, âcre, prenant : celui de plantes aromatiques brûlées. Et puis, je l'oublie aussitôt, à cause d'un réflexe totalement aberrant : à cette seconde, ma cervelle devrait décorer la façade, ces gens dont je n'ai pas encore vu le visage viennent de sauver ma peau et moi, qu'est-ce que je fais ? Je me relève et je cherche un rai de lumière pour contrôler l'état de ma caméra !

Reporter, Jérôme l'est, sans aucun doute, jusqu'au tréfonds de ses os ! Puis l'humain reprend ses droits : il remercie, en anglais, par habitude, puis en arabe. On prend acte, et on lui indique de s'installer sur un tapis, loin de l'entrée trop exposée. Là, on fait don à l'hôte du bien le plus précieux en telle situation : l'eau. Une femme apporte cruche, une petite cuvette émaillée et une serviette blanche. Un vieil homme, appuyé sur une béquille bricolée, va chercher dans une caisse une bouteille, la décapsule et la présente à Jérôme, sans verre : elle est pour lui seul.

— En dehors du vieil homme, je suis entouré par six femmes, manifestement de trois ou quatre générations différentes. L'une est plutôt encore une jeune fille, et une autre une fillette. Tous sont vêtus à la mode orientale. L'une des chaussures de l'homme est remplacée par un bandage épais, sale, taché de brun. Nous parlons un peu et je suis à peine étonné d'apprendre que je me trouve précisément chez ceux que je cherchais. Eux ne sont pas surpris que ce visiteur soit le reporter annoncé par leurs amis de Genève : au milieu des catastrophes, notre vie semble jouée aux dés, elle ne tient plus que par les hasards.

Ces présentations étant effectuées, sans autres civilités, on demande à Jérôme de prendre sa caméra et on l'invite à passer dans une autre pièce, au fond. Le long des murs, des étagères presque vides. Quelques boîtes de conserve et un tas de paquets de lessive. Peut-être la réserve de ce qui fut une épicerie ?

— Il y fait plus frais, mais c'est de là qu'émane la fumée de plantes brûlées. Elle y est difficilement supportable. J'en comprends très vite l'utilité lorsque j'avise, au sol, sur une natte, une forme allongée sous un drap.

Le fils. Le dernier fils. Il a été soufflé quarante-huit heures plus tôt par un obus, bien ajusté pour tomber devant un petit étal de légumes. Le corps a été ramené par le père, qui, lui, n'a perdu dans l'explosion qu'une babouche et quelques doigts de pieds. On me demande de filmer. J'essaie, malgré le peu de lumière. Cela fera partie du témoignage.

Les femmes se sont remises autour du corps et leurs pleurs, interrompus par mon arrivée, reprennent, lancinants, aigus. Le chef de famille, appuyé sur sa béquille instable, me ramène dans la pièce du devant. Il m'explique : les premiers devoirs envers un défunt, tels que les établit la *Halakha* (la loi juive), ont été accomplis. Plus ou moins, autant que les conditions le permettaient. C'est la toilette rituelle. Lorsqu'elle est terminée, le visage est recouvert et nul œil humain, désormais, n'a plus le droit de le voir.

Le vieil homme ajoute :

— De toute façon, mon fils n'avait plus ce qui peut s'appeler « un visage »... Je l'ai entouré de son *talith* (le châle, personnel à chaque Juif, dont il se couvre la tête pour prier) et j'en ai coupé les *tsitsits* (les franges rituelles) avec des ciseaux de fer. Mais maintenant, sa mère et ses sœurs sont au désespoir. Nous savons que la *kevoura* (« l'inhumation » proprement dite) doit être réalisée le plus rapidement possible après le décès. Mais elles ne veulent pas me laisser l'emmener comme ça... Sans que l'on dise pour lui le dernier *Kaddish*, la prière pour le repos de son âme.

Et à ce moment, c'est une impossibilité absolue : ce Kaddish est une récitation traditionnelle qui se fait en araméen et non en hébreu, parce qu'à l'époque où la prière fut instituée, le peuple juif ne comprenait plus l'hébreu. Et, selon la *Halakha*, cette récitation ne peut être effectuée qu'en présence d'un *minyan*, une assemblée d'au moins dix hommes. Les femmes ne peuvent pas y participer. En sont exclus aussi les hommes endeuillés.

— Il n'y avait que moi et ce père, avec sa béquille et ses orteils que menaçait la gangrène... Alors, j'ai attendu la nuit, j'ai repoussé un peu la palissade de planches et j'ai rampé dehors. La fin de la journée n'avait été ponctuée que par des grondements éloignés. Pourtant, ça n'a pas traîné : les balles ont recommencé à piauler tout autour... Le salopard en face devait me guetter depuis des heures, comme le chat frustré de sa souris. Et il disposait d'un équipement de vision nocturne. Cette fois, il n'économisait pas ses munitions !

N'empêche : une fois dehors, Jérôme refuse d'abandonner. Une bonne partie de la nuit, il erre dans les ruines, manquant dix fois de se faire abattre par les civils qui se terrent comme des lapins. Et, juste avant le lever du soleil, il revient chez ses hôtes avec la dizaine d'hommes requis.

— Le jeune mort (Yaqub, son prénom, je ne suis pas près de l'oublier) a eu son Kaddish. Et nous avons même réussi à l'inhumer en terre consacrée.

Ce que Jérôme ne raconte pas, c'est qu'il a aussi, probablement, sauvé la vie du père : parmi les hommes recrutés dans les ruines, il avait pris la précaution d'inclure un infirmier, et de lui demander d'emporter du matériel chirurgical et des antibiotiques.

— Je ne me rendais pas compte que ce que j'avais fait cette nuit-là était courageux. Je savais juste qu'il fallait que je le fasse. Pourquoi le fallait-il ? Aujourd'hui encore, je n'ai pas la réponse à cette question.

Jérôme va passer en tout soixante-douze heures dans cette famille. Il va user tout son stock de pellicule. Il a conscience que les images qu'il rapporte sont précieuses, qu'elles vont ouvrir des consciences… Y contribuer, au moins.

— Lorsque je suis parti, le père de Yaqub m'a béni en me nommant « un juste et un héros ». Sa femme m'embrassait les mains. Et puis la mère de sa femme, la grand-mère de Yaqub, est venue vers moi. Une figure qui évoquait une pomme sèche, des yeux voilés de bleu par la cataracte, comme ceux des vieux chiens. Je n'avais pas encore entendu sa voix, sauf parmi les pleurs funèbres. Là, elle m'a parlé doucement et elle m'a demandé de bien vouloir accepter un présent. Elle m'a tendu un vieux collier de pierres bleues. Je savais qu'elle se séparait de la seule chose belle qu'elle possédait encore. Mais refuser était une offense. Elle ne savait pas d'où venait ce bijou, ni de quelle époque… Il lui avait été offert par son défunt mari, lorsqu'il était tombé amoureux d'elle. Elle était allée vers lui, et l'avait accompagné toute sa vie. Il en était ainsi depuis toujours : aussi loin que la mémoire remontait, à la mort de la femme qui le portait, le dernier fils de la famille le donnait à celle qu'il aimerait. Elle viendrait à lui et lui resterait unie. Dans cette famille, il n'y avait plus de fils. Mais moi, je lui avais permis de trouver la paix, et c'était à moi, maintenant, de donner le collier à la femme que j'aimerais...

Il grimace :

— La femme que j'aimais...

Effectivement Jérôme avait quelqu'un dans sa vie. Une personne brillante, universitaire adulée, qui aimait se sentir adulée par l'intelligentsia parisienne.

— Et je pensais que ma célébrité montante, le succès de ma carrière l'avaient attachée à moi sérieusement...

Jérôme rentre à Paris, fier, heureux : il sait qu'il vient de tourner son meilleur reportage. Il ne se doute pas que ce sera aussi le dernier.

Tout à sa joie d'être en vie et d'avoir accompli quelque chose d'utile, il n'a rien de plus pressé que de défaire son sac, d'en sortir le collier de pierres bleues et de le disposer au centre de la table, sur un carré de soie joliment froissé. Puis il commande au traiteur un bon souper, et il attend le retour de son amante.

— Quand elle s'est approchée du collier, j'ai ressenti quelque chose de bizarre, de froid, et elle aussi : elle ne l'a même pas touché et elle a détourné les yeux. Et puis elle m'a annoncé qu'elle partait vivre avec un autre. Un type très bien, de ça, je pouvais en être certain. Il était mon agent... Et surtout un ami de vingt ans. Je lui confiais tous mes intérêts. Il gérait mes droits artistiques et vendait mes reportages. Il n'avait pas vraiment tramé une trahison derrière mon dos, mais son métier, il l'exerçait sans jamais quitter son bureau... Il était là quand je n'y étais pas... Ça s'est fait presque par la force des choses.

C'est ce dont cette femme avait besoin : un compagnon qui, lui, au moins, ne fichait pas le camp sans arrêt à l'autre bout du monde... Là, dans la tête de Jérôme Granger, quelque chose se casse. Presque rien : un petit ressort qui, pourtant, était indispensable à cette mécanique d'aventurier.

— J'ai regardé ma vie, mon parcours. Je m'étais trompé : l'amour était un leurre, l'amitié une illusion d'enfance... Si les gens pour lesquels je risquais ma peau étaient comme ces deux-là, à quoi bon me démener ?

À quoi bon ? Ces trois mots prennent la clarté d'une évidence, la seule question juste qu'il convient de se poser : à quoi bon ? Ils vont prendre la place du ressort brisé et devenir le refrain grisâtre de Jérôme Granger.

— J'ai tout laissé tomber… J'ai pris ce commerce… Mais derrière toute cette déconfiture, je gardais une ultime chimère : cette boutique, elle n'était pas située n'importe où…

Ce quartier, cette rue, sont les plus anciens de Paris, et la femme qui avait brisé Jérôme les avait parcourus en tous sens : elle était historienne. Il avait placé le collier dans la vitrine. Il s'était calé dans ce fauteuil, au fond de son antre.

— « Elle » finirait bien par passer un jour sur ce trottoir. Et elle comprendrait… Finalement, c'est moi qui ai compris : j'ai compris que je n'aimais pas cette femme, que je n'avais pas su l'aimer. Ce que j'aimais, c'était l'attachement que je lui portais. Plus je le sentais puissant, plus je me sentais fort… Et après notre séparation, c'est à la blessure de son absence que je me suis attaché. Selon la vieille juive, ce collier devait aller à la femme que j'aimerais. C'est moi qui me suis trompé : je ne savais pas encore ce qu'aimer voulait dire. Maintenant, il me semble que j'entrevois une raison à mon geste téméraire, à ce courage que je ne me connaissais pas. Pourquoi fallait-il que je risque ma vie, pour qu'une famille inconnue enterre son dernier fils selon la Loi de sa religion ? Pour recevoir ce collier. C'est grâce à lui que je vous ai rencontrée, Joëlle. C'est vous qui êtes passée sur ce trottoir. C'est vous qu'il a attirée. Oh, je ne crois pas à la magie, et je n'ai pas l'espoir que vous m'accompagnerez toute la vie… Je voudrais juste que vous l'emportiez… Je n'en ai plus besoin.

Jérôme est allé prendre le collier dans la vitrine et l'a tendu à Joëlle. Elle l'a pris sans le regarder, très vite, et elle est sortie.

À la même seconde, la grosse voiture noire décollait silencieusement du trottoir d'en face…

Maintenant un peu plus d'un an va se passer. Dans le quartier du Marais, les choses commencent à bouger. On retape les immeubles. Les anciennes boucheries, les crémeries fermées depuis longtemps rouvrent leur rideau de fer, mais ce sont de jeunes créateurs de mode qui les occupent. Des antiquaires aussi.

Jérôme s'est associé avec un copain. Il gagne de l'argent. Il essaie de s'intéresser à ce métier. Il lit les revues spécialisées, et notamment la *Gazette de Drouot* qui traite de tout ce qui concerne les ventes aux enchères.

Et c'est là, dans un numéro récent, qu'il tombe sur un paragraphe concernant un événement chez Christie's, la plus ancienne salle de ventes de Londres. « Dispersion d'une collection d'objets égyptiens qui attirera les collectionneurs du monde entier, les musées aussi… ».

Et, en bonne place, avec photo et description détaillée à l'appui… le collier ! Le collier de pierres bleues ! Une pièce rarissime : son âge se chiffre en milliers d'années. Et son prix… ! Lorsqu'il voit ce prix, estimé en livres sterling, le nombre de zéros qu'il comporte… Jérôme Granger allume une cigarette pour barrer la route à la nausée.

Le jour de la vente, Jérôme est à Londres. Un peu emprunté, il se laisse bousculer par la foule huppée qui déambule dans le vénérable hôtel particulier… Dans le grand escalier de marbre, il croise quelques Indiens, un homme que l'on appelle « Votre Seigneurie », en conversation avec Karim Aga Khan… Tiens ? Voici lord Brett Sinclair en personne ! Plus exactement l'acteur Roger Moore, qui prête son élégance à ce rôle, dans la série télévisée *Amicalement vôtre*. Il prend sûrement le Français pour une vieille connaissance, car il incline la tête et lui adresse un sourire chaleureux, qui n'amène aucune réaction…

Mais qu'espère-t-il donc, Jérôme ? Son associé lui a pourtant expliqué : dans ces grandes ventes, les véritables acheteurs se font représenter par des hommes de paille. Quant aux vendeurs (ou une vendeuse, en l'occurrence) il ne faut pas espérer les y voir : ils ne viennent pratiquement jamais… Rien n'y a fait : Jérôme a voulu être présent.

Voici que l'on se presse vers l'une des salles. La pancarte annonce : « Égyptologie ».

Jérôme écarte la tenture qui masque l'entrée et il s'arrête : impossible d'aller plus loin. Devant lui, un mur de gens debout. La salle est comble. Jérôme patiemment s'infiltre. On proteste, mais on le laisse avancer.

Par-dessus les épaules, il aperçoit maintenant les rangées de chaises dorées, réservées à l'élite des amateurs d'art et des marchands, au pied de l'estrade où officie le commissaire-priseur. C'est une vedette, celui qui vient pour les grandes occasions. Un homme au verbe rapide, charmeur, convaincant, qui sait faire alterner dans son public le suspense et les rires.

Pour le novice, c'est impossible à suivre : les enchères montent, et nul ne fait un geste. Tout cela se passe par signes imperceptibles chez l'un ou l'autre de ceux qui sont assis : un sourcil se lève, cinq cents livres de plus. Une moustache frémit : mille livres. Dans un coin mal éclairé, plusieurs assistants, téléphone à l'oreille, transmettent des ordres d'enchérisseurs invisibles.

— Qui dit mieux ? J'ai quatorze mille à ma droite. Quinze au téléphone. Seize, toujours à ma droite… À ma gauche, on renonce ? Téléphone, on ne me dit plus rien ? Une fois, deux fois…

Le marteau d'ivoire s'abat sur un coussinet de cuir : adjugé !

— Bravo pour le gentleman à ma droite… Et maintenant, mesdames et messieurs, une pièce très attendue, je dirais même : une pièce maîtresse ! Nous avons ici un collier de pierres bleues, pour la plupart des lapis-lazulis originaires de la haute vallée du Nil…

Tandis que l'homme de l'art met en valeur le collier, tandis qu'un appariteur promène l'objet sur un écrin de velours noir, Jérôme parvient au premier rang des spectateurs debout.

Coincé contre la dernière rangée de sièges, il parcourt du regard la foule des privilégiés assis. Il ne lui faut pas longtemps : voici une étole de fourrure blanche et, sur un chignon sculpté par le peigne d'un grand coiffeur, un chapeau tellement vaste qu'il est insolent pour les voisins... Certes, cette femme élégante, sûre d'elle, n'a plus grand-chose de commun avec la mignonne étudiante de Paris. Mais entre la fourrure de l'étole et la mousseline du chapeau, Jérôme a reconnu cette nuque pâle qui n'en finit pas. Son regard se fixe sur cette nuque et ne la quitte plus... À peine quelques secondes, et la jeune femme passe dans son cou une main, gantée jusqu'au creux du coude, comme si un insecte la frôlait... Un instant plus tard, elle renouvelle son geste... Puis lentement, elle se retourne... De larges lunettes noires cachent à demi le visage souligné d'un maquillage parfait. Toujours cette ressemblance avec Audrey Hepburn, mais cette fois en voleuse de luxe, genre *Tea at Tiffany's*, ridiculement intitulé *Diamants sur canapé* pour la version française.

La main gantée abaisse les lunettes. Les yeux tristes se fixent dans ceux de Jérôme, par-dessus la foule. Un long temps, elle le regarde ainsi... Un temps pendant lequel, loin là-bas, comme au travers d'un brouillard, la voix du commissaire-priseur égrène des prix de plus en plus pharamineux qui font pousser des « oh ! » à ce public pourtant blasé.

Maintenant, les lèvres de Joëlle bougent, prononcent des mots que Jérôme ne déchiffre pas... Le voisin de Joëlle, un homme à la calvitie distinguée, se penche vers elle. Elle lui parle à l'oreille, très vite... Lorsque Joëlle se retourne à nouveau vers le fond de la salle, elle sourit, mais son sourire s'efface : Jérôme a disparu...

Elle le retrouve dès le lendemain, à Paris. Ce n'est pas difficile : il a réintégré sa boutique. Joëlle ne porte plus sa robe haute couture, sa fourrure ni son maquillage de femme du monde. Mais elle n'est plus la petite étudiante espiègle dans ses jeans. Jérôme a un choc : c'est peut-être la vraie Joëlle, pour la première fois. Il tente le cynisme, singeant leur première rencontre :

— La pancarte, mademoiselle… Vous savez lire : « le-magasin-ouvre-à-16-heures-30 » !

Il se sent aussitôt stupide.

— Non Jérôme, pas comme ça ! Je ne suis pas venue pour vous ennuyer ou vous jouer une nouvelle comédie… Pas non plus pour vous demander de m'excuser, ce serait idiot et je ne le mérite pas. Mais vous entendrez au moins la vérité. Je vous ai volé, je l'ai fait volontairement, et pour un homme. Il se nomme Alexandre. Il n'est pas architecte, mais ce que l'on appelle « marchand d'art », c'est-à-dire qu'il fait de l'argent avec tous les objets qui lui passent entre les mains. Il avait vu chez vous ce collier, dont vous ignoriez manifestement la valeur. Vous avez refusé une fois de le lui vendre. Il a envoyé quelqu'un d'autre, vous avez refusé encore. Alors, il m'a demandé d'entrer dans votre vie. C'est un homme prêt à tout, vous savez.

Jérôme ironise :

— Il aurait pu me faire cambrioler, dans ce cas… Ma vitrine n'est même pas protégée…

Joëlle répond avec le plus grand sérieux :

— Il y a songé ! Mais vous auriez porté plainte, le collier aurait été inscrit sur une liste de pièces suspectes et n'aurait plus été vendable sans risque ! Alors, j'ai fait ce qu'il attendait de moi : j'ai acquis votre confiance, délibérément. Votre confiance et plus encore, je le savais. Jour après jour, je lui racontais nos conversations, presque mot à mot. Il étudiait votre psychologie. C'est un joueur de poker et d'échecs, aussi. Manipulateur, silencieux, patient. C'est lui qui a calculé le moment où je compterais assez pour vous, assez pour que mon départ provoque votre désarroi. Il savait que, en étant privé de moi, vous réagiriez en me demandant d'emporter ce que vous aviez de plus précieux…

La nausée monte à nouveau. Il faut que cette femme sorte. Vite. Elle l'a senti, mais elle reste.

— Attendez… Ce n'est pas fini : hier, à Londres, avant même de vous voir, j'ai senti que vous me regardiez… De loin, je vous ai murmuré : « Je regrette. Attendez. » Mais vous ne m'avez pas comprise. Vous êtes parti trop tôt… C'est moi qui ai racheté le collier… Alexandre l'a payé… Je l'ai menacé de révéler comment il se l'était approprié… Vous savez, dans notre milieu, il aurait été grillé…

— Et vous ?

— Moi aussi. Mais il savait que je l'aurais fait quand même.

Joëlle ouvre son sac :

— Voilà… Je vous rends votre bien. Je crois que je n'ai plus rien à vous dire…

— Si, Joëlle, une chose : je suppose qu'après cela, votre Alexandre ne doit plus vous tenir dans son cœur ?

— Je ne sais pas… Je crois que si, malgré tout… C'est moi qui lui ai annoncé que je ne le reverrais pas.

— Et… Vous lui avez dit pourquoi ?

Elle a un regard clair, droit, sans l'ombre d'une hésitation :

— Oui, Jérôme. Et je lui ai dit pour qui.

Voilà, c'est ainsi que cela s'est passé, tout simplement, voici déjà quelques années. Aujourd'hui, si vous passez rue Saint-Paul, dans le Marais à Paris, ne cherchez, parmi les centaines d'antiquaires, ni Jérôme ni sa boutique. Il l'a laissée à son associé.

Lui, a créé une société de production de films, et il tourne, en prenant le temps, comme un artisan, des documentaires de haute tenue pour des chaînes culturelles. Des films sur l'art des civilisations disparues. Ils nécessitent souvent de s'immerger en pays dangereux. Pourtant, sa collaboratrice l'accompagne partout. Elle est aussi sa femme. Nous l'aimons bien, dans le métier. Et parce qu'elle ne porte qu'un seul bijou, nous l'appelons : « la Dame au collier de pierres bleues ».

7

Le mariage est toujours une loterie

L'histoire que voici, mesdames et messieurs *(roulement de tambour !)*, fera sans nul doute passer de délicieux frissons entre les épaules de ceux qui croient en l'inépuisable étendue de nos pouvoirs invisibles.

— Vous voyez, clameront-ils ! Vous voyez que c'est vrai !

Quant à ceux d'entre vous, gens de peu de foi, qui vous gaussez de tout ce qui ressemble à une prédiction, une prophétie ou encore à la magie des sorts... Vous baisserez honteusement l'oreille après avoir lu ce compte-rendu fidèle !

Car, selon la toute-puissante raison que vous vénérez, ce qui suit était, certes, impossible. Et pourtant...

Sandrine et Jean-Luc Brodard vivent au cœur de la civilisation la plus évoluée : en Suisse.

La preuve ? À deux pas de chez eux, des usines de verre et d'acier, aux lignes harmonieuses, produisent quelques pièces hors de prix pour la haute horlogerie, dont des potentats russes ou chinois orneront leurs poignets grassouillets et bronzés.

L'ancienne brasserie, au cœur de la ville, est remplacée par un pôle technologique à faire pâlir les « vallées de silicone » californiennes. Des laboratoires ultrasophistiqués, sous atmosphère de gaz rares, et sous le sceau du secret industriel le mieux défendu au monde, y élaborent d'improbables innovations. Par exemple, des nanomatériaux intelligents, inspirés de la nature qui serviront à lutter contre le cancer.

Summum de raffinement : tout près de là, là-haut sur la montagne, aux flans d'alpages fleuris, dans des chalets de bois plusieurs fois centenaires, on concocte l'un des fleurons de la gastronomie internationale : le gruyère. Le seul, le vrai, celui qui, contrairement à une légende tenace, n'a PAS de trous dans sa pâte ferme et parfumée. C'est à cette absence, justement, que l'on reconnaît l'authentique Gruyère, alors que ses infâmes imitations sont... percées !

Vous voici donc dans le très helvétique canton de Fribourg.

C'est dans ce haut lieu de la science et du bon goût (donc du sommet de l'évolution humaine) que nous allons côtoyer le mystère insondable.

Quelqu'un a dit « impossible » ? Non, non. Et pourtant...

Autant le dire tout de suite : dans le couple Brodard, ça ne va pas très fort... Seulement Jean-Luc ne s'en aperçoit pas. Il est, et il a toujours été, conducteur de bus aux TPF, les Transports publics fribourgeois.

Maintenant qu'il a passé les quarante-cinq ans, le cheveu devenu rare et le ventre bien posé sur les genoux, il ne pense déjà plus qu'à laisser paisiblement s'écouler le temps qui le sépare d'une retraite, modeste, certes, mais assurée.

Cette simplicité tranquille n'est pas... mais alors PAS DU TOUT du goût de Sandrine. La « bouillante » Sandrine, devrait-on écrire.

Portrait rapide ; à 16 ans, elle avait eu envie de fuir l'autorité de son père, Albert Apothéloz, douanier helvétique.

Guidée par une copine, elle était allée demander conseil à une voyante. Cette femme, après avoir calé son imposante poitrine sur la toile cirée de la table de sa cuisine, avait renversé le marc d'une tasse de café dans une soucoupe et proféré, l'air pénétré :

— Je vois... Je vois...

C'était rassurant, déjà... Et que voyait-elle ?

— Je vois... Un homme... Grand... Un homme brun... Très brun...

Un regard furtif vers la consultante : le coup de l'homme brun, en général, ça plaît ? Ça plaisait. Elle pouvait enchaîner.

— Je vois des voyages... De grandes distances... Et de l'argent... BEAUCOUP d'argent !

Époustouflant, n'est-ce pas ? Même si vous revendiquez le rationalisme le plus militant, reconnaissez humblement que vous êtes scié, non ? Nous vous mettons *au défi* d'expliquer *comment* cette femme pouvait bien deviner que :

— Un homme très brun

— De grands voyages

— Et BEAUCOUP d'argent...

C'était exactement... mais alors *exactement* ce dont rêvait une apprentie coiffeuse de 16 ans, pressée de quitter ses parents ? Sandrine piaffait d'impatience :

— Quand c'est que je l'rencontre ?

La précision étant le meilleur moyen de se tromper, la voyante déclara donc :

— Ça peut se faire très vite... Mais ça peut aussi prendre... un certain temps. Ton destin est écrit, mais c'est à *toi* de le réaliser... Le Grand Mystère te gouverne, mais tu es maîtresse de ta vie, ma fille ! Démène-toi un peu !

Sandrine s'était donc démenée pour croiser, dans un minimum de temps, un maximum d'hommes grands, bruns et forts. En général, elle se démenait sur la banquette arrière d'une automobile, sur le parking derrière la patinoire Saint-Léonard, après un match de hockey sur glace.

Elle n'eut, très vite, plus rien à apprendre des techniques automobiles. Mais, voici une vingtaine d'années, tout restait à découvrir sur l'usage des contraceptifs. Du moins dans ce canton catholique. Résultat des courses : Sandrine Apothéloz se trouva bientôt dans l'obligation urgente de se dégotter un mari.

Parmi les supporters de l'équipe de hockey, Jean-Luc Brodard était le seul qui fût disposé à l'épouser. Probablement parce qu'il était celui qui craignait le plus de ne jamais se faire accepter par une fille. Sandrine lui mit sérieusement le grappin dessus.

D'ailleurs, n'était-il pas grand, fort et brun ? Somme toute, il voyageait beaucoup, aussi. Sur le circuit de sa ligne de bus, d'accord, mais au bout de l'année, ça lui faisait assez de kilomètres pour correspondre *grosso modo* à la description de la voyante...

Bon : la différence importante avec la prédiction, c'était l'argent. Jean-Luc Brodard n'était pas riche et n'avait pas l'ambition de le devenir. Sa paie lui suffisait, jusque-là. Mais il était ouvert à voir plus grand. La preuve : lorsque leur fille Audrey est née, six mois après le mariage, Sandrine a monté un budget et démontré que, pour la petite, il faudrait des moyens... moins moyens. Jean-Luc avait répondu :

— T'as grandement raison, ma puce ! Tu n'as qu'à te trouver un boulot et, à deux, on lui fera un bel avenir !

Un garçon tout simple, on vous l'a dit. Et lorsque Audrey, à son tour, seize ans plus tard, quitta le domicile parental pour vivre dans un studio avec son petit copain, Jean-Luc statua, avec la même évidence tranquille :

— Tu sais quoi, ma puce ? On n'a plus besoin d'un quatre pièces, maintenant ! On va prendre plus petit, et ce qu'on économisera sur le loyer, on le mettra de côté pour offrir à la gamine sa boutique d'esthéticienne avec pose d'ongles américains !

Tout ce que Sandrine n'avait jamais pu obtenir pour elle-même ! Et pourtant, elle en avait rêvé, de son « Bar à ongles » ! Elle en avait déployé, des roucoulades et de décevantes soirées en nuisette et pantoufles de cygne, pour décider son pépère de mari à lui trouver les fonds ! Il n'avait pas levé le petit doigt ! Elle avait envie d'ajouter, en son for intérieur :

— Il n'avait rien levé du tout, d'ailleurs...

Autant dire qu'elle l'avait un peu saumâtre, la bouillante madame Brodard !

Car « bouillante », elle le restait. Et soudain, cette Cocotte-minute allait trouver l'occasion de réaliser la destinée exceptionnelle qu'elle avait toujours pensé mériter.

Les Brodard avaient quitté la ville basse et leur appartement vieillot, mais charmant. Ils occupaient dorénavant un deux-pièces et demie (bien suffisant d'ici la retraite, comme disait Jean-Luc, qui s'y connaissait en confort), dans un ensemble de blocs de béton, sorti du sol en quatre mois sur la périphérie, (tellement mieux au niveau isolation, selon Jean-Luc, qui s'y connaissait en bâtiment).

Dans la boîte à lettres du nouveau logis, Sandrine trouva un signe du destin. Une carte de visite ainsi rédigée :

« Professeur N'Diayé, grand et puissant médium de l'Afrique, te résoudra tous tes problèmes de travail, d'argent, de guérir toutes les maladies même l'impuissance, de trouver l'amour, de réussite aux examens, même le permis de conduire du premier coup. Réalisation de tous tes souhaits garantie. Visite gratuite. »

C'était sûrement un signe du Grand Mystère, car ce personnage providentiel habitait, en toute modestie, dans la même cité, deux blocs plus loin. Un signe, vous dit-on ! Comme c'était gratuit, Sandrine s'y rendit.

Moyennant un petit pourboire, un garçonnet d'ébène luisante, la tête disparaissant sous les oreillettes d'un bonnet péruvien, la guida au travers d'un logement qui la dépaysa instantanément. Aucun meuble, mais des entassements de sacs en plastique Ikéa, débordant de tout ce qui pouvait être nécessaire à la survie, et d'autres articles pas indispensables, mais en grand nombre aussi : des radios, des ordinateurs, des manteaux de fourrure… Une bonne trentaine d'Africains de toutes générations allaient, venaient, cuisinaient, dormaient, faisaient du commerce ou écoutaient très fort toutes sortes de musiques.

Le professeur N'Diayé, grand et puissant médium de l'Afrique, occupait humblement la chambrette du fond. Et ce, malgré son rang, car, ainsi qu'il le confia à mi-voix, sans trop se faire prier :

— En vérité, belle dame… Ze suis le fils aîné d'un roi ! Oui, oui : un monarque ! Ce qui fait de moi le prince héritier !

Héritier de quoi ? Sandrine mit un temps à digérer cette étonnante et secrète confidence : héritier d'une province riche en pétrole, en bois précieux et en diamants, au cœur du continent noir. Le prince se cachait sous une fausse identité, afin d'échapper aux assassins envoyés par son frère cadet.

Quelle vermine, celui-là : un ambitieux pur et dur, habité par les démons de la forêt. Rejeton seulement de la quatrième épouse du roi, il avait forcé son frère aîné à s'exiler vers la Suisse, fait empoisonner leur père, rendu faible au point de lui laisser les rênes du pouvoir ! Madame Brodard tremblait déjà de haine contre ce malfaisant, et aussi sous l'émotion d'avoir été admise, si vite, dans le cercle de confiance d'un personnage de sang royal.

D'emblée, Sandrine sentit que cette rencontre était décisive. Bien sûr, c'était LUI, l'homme prédit par la voyante ! Le professeur N'Diayé (ou devait-on dire « Son Altesse » ?) venait indéniablement de loin, il était visiblement brun, grand, et surtout fort... Hmmm... Tellement fort ! Un mage « puissant », ainsi qu'il était écrit sur son prospectus, et comme il sut le prouver dès la première visite à la petite madame Brodard.

Pendant plusieurs semaines, elle retourna donc aussi discrètement que possible bénéficier des vigoureuses prestations du professeur.

Elle flottait sur un nuage. Elle se sentait légère.

Allégée, en vérité, de plusieurs centaines de francs suisses à chaque visite. Comme elle s'étonnait de devoir donner de l'argent, vu qu'elle payait déjà de sa personne, le professeur lui expliqua :

— Ma princesse, la *consultation* est gratuite, mais la réalisation des souhaits nécessite l'achat de substances magiques, secrètes et très coûteuses, comme ce cœur d'antilope fraîchement tuée, par exemple, venu tout droit de mon pays par avion, comprends-tu !

À ce rythme, les économies du couple fondaient très vite. Bien sûr, Jean-Luc ne vérifiait jamais les comptes, mais viendrait forcément le jour où leur fille voudrait ouvrir sa boutique, il allait s'apercevoir que le capital si patiemment constitué était sérieusement entamé…

Sandrine fit part de son inquiétude à son puissant magicien, qui trouva aussitôt la solution :

— Ma tigresse, je ne veux pas te créer le moindre souci dans ta famille ! Si ce n'est qu'une question d'argent, sache que, pour moi, l'argent n'est rien ! Celui que tu m'as refilé risque de te manquer ? *No problemo* : je vais te le rembourser !

Elle le savait ! Elle le sentait : il était vraiment, foncièrement l'homme de la situation !

— Et tu comptes faire ça… rapidement ?

— Là, maintenant tout de suite !

— Tu gardes une telle somme ici ?

— Oh, hé ! Je suis pas con, quand même ! Ici, avec tous ces gros malhonnêtes qui rôdent, je n'ai pas un sou ! Mais je vais te donner les moyens de posséder plus d'argent que tu n'en as jamais vu ! Je vais pratiquer, pour toi exceptionnellement, une cérémonie de haute magie de la brousse et te révéler les numéros gagnants de la loterie !

Elle était sotte, mais elle s'étonna néanmoins : s'il était capable d'une telle divination, pourquoi le professeur ne l'appliquait-il pas pour son profit personnel ? Il sourit avec indulgence :

— Mais, mon oiseau multicolore, parce qu'il serait injuste qu'un magicien puisse profiter de ses pouvoirs pour priver d'un gain quelqu'un qui le mérite peut-être davantage ! En plus, moi, je n'ai besoin de rien : c'est toi qui dois toucher cette somme ! D'ailleurs, tu vas voir : les numéros vont apparaître sur TA peau ! Ils seront valables seulement pour toi !

Cette explication avait le mérite de l'honnêteté et de la clarté.

Solennellement, le grand et puissant médium de l'Afrique alluma des chandelles contenant de la poudre d'or et de diamant (et donc très chères). Il enduisit le creux du bras de Sandrine d'une graisse magique (et très malodorante).

Ensuite, il demanda à la future gagnante d'aller quérir un billet de 1 000 francs. Mais pas pour lui, bien sûr : pour attirer l'attention des esprits sur l'argent. D'ailleurs, preuve de son désintéressement : il fit brûler ce billet dans une cassolette magique. Puis il répandit les cendres magiques sur la graisse magique et... ô miracle... six chiffres apparurent ! Six chiffres dessinés par les esprits, en gris sur la peau nacrée de Sandrine !

Ces chiffres concernaient le Swiss Loto de la Loterie romande. Certes, les gains n'y sont pas aussi élevés que ceux de l'Euro Millions... Mais cette semaine-là, la cagnotte atteignait des records : 12,2 millions de francs suisses, soit la bagatelle, quand même, de 11 millions d'euros ! Ça tombait bien : quitte à faire de la magie, autant que ça vaille la peine, comme le souligna Son Altesse Royale, non sans humour. Il ne restait plus à Sandrine qu'à jouer, remporter le pactole, et ensuite...

Non, non ! Ce n'est pas du tout la suite que vous imaginez ! Vous avez pensé : « Puisque nous sommes dans un bouquin qui s'intitule *C'était impossible. Et pourtant...*, ils vont nous raconter un retournement de situation ! Cette naïve bonne femme va jouer et ça va fonctionner ! Elle va gagner et ensuite, ni vu, ni connu... Elle va renflouer le compte d'épargne familial vidé par sa sottise ! »

Nous avons quand même mieux que cela, rassurez-vous...

En effet, le vil projet de la bouillante et peu délicate Mme Brodard, c'était de réaliser enfin la prédiction faite par la voyante pour ses 16 ans ! Devenir maîtresse de son destin ! SON destin à elle : Jean-Luc et sa gamine n'auraient qu'à maîtriser le leur ! Cette fois, elle ne laisserait pas passer SA chance ! Elle allait jouer SES numéros, rafler SON trésor et s'enfuir vers le soleil, princesse au bras de son prince d'Afrique !

Seulement, le futur souverain eut soudain l'air bien ennuyé :

— Écoute, ma lionne chasseresse… Je ne savais pas comment t'en parler, mais… Dans mon pays, les événements se sont quelque peu précipités… Mon mauvais frère a été destitué par mes sujets fidèles. Ils lui ont repris le bâton du commandement. Le pouvoir est vacant. Mon peuple n'a plus de chef et il me réclame instamment…

— Mais attends quelques jours, mon chéri ! Nous sommes vendredi, le tirage a lieu demain… Le temps d'aller toucher le lot en début de semaine prochaine, et je pars avec toi !

— Impossible, ma panthère des savanes ! Je dois être dans mon village natal dimanche, impérativement : c'est la troisième pleine lune de l'année, et c'est la seule date à laquelle, selon notre tradition, je peux prendre possession du bâton de commandement !

— Il est si important, ce bâton ?

— Un peu, que c'est important ! Si mon *deuxième* frère (celui qui est entre le mauvais et moi) le récupère, il me grille au poteau !

— Alors, tu vas partir ?

— Oui. Et toi, blanche cigogne du ciel empourpré… tu me rejoindras, dès que tu auras touché le gros lot !

— Bon, ben… On fait comme ça, mon gorille fougueux ! Quand c'est que tu prends l'avion ?

Vous allez dire : « Alors tout ça pour ça ? Il tombe sur une poire prête à gober ses histoires à dormir debout, il lui mène tout ce cirque… Et pour finir, il lui écrit des numéros sur le bras avec de la graisse et des cendres, un tour vieux comme le monde… Il lui pique encore un billet de 1 000 francs (à peu près 800 euros) en faisant semblant de le brûler, et il s'éclipse ? Miteux ! On attendait mieux d'un tel entourloupeur ! » Patience : ça vient !

— Zustement, ma gazelle élancée… À propos d'avion… J'ai réservé les billets, je dois retirer le mien à l'aéroport et je te laisserai le tien au comptoir…

— Très bien, mon chéri !

— À la dernière minute, il ne restait plus que des premières classes, tu vois...

— Parfait, mon amour !

— Oui, seulement... Je suis un peu juste, en ce moment... J'ai aussi besoin d'un costume décent pour débarquer devant mes dignitaires... Et si j'arrive de Suisse sans une jolie montre en or... Les gens ne comprendraient pas ! Mon ministre des Finances n'a pas encore pu me faire virer des fonds : la succession de mon père est bloquée jusqu'à mon investiture... Donc, tu vas m'avancer les premiers frais maintenant, tu rembourseras ton mari dans trois-quatre jours, sur la loterie ! Il reste combien, sur votre compte ?

Le croirez-vous, en plein XXIe siècle ? Sandrine Brodard a vidé le compte en banque du ménage, juste avant l'heure de la fermeture des guichets ! Puis elle est allée au kiosque à journaux pour y jouer SES numéros gagnants.

Petite anicroche : alors qu'elle rédige son bulletin, elle entend un joyeux :

— Coucou, ma puce !

À la terrasse du bistrot voisin, Jean-Luc, en chemise à carreaux, sirote une bière avec ses copains. Sandrine, discrètement, empoche le bulletin aux chiffres magiques, qu'elle vient de faire valider. Elle en remplit un second, sur lequel elle coche, à la hâte, n'importe quels chiffres. Puis, tout sourire, elle ondule vers la terrasse, glisse de deux doigts mutins le bulletin dans la pochette de la chemise à carreaux de son mari, ravi :

— Tiens, mon chéri... J'ai joué pour toi ! 12 millions passés, que tu vas ramasser ! Tu pourras enfin offrir une fourrure à ta petite femme qui t'aime !

Dès que Sandrine tourne les talons, les plaisanteries des copains commencent à fuser :

— Ah ça, c'est sûr que tu vas le gagner, le gros lot !

— À mon avis, tu l'as déjà tiré !

— Surtout si ta femme a eu les numéros par son sorcier !

Jean-Luc a beau ne pas avoir inventé l'eau chaude, les allusions sont assez lourdingues pour qu'il les comprenne.

— Comment ça « SON » sorcier ? De quel sorcier vous causez, d'abord ?

Évidemment, le malheureux garçon est bien le seul du quartier à ne pas être au courant des fréquentations de son épouse. Il apprend donc du même coup :

1) Qu'il est cocu ;

2) Que sa femme est une andouille qui s'est fait rouler dans la farine, comme une bonne douzaine d'autres « énervées de la fesse » selon l'élégante expression des piliers de bistrot rigolards.

Chamboulé par de telles accusations, il se fâche avec ces langues de vipère et rentre chez lui. Pourtant, premier réflexe : il vérifie les bordereaux bancaires. Force lui est de constater que les vipères ont dit vrai : l'infidèle l'a dépouillé des économies de toute une honnête carrière de conducteur de bus !

Vous devinez la suite ? Oui, bien entendu : si le grand et puissant médium de l'Afrique n'était qu'un minable arnaqueur exotique, la voyante… La voyante à la forte poitrine et au marc de café des 16 ans de Sandrine Apothéloz… C'était une vraie prophétesse !

Dans cette histoire si mal partie, toutes ses prévisions… Nous disons bien : TOUTES ses prévisions se sont finalement révélées exactes !

Après sa rupture, tambour battant, avec Sandrine, Jean-Luc Brodard jeta quelques vêtements dans un sac militaire et se fit héberger par un vieux copain, ex-supporter de l'équipe de hockey.

C'est ce copain qui, presque six mois plus tard, trouva que le sac de Jean-Luc, oublié sous le lit, puait le vieux linge. Il décida de lui laver ses chemises froissées.

Parmi lesquelles une certaine chemise à carreaux.

Celle que portait Jean-Luc le jour où il avait appris son infortune.

Dans la pochette de ladite chemise était chiffonné un vieux billet du Swiss Loto.

Or, un joueur dispose de SIX MOIS à dater du lendemain du tirage pour réclamer son gain.

Et Jean-Luc le réclama, son gain, une journée avant le délai fatal. Ça valait la peine, remarquez : les six numéros griffonnés à la hâte par Sandrine avaient décroché… 12,2 millions de francs suisses !

Jean-Luc Brodard a acheté un salon de coiffure à sa fille, en plein centre-ville. Et, pas rancunier, il en a, dans la foulée, acheté un autre pour Sandrine.

Mais en France, celui-là. En plein cœur de la Creuse… Faut tout de même pas prendre les enfants du bon Dieu pour des canards sauvages !

Ah, dernier détail : avant de s'envoler pour un tour du monde, Jean-Luc s'est fait un petit cadeau personnel, qui l'a rajeuni de quinze ans : un implant capillaire de luxe, d'un superbe noir de corbeau.

Beaucoup d'argent, des voyages et un homme brun, très brun… Vous ne croyez toujours pas à la voyance ?

8

La couleur de l'âme

Lorsque vous êtes complètement seul, que tout vous file entre les doigts comme des lambeaux de brouillard… soyez certain qu'il y a forcément, obligatoirement, un peu d'amour qui vous est destiné. Mais qui peut dire quel visage cet amour va prendre ? Dans cette histoire, il a défié les années sous un masque singulier pour croiser la route d'une femme en miettes, au moment où elle avait décidé de partir vers sa dernière adresse.

Elle avait fait ce choix parce qu'elle ne savait pas encore que la vie est un cadeau.

Cette femme, cependant, avait quelque chose de très spécial : elle gardait en elle une place précieuse. La place invisible où peut avoir lieu un miracle.

Cette place, nous l'avons tous, à un moment de notre existence. Mais nous l'encombrons par tellement d'inutilités, dont nous sommes convaincus qu'elles sont indispensables.

Et le miracle ? Il se débrouillera bien, allez ! Comme s'il nous était dû, comme si c'était la moindre des choses que de bénéficier d'un miracle.

Voici donc juste l'histoire de quelqu'un sans importance, quelqu'un comme vous, comme nous… Une femme de rien… Un petit bout de femme de rien du tout…

C'est juste l'histoire du miracle qu'elle a su réaliser, parce qu'elle lui avait gardé une place.

C'était impossible pour un être humain ? Oui, évidemment. Et pourtant…

— Vous pouvez vous rhabiller, madame !

Annie se lève de la table d'examen. Son dos se décolle avec un bruit de déchirure molle du papier rêche étalé sur le revêtement de moleskine verte.

Elle a toujours connu cette table raide au piétement chromé. Elle s'y allongeait déjà quand, petite fille, elle venait avec sa mère, du temps du docteur Cordier. À l'époque, Cordier ne mettait pas de papier. Juste une serviette sous les fesses. Est-ce que les rouleaux de papier jetable existaient déjà ? Et d'ailleurs, pourquoi Annie note-t-elle tous ces détails sans importance et se pose-t-elle toutes ces questions ?

Le successeur de Cordier n'est pas très sympathique. Efficace, compétent, très certainement, mais pas sympathique. Des mains carrées qui palpent avec une précision un peu rude.

— Un jeune toubib, songe Annie. C'est drôle : il doit avoir le même âge que moi, mais lui, c'est un jeune toubib et moi je ne suis plus du tout une jeune femme.

Elle le retrouve derrière son bureau, parcourant à nouveau les feuillets qu'elle a apportés elle-même du laboratoire, dans une enveloppe cachetée.

— Alors, docteur ? Ça raconte quoi, ces chiffres biscornus ?

— Ça raconte que vous avez un état général excellent. Excellent.

Annie n'aime pas ce préambule :

— Excellent, mais… ? Il y a forcément un « mais », docteur. Sans cela, vous ne m'auriez pas fait faire quatre séries d'examens !

— Je ne voulais pas vous parler à la légère, madame. Vous vous rappelez cette tache un peu sombre, à droite, sur vos premières radios ?

— Allez : dites-le moi, docteur ! Même si c'est grave. Je préfère savoir. Je suis solide.

— Je vais vous le dire, madame. Mais ne commencez pas à vous inquiéter, je vous en prie… Vous avez un néoplasme.

— Qu'est-ce que c'est, exactement ?

— Oh, c'est un groupe de cellules qui se développent de manière anarchique…

Annie a l'impression qu'une main d'acier s'est mise à pétrir son estomac.

— J'aimerais, madame… oh, rien d'important… mais j'aimerais aller regarder cela de plus près…

— Une… une opération ?

— Si vous voulez, oui : cela se fera sous anesthésie… Juste pour être tranquille, vous comprenez ?

Le docteur fait semblant de consulter son agenda :

— Voyons… Venez… lundi prochain !

— Docteur… qu'est-ce que vous essayez de *ne pas* me dire ? J'ai un cancer, c'est ça ?

Un silence. Juste assez long pour ne pas paraître pesant.

— Oui, madame !

La main d'acier relâche brutalement son étreinte. PFFFOOOU ! Pour un peu, Annie pousserait un soupir de soulagement. Elle voulait savoir : elle sait. Mais c'est marrant, ce réflexe : comme une sensation de libération…

Idiote ! Il vient de te dire que tu as un cancer. Ohé, Annie, ma vieille ! Tu imprimes, là ? Cancer, ma belle !

Le médecin a quitté la place protégée de celui qui sait : il est venu s'asseoir, sur le coin de son bureau, du côté d'Annie, du côté de ceux qui ont peur :

— Vous voulez boire quelque chose, madame ?

Elle met dix secondes à réagir.

— Boire ?

— Je vous apporte un verre d'eau.

— Vous n'auriez pas plutôt le verre de rhum du condamné ? Pourquoi vous ne m'offrez pas une cigarette, tant qu'on y est ? Non, ça ira comme ça… De toute façon, je ne bois pas, je ne fume pas. C'est d'autant plus dégoûtant que « ça » m'arrive, vous ne trouvez pas ?

Un ange passe, qui s'éternise un peu.

— Alors, madame ? Nous disons : lundi matin à la clinique ?

— Docteur… si je ne fais rien… il me reste combien de temps ?

Là, il est brutal. Tactiquement brutal : il faut la décider à venir.

— Six mois… Peut-être un peu plus… ou peut-être moins…

— Et si je fais quelque chose ?

— Je ne sais pas non plus… J'aimerais pouvoir vous promettre, mais je ne sais pas…

Annie se lève, jette son imperméable sur ses épaules et s'éloigne vers la porte :

— Pour lundi… c'est non. Au revoir, docteur.

Elle marche. Elle parcourt des rues qu'elle ne reconnaît pas. Elle marche droit devant, avec tous ces gens qui la bousculent.

Elle marche, et elle pense : « Bientôt, je serai morte. » Il y a ce soir-là quelque chose d'irréel dans cette ville qui est la sienne.

Elle y a vécu toute sa jeunesse, et puis ses premières années de femme, qui ont filé si vite.

Elle a caché son école buissonnière dans tant de jardins publics, elle a flâné tout au long de ce fleuve en savourant chaque pas, les épaules tenues serrées par un garçon qui l'aimait. Et pourtant…

Elle a frissonné ou pleuré dans l'obscurité de tous ces cinémas, elle a eu des dîners en copains ou en amoureux dans tous ces restaurants, et pourtant…

Pour gagner son premier argent, bien à elle, elle a sonné à toutes ces portes pour vendre des encyclopédies. Elle a joué à cache-cache avec les concierges de tous ces immeubles. Et pourtant…

Pourtant, ce soir, elle ne reconnaît plus cette ville qui est la sienne. Elle marche en pays étranger.

Peut-être est-ce la ville qui ne reconnaît pas Annie ce soir ? C'est vrai que cette femme n'est plus la même.

Elle a quelque chose de fondamentalement différent. Quelque chose qui la rend étrangère, qui la rendra étrangère où qu'elle aille. Elle porte la vérité, la simple, l'affreuse vérité.

On peut se balader dans sa ville, ou faire ses petites courses en coup de vent tant qu'on ne sait pas.

On peut acheter du lait ou un journal tant qu'on ne sait pas.

On peut avoir envie d'une robe ou d'un chocolat chaud tant qu'on ne sait pas.

On peut économiser 10 francs tant qu'on ne sait pas.

Mais quand on a dans le creux de sa main la vérité toute simple, toute nue…

La vérité toute bête et insoutenable…

Quand on a la vérité, rien, jamais, n'aura plus le même sens.

Mourir… On n'a encore pas trouvé une autre fin à la vie ? La vie manque décidément d'imagination. C'est idiot, non ?

La vérité, Annie ne l'a pas vue venir. Pourtant, elle aurait pu s'y préparer. On avait semé sur sa route tous les indices… Plus d'indices qu'il n'en fallait pour qu'elle puisse se préparer.

N'importe quelle bécasse de téléréalité aurait pu savoir, se douter, comprendre doucement par petites étapes. N'importe quelle bécasse, mais pas Annie, malgré tous ses diplômes et toute son intelligence.

— Elle est tellement intelligente ! Tellement douée ! Elle apprend n'importe quoi en dix minutes !

Elle se souvient de la voix de sa mère, de ses professeurs… Les voix de tous ces adultes qui s'émerveillaient autour d'elle, petite fille :

— Elle est tellement intelligente !

Eh bien non ! Ce que la plus tarée des têtes de linotte aurait compris depuis longtemps, elle ne le savait pas. Elle ne *voulait* surtout pas le savoir.

Pourtant, il y avait eu tous ces examens, ces couloirs blancs où elle avait attendu, toutes ces tables recouvertes d'un lé de papier jetable rêche, où elle s'était allongée…

Pourtant, il y avait eu ces dialogues avec des toubibs bienveillants et attentifs. Toutes ces notes qu'ils prenaient, ces radios qu'ils examinaient avec des hochements de menton…

Pourtant, il y avait eu les attouchements compétents de leurs mains habiles, ces longues aiguilles qui allaient explorer le plus secret de sa chair, pendant qu'elle se mordait les lèvres pour ne pas bouger.

Pourtant, il y avait eu ces regards prolongés, ces toussotements discrets, ces silences…

Elle aurait dû savoir, deviner, comprendre, pour être prête à entendre. Mais elle n'avait pas voulu.

Alors, elle a pris la vérité comme une claque, comme un réverbère qui vous frappe méchamment quand vous ne regardez pas devant vous.

Mourir, là maintenant, il y a de quoi se marrer, non ?

Il y a du monde, ce soir, dans cette ville qui ne la reconnaît pas. Le sol est gras d'un crachin de neige qui s'est mélangé à l'huile des autos. On glisse à chaque pas. Dangereux. Qu'elle n'aille pas se casser une jambe avant de mourir. Ce serait idiot de crever avec un pied dans le plâtre.

Elle rit tout fort en se faisant cette plaisanterie douteuse. On la regarde drôlement.

— Ben quoi ? C'est bientôt les fêtes ! C'est la joie ! Vous avez des gueules sinistres, messieurs dames ! Préparer la hotte du Papa Noël, c'est obligé, acheter plein de cadeaux, c'est obligé, mais faut surtout pas rigoler tout haut ? C'est ça ? Drôles de fêtes, chers contemporains !

On s'écarte. Prudemment. On lui fait une trouée de vide pour elle toute seule dans cette foule compacte. Merci, camarades. Alors si je comprends bien, faut avoir l'air dingue pour respirer un peu ?

Elle avance et la foule se referme. Un nouveau lot de gens pressés lui déferle dessus : eux ne savent pas encore qu'elle est folle et ils prennent le risque de la frôler, de la bousculer, de la compresser.

Des lumières dans les vitrines, et des nounours en peluche qui bougent tout seuls… Le reste de l'année, les ours sont tous bêtes et tous flasques… Ils ne s'animent que la nuit, dans les chambres des petites filles. Noël, c'est le seul moment où ils osent bouger devant tout le monde.

En cette fin de journée, dans cette bousculade, derrière leurs vitrines, les ours dévisagent une femme qui n'est plus vraiment jeune, pas même spéciale en quoi que ce soit et qui n'aura pas le temps de devenir spéciale… Une femme de rien du tout, le front brûlant appuyé sur la fraîcheur d'une vitrine…

— Les ours en peluche qui bougent, c'est truqué : on leur a mis un petit moteur dans le ventre… Moi, mon petit moteur va s'arrêter… bientôt.

Bien sûr, le docteur pas très sympathique, mais compétent, n'était pas d'accord avec elle. Il l'a même attrapée par le bras, alors qu'elle franchissait déjà la porte :

— Mais qu'est-ce que vous me chantez, mon petit ? À votre âge, vous avez toutes vos chances ! On a fait d'énormes progrès ! L'opération peut avoir lieu très vite… Naturellement, après, il faudra lutter, beaucoup, mais vos chances de…

Elle n'écoutait plus. Elle a adressé au docteur compétent un semblant de sourire, elle a dégagé doucement son bras et, son imperméable sur les épaules, elle est sortie dans la rue toute clinquante de lumières.

Jamais, non jamais elle n'entrerait, blanche sous un drap, dans la salle aseptisée sous le faisceau du Scialytique. Jamais elle ne laisserait une lame tracer sur sa peau…

Allez ! Elle ne veut même pas y penser.

Et puis soudain, plus présente que les lumières et que le museau des nounours, voici l'image d'un visage d'homme. Il y a, dans cette ville qui la bouscule, un homme qui aime Annie.

— Il s'appelle Pierre et il m'aime.

Pierre a de belles mains nerveuses, un visage un peu rude avec des yeux qui pétillent et une mèche agaçante de petit garçon qui lui chatouille le front. Il n'y a pas longtemps qu'elle le connaît. Mais il l'aime, elle le sait.

Voilà pourquoi elle ne lui parlera pas de cette horreur.

Il aime Annie : voilà pourquoi elle ne lui permettra pas de la voir changer, de la voir se faire ronger du dedans.

Surtout, qu'il ne soit pas à portée de regard pendant qu'elle prendra le chemin qui descend.

Elle veut rester belle dans le souvenir d'un homme, de celui-là.

Elle voudrait lui dire quelque chose de drôle, d'un peu cynique, comme dans les films romantiques qu'elle re-visionne au creux de son lit, les soirs de rhume :

— Tu ne sais pas la chance que tu as, mon amour ! Tu n'auras pas été mon premier homme, mais c'est encore mieux : tu seras le dernier !

Bof... Ce genre de répliques, c'est pour les personnages de haute volée, avec une allure folle... Tiens : Catherine Deneuve dirait ça très bien. Mais pas une Annie Rocher. Annie n'est ni Deneuve, ni de haute volée. Elle n'est même pas un personnage du tout.

Alors, très vite, elle rentre chez elle. Elle fourre quelques vêtements dans un sac à dos et des gros bouquins dans une valise.

Elle griffonne quelques mots sur un papier qu'elle épingle sur sa porte. Pierre donnait une conférence à Malmö. Il revient ce soir. Il passera sûrement, avant même d'aller chez lui, avec un gros chandail nordique enveloppé dans un papier cadeau. Il trouvera le billet. Et la porte fermée. Pour toujours et à jamais.

Annie vient de comprendre, et une bouffée de honte la traverse : elle s'est aperçue que ce n'est pas Pierre qu'elle cherche à préserver. C'est le regard qu'il pose sur elle, et qui la trouve belle.

— C'est affreux, deuxième mauvaise nouvelle de la journée : tu n'aimes pas Pierre, ma vieille !

Elle ne l'aime pas comme on doit à quelqu'un de l'aimer : pour lui.

Peut-être n'a-t-elle jamais su aimer ? Est-ce que l'on peut apprendre à aimer ? Est-ce que Pierre aurait pu le lui apprendre ? De toute façon, maintenant, elle n'a plus le temps.

Rideau.

L'autocar longe la mer depuis un moment déjà. La presqu'île s'étire : elle aussi a tout son temps, ce matin. Les nuages, la mer et la plage confondent leurs gris, dans une aube paresseuse. Annie descend en bout de parcours un peu avant 8 heures du matin. Elle est la seule passagère. Le chauffeur annonce quand même à la cantonade :

— Caillebot-Blainville !... Caillebot-Blainville, deux minutes d'arrêt !

Il descend pour extraire la valise de la soute à bagages sur le flanc bleu et blanc du véhicule.

— Hé bé, ma petite dame ! C'est du lourd !

Annie a emporté le roman norvégien qu'elle avait commencé à traduire pour Flammarion, ses notes de lectures et ses gros dictionnaires. Ça ne servira peut-être à rien, on verra bien. Le chauffeur glisse, l'air confidentiel :

— Si vous voulez, je peux vous indiquer le meilleur hôtel ?

— Non, merci. Je sais où je vais.

Elle sait : elle va vers ce qui sera sa dernière adresse.

Un coup de vent chargé de l'odeur des algues balaie la place presque déserte. Déjà, l'autocar opère un tour complet du rond-point central, vide de fleurs en cette saison. Fin de ligne pour le chauffeur aussi. La différence, c'est que lui peut repartir...

Annie remonte le large col de son caban. En allant contre le vent, elle trouvera son chemin.

L'hôtel Neptune est juste en bordure de la promenade du Nord, près de la jetée. Une grande bâtisse blanche, aux encorbellements de fenêtres à angles vifs, dans un style parfaitement 1930.

Le café-bar, au rez-de-chaussée, compte déjà deux clients. Des gars du pays, bottes de caoutchouc, vareuse de toile bleue et ciré jaune. Le teint avivé par le calva du matin.

La patronne regarde la valise, et diagnostique aussitôt en son for intérieur :

— Chagrin d'amour, ça !

Elle décroche une clef au tableau :

— Chambre 7. Vous resterez longtemps ?

— Je ne sais pas. Mais je voudrais la 14. C'est important pour moi.

— Ah tiens ? Vous voulez la plus grande ? Vous attendez quelqu'un ? Faut me prévenir, vu qu'à deux, c'est pas le même prix. À cause des linges et de la taxe de séjour, comprenez ?

— Je n'attends personne.

— Je me disais aussi… Bon. Je vais vous la faire préparer quand même. Avec des linges pour une personne, donc… Mais elle est pas faite, faudra compter une bonne heure. Je vous sers quelque chose en attendant ?

Annie s'est installée à la bonne table, près de la grande baie vitrée. C'est marée montante, et, en son honneur, la Manche soulève de hautes vagues d'un gris plombé, frangées de crème chantilly. Des bourrasques enlèvent par à-coups, sur les crêtes, de longues écharpes d'embruns et des grappes de mouettes rouspéteuses.

Annie essaie d'imaginer à quoi ressemblera sa dernière vague à elle. La dernière qu'elle verra le jour où elle décidera de…

« Oui. C'est moi qui déciderai. C'est formidable de savoir ça. Je peux prendre tout mon temps, mais je ne laisserai pas la maladie m'avoir. C'est moi qui déciderai. »

C'est nouveau cette sensation. Annie a si peu décidé, dans sa vie.

« Toujours comme un brin de paille sur l'eau : marée montante, marée descendante, je vais, je reviens… Bien sûr, je n'ai jamais coulé. Mais je n'ai jamais accosté nulle part… »

— Votre chambre, madame… Elle est prête !

Une gamine qui ressemble à Miou-Miou jeune, cheveux raides et petit visage maussade, lui soulève d'autorité son bagage. Elle trotte à petits pas, l'épaule tirée à la hauteur de l'oreille à cause du poids de la valise. Elle est fagotée dans une jupe noire serrée aux genoux, qui poche aux fesses, un pull angora turquoise avec un décolleté en V dans le dos, des ballerines à semelles plates.

« C'est drôle, pense Annie. À son âge, je m'habillais déjà comme ça. Sauf que nous, on se crêpait les cheveux comme Brigitte Bardot. Qu'est-ce que j'ai pu me faire enguirlander par Maman ! »

C'est venu tout seul. Il y a longtemps qu'Annie n'a pas osé penser à sa mère. Parce qu'à chaque fois, la première image qui lui vient, c'est la dernière, justement, qu'elle a emportée de Blanche Rocher. Blanche et triste. Plus transparente et plus silencieuse que jamais, les doigts croisés sur sa poitrine immobile, définitivement inatteignable. Définitivement à l'abri de ce qu'Annie aurait aimé lui dire en face.

— Madame, c'est ici !

Annie s'aperçoit qu'elle est restée plantée en haut de l'escalier. Un peu essoufflée. Au bout du couloir, la gamine se tient dans un rectangle de lumière :

— La 14, madame. On l'a ouverte exprès pour vous ! C'est moi qui l'ai faite ! Et à fond, comme en pleine saison !

Annie lui pose un billet dans la paume. La petite est éblouie : après son petit numéro « service VIP », elle attendait une grosse pièce, à tout casser.

Porte refermée, Annie fait le tour de la chambre, comme un chat qui marque son territoire en frôlant chaque meuble, chaque objet. Son territoire… Son ultime territoire.

Chambre 14, l'armoire vernie, la table du petit déjeuner couverte d'une plaque de verre sous laquelle on a glissé, pour faire de la réclame, la carte de visite du salon de coiffure.

C'est là que toute sa vie a commencé… Toute sa vie de femme. Chambre 14, hôtel Neptune avec Daniel, le père de sa fille, son premier véritable amour. Ou ce qu'elle a continué d'appeler ainsi depuis vingt-cinq ans, dans l'illusion qu'elle avait besoin d'entretenir. Il fallait bien pouvoir se raconter, au moins, qu'elle avait été amoureuse, même si maintenant elle sait qu'elle n'a jamais su aimer, ce qui s'appelle aimer…

Vingt-cinq ans seulement ! Ça paraît des siècles.

C'est dans cette armoire que Daniel et Annie ont rangé leurs habits en prenant leur temps, comme un vieux couple, pour ne pas avoir l'air pressés... En se demandant si l'autre ressentait aussi ce creux bizarre, cette impression d'ascenseur qui descend trop vite... C'est sur ce balcon étroit qu'il l'a emmenée pour regarder la mer, en lui mettant sa veste sur les épaules. Après, c'est elle qui est allée la première vers ce lit.

Vingt-cinq ans déjà. Ça semble tout près.

À Pierre, elle avait promis :

— Je t'emmènerai un jour, hôtel Neptune, chambre 14. Et je te dirai un secret. Je te dirai pourquoi elle compte pour moi. Ce sera l'hiver et nous regarderons la mer grise.

Elle l'avait promis. Comme elle s'était promis tant de choses. Plus le temps, maintenant. Dommage.

Depuis le lit, on voit la mer, quand la porte-fenêtre est ouverte.

— Je la laisserai ouverte, pense Annie. Et je verrai arriver ma dernière vague. Bientôt.

Elle défait sa valise, sort de la trousse de toilette les trois tubes de phénobarbital. Ils étaient dans la pharmacie de sa mère. Blanche ne dormait presque plus, depuis des années. Annie avait tout jeté, sauf ces trois tubes. Elle n'avait jamais vraiment su pourquoi. Mais son corps, lui, devait déjà savoir... Sans vraiment les regarder, elle glisse les barbituriques dans le tiroir de la table de nuit.

Chambre 14, le sommier bruyant. Le couvre-lit est en Tergal vert, aujourd'hui. Il était en satin bleu, lorsqu'elle s'y était allongée, en tendant les bras vers Daniel, pour la première fois de sa vie de femme.

Bientôt la boucle sera bouclée.

Annie est descendue faire un tour sur la plage, mais il y faisait trop froid. Elle est revenue à l'abri de la grande baie de l'hôtel et se chauffe les mains autour d'une grosse tasse de café.

— Ça fait quatre-vingt-douze ans que je viens ici !

Une voix, juste dans le dos d'Annie. Oui, ce doit être une voix, mais ça crisse comme du verre pilé. C'est presque pénible à entendre, mais c'est une voix, puisque ça vient d'articuler une phrase :

— Hé oui : quatre-vingt-douze ans !

Annie se détourne de la vitre et son regard rencontre un visage incroyablement chiffonné :

— Oui, c'est à vous que je parle, mademoiselle ! J'ai cent *une* ans ! Oui, oui : cent *une* ans !

Le personnage assis à la table derrière Annie fait penser à un sarment de vigne torturé par les saisons. Ses mains, l'une par-dessus l'autre, s'appuient sans trembler sur une canne et chaque articulation fait comme un nœud dans un bois très ancien. Sa tête ressemble à une de ces boules d'ivoire où un artisan chinois aurait tracé à l'aiguille dix mille sillons serrés. Il porte costume sombre, chemise blanche et cravate, mais, son col dix fois trop large flotte autour d'un cou d'échassier déplumé.

— Cent *une* ans, mademoiselle. La première fois que je suis venu ici, c'était avec ma nurse, en 1912, et je m'en souviens très bien. J'étais un petit bonhomme très obéissant… Ce qui m'amuse, c'est que me revoilà avec ma nurse, hé oui ! Vous voyez la grosse dame en noir qui tricote là-bas ? C'est ma nounou. Pas la même, elle est morte depuis bien longtemps, mais celle-là, c'est ma nounou d'aujourd'hui ! Une sale vache, qui ne me passe aucun caprice !

L'impensable vieillard laisse fuser un rire de crécelle :

— Mais aujourd'hui, je ne suis plus obéissant du tout !

Il s'interrompt, peut-être fatigué par une aussi longue phrase :

— Quand j'étais enfant, il n'y avait rien de bâti, sur le front de mer. L'hôtel n'existait pas, bien entendu. La promenade du Nord portait déjà ce nom, mais n'était pas goudronnée… Il faut me dire, mademoiselle, si je vous ennuie ?

— Non non, pas du tout…

— Alors, parlez-moi un peu, bon sang ! Parce que je sais que vous n'êtes pas muette : j'ai entendu votre voix lorsque vous avez passé votre commande…

— Je suis juste saisie par votre... votre âge, pardonnez-moi ! Ça me paraît tellement incroyable !

— Et à moi, donc ! Chaque jour, je dois me convaincre que c'est vrai : je trouve cela fantastique, surtout d'avoir toujours bien ma tête sur les épaules. Parce que je ne suis pas gâteux du tout, croyez-moi !

Annie et le bonhomme rient ensemble. Dans les premières minutes, ce qui gêne un peu Annie, ce sont les yeux, perpétuellement humides, soulignés d'un rouge trop vif au bord de la paupière. Les pupilles sont presque décolorées. Mais au bout d'un moment, on n'y prête plus attention.

— Je m'appelle Dolbois. Dolbois Eugène (il prononce Ugène, comme dans les films des débuts du parlant). Et vous ?

— Annie. Annie Rocher !

— Ah ! Que voilà un nom bien solide ! Oserais-je vous demander votre âge, Annie Rocher ?

— Moi ? Quarante...

Elle se prend à hésiter... Mais tu dérailles, ma fille ! Tu ne vas pas te mettre à jouer les coquettes devant ce rescapé du Jurassic Park ?

—... Quarante-trois ans !

Eugène Dolbois tient une conversation d'une vivacité saisissante pour un homme de cet âge. À midi pile, on annonce que le repas est servi. Il se lève, sans aide :

— Mademoiselle Annie, je ne vous demande pas de partager ma table : figurez-vous qu'il m'arrive parfois de commettre des... maladresses, au cours d'un repas. Ce n'est jamais agréable pour mes vis-à-vis. Pour moi non plus, d'ailleurs... Mais vers 16 heures, lorsque j'aurai fini ma sieste, nous pourrions reprendre notre conversation ? Si le cœur vous en dit autant qu'à moi, cela va de soi...

Annie est frappée par le naturel parfait avec lequel cet homme parle des défaillances de son corps et par l'espèce de panache avec lequel il s'en accommode.

« C'est drôle... Je me suis toujours sentie mal avec moi... Même avant de savoir que je suis malade... Tandis que ce bonhomme… Cent *une* ans… J'aimerais avoir un jour son aisance ! »

Qu'est-ce qui vient de se passer ? Elle sait exactement pourquoi elle est venue dans cet hôtel du bout du monde, du bout de sa vie… Elle sait qu'elle est parvenue à sa dernière adresse et… voilà qu'elle formule un souhait… d'avenir !

Annie se moque de ses propres réactions : elle hésite quand un vieux dinosaure délabré, de « cent *une* ans », comme il dit, avec des paupières larmoyantes, lui demande son âge… Et maintenant, elle se surprend à dire cette banalité que nous prononçons avec un bel automatisme, à chaque fois que nous voyons un vieillard encore en forme : « J'aimerais avoir son aisance, quand j'aurai son âge ! » Marrant, non, l'instinct de l'avenir ?

« T'es vraiment nulle de chez nul, ma fille : l'avenir, il n'y en a plus ! Hôtel Neptune, terminus, tu descends ! C'est ta dernière adresse et, par la fenêtre, tu vas bientôt voir ta dernière vague ! Elle se rapproche, la dernière vague ! Tiens : elle est peut-être déjà en train de se soulever doucement, quelque part du côté de Guernesey ! »

À 16 heures précises, Eugène Dolbois était là. Annie ne rentre de la plage, frigorifiée, qu'un quart d'heure plus tard.

— Oh, vous m'attendiez ? Je suis navrée, monsieur Dolbois !

— Mais non, vous ne l'êtes pas, voyons ! Manquerait plus que ça ! Et vous êtes une femme qui mérite que l'on attende beaucoup plus d'un quart d'heure !

— Monsieur Dolbois ! Seriez-vous en train de me faire la cour ?

— Mais je serais un goujat si je ne le faisais pas !

Éclat de rire en crécelle. On commande du thé. Deux heures plus tard, Annie sait un tas de choses sur Eugène :

— Jusqu'à quatre-vingt-quatorze ans, j'ai fait moi-même mes légumes dans mon potager… Ce qui me manque le plus, ce sont les livres… Mes yeux ne voient plus les petites choses.

Et cette nurse lit tellement mal… Je n'ai plus d'argent, vous savez ! Plus du tout ! Mais je m'en fiche : j'ai tout ce qu'il faut, y compris mes petites vacances ici. Elles me sont payées par ma commune ! La municipalité me chouchoute. Pensez : le centenaire qu'on gâte, c'est un bon argument électoral. Le maire en place espère me trimballer jusqu'au bureau de vote. Mais entre nous, Annie : je profite aussi des largesses de l'opposition ! Je les ferai tous lanterner jusqu'à l'isoloir ! Et je mettrai un bulletin blanc !

Annie essaie de prendre le relais, de temps en temps, pour permettre à Dolbois de souffler un peu. Mais elle ne sait pas quoi raconter sur elle. Elle n'aurait que des ratages à ressasser, des déceptions.

— Vous ne dites pas grand-chose, Annie… Puis-je vous livrer mon impression sur vous ? Mon âge me le permet, et vous me direz si je me trompe… J'ai le sentiment que vous n'allez pas bien du tout.

— Moi ? Si, si, ça va… Juste un peu fatiguée…

Le soir, Annie essaie de se mettre à sa traduction. Mais le cœur n'y est pas et les boules de papier froissé s'accumulent dans la corbeille.

Le lendemain, c'est à l'heure du thé qu'elle retrouve Eugène Dolbois près de la baie vitrée. Il pleut, on ne voit presque pas la mer. D'emblée, le vieillard pose sa main toute sèche et noueuse sur celle d'Annie qui ne peut retenir un frisson :

— Pardonnez-moi, Annie, si j'ai été indiscret hier… Mais je vais l'être bien plus aujourd'hui ! Je vous demande carrément : qu'est-ce qui ne va pas ?

Annie ouvre la bouche pour protester que tout va bien, mais il se produit à cette seconde quelque chose qu'elle est incapable de contrôler. Est-ce le contact inattendu de cette très vieille main ? L'effort qu'elle fait sur elle-même depuis des jours ? Mais soudain, il lui apparaît tout à fait inutile de dissimuler. Comme si, avec ce personnage presqu'en dehors de la réalité, elle se trouvait d'un coup dans un lieu hors du temps et des convenances :

— Vous avez raison, monsieur Dolbois. Je ne vais pas bien. Rien ne tourne rond dans ma vie. Cela a commencé avec ma mère, à qui je n'ai jamais pu dire les choses importantes. Après, il y a eu un homme, le père de ma fille… C'est avec lui que je suis venue ici, voici vingt-cinq ans. Je n'ai pas su le garder… Et puis, mon mari. Avec lui, j'ai essayé de parler. Mais ce bel escroc, c'était le roi des pirouettes : trois petits tours, il riait, hop, il n'était plus là… Et un jour, hop, hop, il a disparu tout de bon. Ma fille… J'ai cru que j'allais me retrouver un peu dans son regard, mais je n'ai jamais connu quelqu'un d'aussi différent de moi… Maintenant, elle habite en Californie. Juste avant son départ, on s'est disputées. Elle m'a écrit qu'elle ne m'en voulait pas, mais depuis ses lettres sont vides, superficielles, creuses… Je n'ai même pas su qu'elle était enceinte. J'ai reçu le faire-part avec la photo de ma petite-fille six semaines après la naissance, comme une étrangère… Je suis une étrangère. Vous comprenez, monsieur Dolbois ?

Le vieillard semble dormir. Les mains appuyées sur sa canne, il a fermé les yeux.

— Vous me demandez si je vous comprends, ma petite Annie… Est-ce que cela veut dire que vous me demandez si je vous plains ? Si c'est le cas, vous allez être déçue ! Non, je ne vais pas vous plaindre. Je vais vous dire deux ou trois choses sur moi, vous en ferez ce que vous voudrez… Nous abordons un nouveau millénaire, n'est-ce pas ? Eh bien, ma fiancée, la jeune fille que j'aimais, a été raflée et emmenée au Vélodrome d'hiver de Paris le 17 juillet 1942, déportée. Elle est morte à Buchenwald en 1943. Elle se nommait Sarah Goldberg. Dites-vous que, depuis, je vis sans elle. Chaque journée, depuis le 17 juillet 1942, est une journée sans elle. Et nous n'avions rien pu partager d'autre qu'un effleurement de nos mains… Comme j'ai touché la vôtre, tout à l'heure ! Ces gens que vous aimez, votre mère, ces hommes, votre fille… Vous, vous avez eu des journées, des nuits avec eux… Vous les avez tenus dans vos bras ? Essayez de retrouver cette sensation, vous verrez que ce ne sont pas eux, les étrangers… C'est vous, Annie, qui vous êtes laissée devenir étrangère à des moments, à des souvenirs qui vous appartiennent… Vous savez, durant le siècle dernier, j'ai été marié, moi aussi. Ma femme connaissait l'histoire de Sarah, de sa disparition dans le néant de la Shoah. Elle savait que je chérirais indéfectiblement cette ombre. Pourtant, elle m'a demandé de l'épouser. Nous sommes restés un vrai couple pendant quarante ans. Nous n'avons pas pu avoir d'enfants. Votre fille, votre petite fille, elles existent ! Vous avez quarante-trois ans ? La Californie, ce n'est pas le bout du monde ! Moi, si on m'offrait le voyage, et qu'on m'emballe soigneusement pour que j'arrive entier… j'y partirais demain, en Californie ! Débarquez là-bas en souriant ! Votre fille et sa petiote ne verront que votre sourire ! Les autres ne voient que ce que vous voulez bien qu'ils voient ! Par exemple, avez-vous remarqué que je ne peux presque pas me servir de mon bras gauche ?

— Non, pas du tout !

— Eh bien, ça date de 1937. Accident de polo. J'étais en équipe nationale. Depuis 1937, je n'ai jamais pu depuis déplier totalement ce sacré bras. Ça ne m'a pas empêché de faire valser des dames, ni de bêcher mon jardin. Question d'entraînement, Annie. Entraînez-vous à sourire !

Alors Annie craque totalement :

— Mais je vais mourir, monsieur Dolbois ! Mourir, vous entendez !

Le vieillard laisse un long silence s'établir entre eux… Puis il reprend doucement :

— Et moi, ma petite Annie… Vous me croyez éternel ? À chaque instant, depuis trente années qu'on me classe parmi les vieux, depuis trente années, je peux me dire que c'est ma dernière heure ! Mais peut-être pas ? Et si j'avais droit à une heure de plus, hein ? Une heure de plus, Annie, juste une petite heure de plus pour parler avec vous, boire du thé, sentir votre parfum… Cette petite heure, je la volerais au bon Dieu, si je pouvais. Et comme je ne peux pas, je la demande. Et s'il me l'accorde, je la prends et je dis merci. Oui, merci pour une heure, Annie…

Elle pleure, maintenant. Sans être vraiment triste. Avec étonnement, plutôt : d'où vient ce torrent, cette réserve de larmes qui semble intarissable ?

— Une question, que j'ai envie de vous poser, Annie : si vous pouviez vivre encore, seriez-vous capable de le faire sans vous demander « combien de temps » ? Sauriez-vous remercier d'avoir pu respirer assez longtemps pour entreprendre une chose, et non pas pour l'avoir réussie ?

— Qu'est-ce que vous essayez de me dire ?

— De vous faire dire, ma chère enfant.

— Je ne comprends pas, monsieur Dolbois ! Je ne comprends plus rien !

— C'est un bon début… Essayez de ne pas comprendre, pour une fois : contentez-vous de laisser les réponses vous traverser. La nuit prochaine, par exemple… Maintenant, avec votre permission…

Il cogne à petits coups le carrelage. La grosse dame qui tricote à l'autre bout de la salle accourt en se dandinant. Eugène est déjà debout. Tout en s'adressant à lui, la nounou darde vers Annie un regard de reproche.

— Eh bien, qu'est-ce qui nous arrive, monsieur Dolbois ? Voyons, voyons… Vous savez bien que vous ne devez pas parler si longtemps d'affilée ! Résultat : vous voilà épuisé, bien sûr !

— Mais cessez-donc de me débiter vos âneries, Lucienne ! J'ai juste besoin de pisser, après tout ce thé ! Au lieu de bavasser, aidez-moi plutôt à regagner ma chambre. Et tiens… Une fois que j'y serai, demandez que la petite serveuse me porte une collation, vers 19 heures.

— Je vous la monterai…

— J'ai dit « la petite », bon sang de bois ! Elle est tout de même plus agréable à regarder que vous, ma pauvre Lucienne ! Allez : bougez-vous !

Il lance un clin d'œil vers Annie et chuchote :

— Il est vrai que je suis un peu las... Mais quand on commence à se laisser régenter, on ne tarde pas à finir esclave... Allez, Annie Rocher : à demain matin, autour d'une tartine... Si nous sommes encore de ce monde !

Annie dîne seule dans la salle vide. Sans appétit. Les mots bizarres de son... (elle allait penser « ami », mais non : Eugène Dolbois n'est pas son ami !)... Ses mots bizarres reviennent faire le manège, sans répit.

Sauriez-vous remercier d'avoir pu respirer assez longtemps pour entreprendre une chose, et non pas pour l'avoir réussie ?

Est-ce que le vieillard ne serait pas un tantinet... gâteux, malgré ses dénégations ?

Essayez de ne pas comprendre, pour une fois : contentez-vous de laisser les réponses vous traverser. La nuit prochaine, par exemple...

La nuit, elle sera pénible. Pire que cela.

Devant les feuillets norvégiens dont la traduction n'avance pas d'une ligne, Annie est soudain pliée en deux, puis écartelée en arrière : un harpon lui entre par le bas-ventre, lui traverse les tripes et tente de ressortir entre ses omoplates.

Elle avait connu, auparavant, des alertes douloureuses, qui l'avaient amenée à consulter. Mais rien, jamais, qui ressemble à cette intolérable déchirure de chacune de ses fibres. Le sadique qui manipule le harpon le retire, le replonge, le fait tourner...

En tombant sur le plancher, Annie espère que le bruit va alerter quelqu'un. Elle est incapable d'émettre le moindre son. Mais le rez-de-chaussée est désert, à cette heure. La solution n'est pas loin : dans le tiroir de la table de nuit. Il suffit de ramper jusque...

Annie perd connaissance avant d'avoir traversé la moitié de la descente de lit.

Elle se réveille à 8 heures 10, allongée par terre. Dans une forme olympique. Reposée. Elle n'a même pas senti le froid de l'aube. Elle saute sur ses pieds comme un jeune chat qui bondirait de sa corbeille. Elle s'étire. Elle sourit. Elle possède une réponse. Au moins une.

Après la douche piquante et glacée, elle descend, passe un coup de téléphone depuis la réception et va rejoindre Eugène Dolbois. Il l'attend derrière une montagne de tartines grillées, un pot de beurre salé, un saladier de confiture de fraises et un litre de café brûlant.

— J'espère que vous appréciez ma confiance : je consens, ma chère petite, à prendre ce petit déjeuner en vis-à-vis ! Mais c'est parce qu'il sera notre premier… et notre dernier. N'est-ce pas ?

Est-ce qu'il sait déjà ? Oui, c'est certain. Comment le sait-il ? Peu importe. Tiens : voilà que, ce matin, elle ressent un vrai plaisir à ne pas comprendre. Ils dégustent leur pain-beurre-confiote en silence, sirotent leur café en se regardant par-dessus le bol.

Puis ils vont avoir une longue, une bien longue conversation. Une conversation dont Annie ne se rappellera tous les détails que bien longtemps après. Mais qui lui apporte, sur l'instant, une confirmation : le bonhomme Eugène est VRAIMENT dingo. Mais qu'est-ce que ça fait du bien dans la tête et dans le cœur, de connaître un fou comme celui-là !

Elle lui demande la permission de l'embrasser. Pour un peu, il en rougirait ? Il en rougit, d'ailleurs. Elle pose ses lèvres sur le parchemin des joues, dans les sillons où dégoulinent deux larmes discrètes.

— La cataracte, ma chère. Pardonnez-moi. Filez, maintenant.

Annie règle sa note, demande à la petite servante en pull angora de jeter toutes ses affaires en vrac dans ses bagages et de les descendre.

— En vrac ? Oh, non madame : je vais faire comme pour moi ! dit la gamine, en enfouissant la poignée de billets dans son soutien-gorge avant que la patronne ne les voie.

Ensuite, tout s'est passé, pour la première fois, comme dans un de ces films bêtement sentimentaux pour dimanche de rhume. Annie a eu l'impression que Sandra Bullock jouait son rôle, et elle a adoré cela.

Elle a marché longtemps, s'amusant à perdre l'équilibre à force de regarder les vagues. Elle a relevé le grand col de son caban bleu sur ses oreilles gelées par le vent.

Elle a marché jusqu'à sentir ses lèvres engourdies et ses doigts mordus par l'onglée.

Et puis, il y a eu cette forme qui fonçait vers elle, sur la plage, la voiture qui freinait en amorçant un tête-à-queue dans une gerbe de sable mouillé.

Pierre est descendu, sans refermer la portière, il a marché à sa rencontre. Il avait les joues bleues de barbe, et les yeux fatigués par toute cette route de brouillard. Et, dans ses mains qui entouraient le visage d'Annie... il y avait toute la douceur d'une première fois.

Pierre était rentré de voyage deux jours plus tard que prévu. Ses collègues l'avaient emmené droit vers l'université, pour qu'il y donne ses cours. Lorsque Annie lui a téléphoné depuis le Neptune, il n'était pas encore passé chez elle. Il n'a jamais trouvé la lettre épinglée sur la porte. Au moment de monter dans la voiture, elle a tenu à lui dire, les yeux dans les yeux :

— Il faut que tu saches, avant de décider de m'emmener dans ta vie : j'ai un cancer. Je vais peut-être mourir. Mais peut-être pas. Je crois bien, aussi, que je ne t'aime pas. Ou que je ne sais pas encore. Mais j'aime la manière dont tu m'aimes, et j'en ai besoin. Pour le reste, j'apprendrai. Tant que je serai de ce monde...

Pierre n'a pas compris, mais il était amoureux, il s'est dit qu'il avait le temps de comprendre. Pourvu qu'elle l'ait aussi.

Annie n'a pas subi son opération, elle l'a *demandée*. De toute sa volonté.

Elle a fini la traduction de son livre pendant le traitement qui a suivi, long et pénible, puis sa convalescence.

La rééducation fut aussi un parcours du combattant : pendant toutes ces épreuves, elle avait perdu sa voix. Ou tout du moins, il ne lui en restait qu'une bribe, un souffle pénible. Et cette voix, elle tenait à la retrouver, avec l'intonation ensoleillée qui était sa vraie personnalité. Parce qu'elle voulait que sa fille et sa petite-fille l'entendent telle qu'elle se sentait vraiment du fond de son cœur... lorsqu'elle arriverait en Californie.

Depuis, elle lutte, durement, difficilement.

Elle replonge, elle souffre, elle retourne vers des couloirs blancs, des odeurs de produits chimiques... Elle s'allonge souvent sur des tables revêtues de moleskine verte et de papier jetable, dans le bourdonnement des machines, mais elle ne lâchera pas.

Parce qu'elle est vivante, qu'elle aime un homme et que c'est comme ça, un miracle.

Ah oui : vous trouvez sûrement cette histoire touchante, mais il se peut que vous vous demandiez ce qu'elle contenait d'impossible ?

Pour votre information, seriez-vous intéressé de connaître le contenu de la longue, fort longue conversation entre Annie et Eugène Dolbois, après leur premier et dernier petit déjeuner ? Voici ses paroles, telles qu'Annie Rocher nous les a rapportées.

Attablé derrière la montagne de tartines grillées, Eugène a vu arriver la jeune femme, le pas vif.

— Vous voilà rayonnante, ma chère... Je m'en réjouis. Mais nous savons, vous et moi, que cela ne durera pas autant que les contributions... Allons, ne perdons pas un temps précieux à nous cacher derrière notre petit doigt ! Je dois donc vous avouer que je me suis quelque peu... mêlé de ce qui n'est pas censé me regarder. Mais j'ai estimé que, précisément, cela me concerne.

Figurez-vous que, la nuit dernière, je n'étais pas tranquille. Je sentais qu'une de mes vieilles connaissances rôdait par ici. Une vraie saloperie, si vous me passez l'expression, mais indispensable à la marche du monde. Pour faire simple, appelons-la : la Mort, voulez-vous ?

Je parle d'une « vieille connaissance », car j'ai, avec elle, un lourd contentieux. Vous avez entendu parler des ravages de la grippe espagnole, en 1918 ? Je l'ai attrapée, j'étais un mouflet chétif, j'aurais dû y rester. J'ai vu passer la Mort. Pour de bon. Avec l'innocence d'un enfant. Je croyais que c'était une infirmière de l'hôpital, un peu plus grande et un peu plus laide que la moyenne... Elle a emporté nombre de mes petits contemporains, bien plus costauds. Elle est passée près de moi sans même s'arrêter à mon chevet. Je lui en ai voulu, de ne pas s'occuper de moi.

Eugène semble se délecter de l'ébahissement de son interlocutrice. Il continue, légèrement cabotin :

— Connaissez-vous une bourgade du nom charmant de Pomponne, non loin de Paris ? Le 23 décembre 1933, je me trouvais à bord d'un train composé essentiellement de vieux wagons de bois. Je me souviens qu'il était bondé d'ouvriers qui rentraient chez eux pour Noël. L'express qui nous a percutés roulait à 120... Quand je me suis relevé, j'avais la cuisse traversée par une longue écharde. Ça ne saignait presque pas. Mais sur la voie, au-delà des wagons émiettés, j'ai vu la Mort s'éloigner en traînant derrière elle les âmes de deux cent trente pauvres bougres. Je n'en jurerais pas, mais je crois bien qu'elle m'a adressé un signe de main amusé...

Maintenant, ça devient carrément surréaliste. Aussi Annie choisit-elle de se laisser porter par cette sorte de délire verbal.

— Le 17 juillet 1942, je me trouvais chez les parents de Sarah, ma fiancée. J'avais passé mon plus beau costume et mes gants beurre frais. J'effectuais, selon le protocole, ma demande en mariage. La police parisienne est entrée et, avec discipline et efficacité, elle a procédé à l'interpellation de tous les habitants du lieu, ainsi que l'avaient ordonné ces messieurs du

Reich… Moi, j'ai bénéficié de la clémence de nos gardiens de l'ordre : ils m'ont laissé en tas sur le trottoir de la rue des Rosiers, gratifié d'une salutaire dégelée de godillots à clous dans les côtes. Pour m'apprendre à « fricoter avec des youpins ». Sarah et toute sa famille ont été emmenés au Vel' d'hiv', puis déportés. En 1943, j'étais toujours sans nouvelles des Goldberg. Ils étaient « partis vers l'Est », disait-on hypocritement, pour ne pas savoir ce que l'on commençait à savoir.

Un soir, je me suis accoudé au balcon. Six étages plus bas, j'avise une silhouette en manteau qui traîne bien au-delà de l'heure du couvre-feu. En passant, elle lève sa face vers moi. Vous devinez qui elle était ?

Ce n'est qu'à la Libération que les troupes américaines ont révélé officiellement l'existence d'endroits dénommés « camps de la mort ». Ma vieille connaissance avait donc ouvert ses succursales ? Quand les premières comptabilités de cette abomination ont été publiées, j'ai pu calculer que les Goldberg avaient dû être gazés à Buchenwald dans la période où la silhouette en manteau était passée sous mon balcon. Ce même soir, allez savoir ?

Un naufrage en baie de Somme, en juillet 1950. Deux navigateurs expérimentés coincés sous la coque. Noyés. Un novice repêché par des estivants, ranimé au bouche à bouche. Cette fois-là, Eugène l'affirme, il a flotté entre deux eaux et, lorsqu'il s'est senti attiré vers le fond vaseux par un tourbillon, c'est une forme ondulante comme une draperie qui l'a enveloppé et remonté vers la surface.

— Pourquoi la Mort sauverait-elle des vies, allez-vous me demander, Annie ? Pourquoi pas, si elle ne voulait décidément pas de quelqu'un ? Ou si la fantaisie lui prenait de s'amuser avec un vivant ? Pourquoi avec moi ? Là je n'ai aucune hypothèse. Mais elle a remis ça !

La voix fêlée d'Eugène se casse à l'évocation de l'accident qui a coûté la vie à sa femme, Lise.

— Quarante ans de mariage, noces d'émeraude. Nous partions vers le pays des émeraudes, la Birmanie. Sur la route de l'aéroport, un routier ivre a trouvé que notre taxi roulait trop lentement. Il voulu à tout prix doubler. Il a fauché six voitures, en plus de la nôtre. Notre chauffeur a été tué sur le coup. J'ai été éjecté. Mais je suis resté conscient. J'ai eu le temps de sortir Lise de la carcasse. Elle est morte dans mes bras. Mais son dernier regard n'a pas été pour moi : elle regardait quelque chose, ou quelqu'un, par-dessus mon épaule. Il n'y avait personne, derrière moi.

Eugène Dolbois, maintenant, ne se soucie même plus des éventuelles réactions de la jeune femme. Pour lui, tout ce qu'il vient de raconter, à la table du petit déjeuner, est une réalité absolue. Avec le naturel du quotidien, il revient à la nuit précédente.

— Vous ne m'aviez pas menti. « Elle » vous cherchait bel et bien, Annie Rocher. J'ai trouvé cela parfaitement injuste et révoltant : elle allait à nouveau s'en prendre à quelqu'un qui n'avait pas les moyens de lui tenir la dragée haute ! Alors, cette fois, j'ai décidé de ne pas lui laisser l'initiative. J'ai passé ma robe de chambre et, quand « Elle » a pointé son vilain museau, je me suis campé au milieu du couloir. J'ai mis ma canne en travers j'ai indiqué la porte de ma chambre. Cette fois, j'avais des arguments.

Depuis ces rencontres manquées, il avait lu bien des ouvrages, à propos de sa vieille connaissance. Des philosophes, des farfelus, des religieux, des scientifiques, des poétiques, même. C'est l'un de ces auteurs, un poète, qui a développé une théorie intéressante :

— Face à la mort, écrivait-il, une vie est une vie, une âme en vaut une autre, à condition qu'elles soient « de la même couleur ». Je n'avais jamais bien saisi ce que cela pouvait signifier. Jusqu'à hier. Lorsque vous m'avez raconté vos peines, vos échecs, et aussi ce qui vous faisait aimer les gens. Je n'ai jamais fait exprès le mal, vous non plus. J'aime les gens comme vous les aimez. J'ai vu la couleur de nos âmes.

Le centenaire prétend avoir « négocié » un échange.

— J'ai assez vécu. Bien trop, même. J'estime que ma vie est un cadeau. Je peux, à mon tour, l'offrir à quelqu'un. À une âme de la même couleur que la mienne.

Dingo, le brave Eugène… Ce fut, rappelez-vous, l'affectueuse réaction d'Annie à ces élucubrations. Dingo, mais tellement précieux, dans un tel moment ! Elle l'avait embrassé, puis elle était allée sur la plage, se jouer enfin son film romantique.

Ensuite, il y avait eu le retour, la vie aux côtés de Pierre, commencée sur une série d'épreuves douloureuses, d'inquiétudes. Le moment de délire autour des tartines du Neptune n'était même plus un souvenir.

C'est après avoir eu un premier diagnostic optimiste sur ses chances de survie, après la rééducation de ses cordes vocales meurtries, que la jeune femme eut envie de recontacter le centenaire.

Elle essaya d'abord de téléphoner à l'hôtel. C'est la petite bonne qui a répondu :

— Oui, que je me souviens de vous, madame… La dame de la 14, avec la grosse valise pleine de dictionnaires !… Monsieur Eugène ? Ah non, pas depuis un bon bout de temps… Je crois bien qu'il est parti deux-trois jours après vous… Son adresse ? Ben… Je sais pas si j'ai vraiment le droit ? Mais je crois bien qu'il était un peu amoureux de vous. Si, si… Alors, je vais vous dénicher ça dans le registre !

Elle a même fourni le numéro de téléphone. L'ennui, c'est que ce numéro sonnait dans le vide, jour après jour, à toute heure. Annie s'adressa donc à la mairie : Eugène lui avait bien raconté comment les édiles le couvaient, pour en faire une mascotte électorale.

Effectivement, le maire a pu répondre précisément :

— Monsieur Dolbois ? Hélas, madame, il nous a quittés. Brusquement. En pleine forme, si j'ose dire. Nous n'avions remarqué aucune faiblesse chez lui. Pourtant, il avait pris toutes ses dispositions, dès le retour de ses vacances de Noël.

Et donc, il s'en est allé paisiblement, en février dernier. Le 14 février, très exactement.

Le 14 février, Annie était en salle d'opération. Cinq heures sur la table. Elle se rappelle les paroles du chirurgien :

— Si vous voulez l'entière vérité, maintenant que c'est passé… À un moment, vous nous avez causé une belle frayeur : on vous a « perdue » pendant de longues minutes. Vous ne réagissiez pas aux manœuvres du réanimateur. Et puis vous êtes revenue. Revenue de très loin !

Le chirurgien compétent, en essuyant ses lunettes, a conclu par une plaisanterie. Un brin classique, mais qui produit toujours son petit effet :

— On jurerait, madame Rocher, que la Mort n'a pas voulu de vous !

9

Au nom du buzz

Vous avez peut-être en mémoire les images et la musique de ce film de Stanley Kubrick *Orange mécanique* ? Le formidable et inquiétant Malcolm McDowell y incarnait Alex DeLarge, un adolescent sociopathe, chef des *droogies*, une bande de camés hyperviolents et violeurs qui n'avaient aucune autre limite que leurs élans bestiaux. Dans un Londres futuriste en proie à la décadence absolue, ils tabassaient un SDF ou un couple de bourgeois en dansant et en chantant.

Le film est sorti en 1971, mais le roman d'Anthony Burgess, dont il est adapté, date de 1962. Dans ces époques reculées, de tels comportements relevaient évidemment d'une caricature sociale et de la science-fiction. JAMAIS cela ne pourrait se produire « en vrai » et dans notre Occident protégé par sa précieuse et ancienne civilisation…

Anthony Burgess avait imaginé un héros trouble et fascinant, car Alex DeLarge était posé comme un esthète cultivé, grand amoureux de musique classique… Or, ni Burgess ni Kubrick n'avaient imaginé l'avènement d'une valeur nouvelle : la stupidité.

Jusque-là, elle constituait, dans toutes les cultures, une tare, une honte. Plus un imbécile avait conscience de sa nullité, plus il avait tendance à se cacher.

Et voici qu'apparut Internet, ses réseaux sociaux et leur principal corolaire : LE BUZZ.

Avec le Buzz (et la majuscule est intentionnelle, tant cette rumeur médiatique tient lieu de divinité), les crétins sont sauvés ! Mieux : ils peuvent régner. Plus ils seront vus par des millions d'autres crétins, plus ils se sentiront légitimes. Admirables et admirés. Car d'autres crétins encore, un peu moins doués pour l'invention de la crétinerie, les suivront servilement, en troupeaux triomphants. Ces *copycats* de la bassesse s'attribueront ainsi, dans leur réseau social de crétins, une petite part de l'auréole sordide.

C'est ainsi qu'une histoire comme celle que voici était, hier encore, impossible... Et pourtant.

Madame Martha Hayek, de Philadelphie, en Pennsylvanie, était une femme que vous auriez sûrement enviée pour sa santé, sa jovialité, son esprit positif... Du moins jusqu'au mois d'avril de l'année dernière... Soit 2013. En revanche, nous sommes prêts à parier que, depuis, vous n'échangeriez probablement pas votre place contre la sienne...

Imaginez-vous que, à soixante-seize ans, Martha Hayek travaillait encore quatre jours par semaine. Et pas dans un petit boulot pour vieille dame qui trompe son ennui : elle emballait les emplettes des clients à la sortie des caisses d'un supermarché !

Elle récupérait les articles dès que la caissière les enregistrait. Elle les détournait vers un plan incliné en inox et, le temps que le client ait contrôlé l'addition, Martha avait réparti les denrées entre les emballages adéquats : des sacs en papier recyclable pour tout ce qui n'était pas humide, une caissette de carton pour les bouteilles et le sac isotherme consigné lorsqu'il s'agissait de produits surgelés. C'était le Lucky Luke de l'emballage, Martha ! Plus rapide que son ombre : lorsque le client avait sorti sa carte de crédit et tapé son code, les achats s'empilaient déjà dans le chariot ! Pas n'importe comment : les plus lourds dessous, les plus fragiles dessus... Martha, en bonne ménagère, savait comme il est rageant, rentré chez soi, d'ouvrir un paquet de biscuits émiettés par un pack de bière lancé à la va-vite dans le Caddie !

Souvent, Martha accompagnait « ses » clients jusque sur le parking. Par exemple, lorsqu'elle avait affaire à des personnes âgées ou handicapées dans leurs mouvements. Mais il lui arrivait aussi de donner un coup de main à des gens bien plus jeunes qu'elle : des mères de famille, tout à fait vaillantes, mais encombrées de marmots…

Elle aidait ses clients à enfourner leurs paquets dans le coffre. Puis elle reculait de deux pas en prenant bien soin d'éloigner le Caddie, pour qu'il se trouve hors de portée des pare-chocs du véhicule lorsqu'il ferait machine arrière. Et ensuite, elle attendait… Avec un sourire… Si les gens se contentaient de la remercier et se hâtaient de prendre place à bord, Martha conservait son sourire, agitait la main, et allait replacer le chariot dans la file, pour de nouveaux arrivants.

Mais lorsque le client faisait mine de glisser un pourboire, Martha l'acceptait sans rechigner, sans se sentir humiliée… Oui, elle était là aussi pour ça : pour gagner quelques sous. Le moindre dollar était le bienvenu. Car ce travail ingrat d'emballeuse à la caisse, c'était pour Martha Hayek le seul moyen de survivre à peu près dignement. Vous le comprendrez lorsque vous saurez comment cette bonne personne en était arrivée là.

Il n'est pas question, ici, de larmoyer sur le sort de Martha. D'ailleurs, elle-même ne s'y serait jamais autorisée… Mais la vérité, c'est bel et bien que Martha était une pauvre. Et une pauvre… honteuse de l'être.

Vous connaissez les USA, cette terre bénie de l'opulence, où l'on confectionne des parachutes en platine pour des traders sniffeurs de cocaïne qui sabotent leur travail ? Dans cet Eldorado du politiquement correct, à quelques pas de ces nantis, de leurs limousines et de leurs terrains de golf, des millions de personnes survivent aux limites de la misère. Et vous pouvez le croire… puisque la télévision vous l'a montré ! Parmi ces exclus de l'abondance, madame Martha Hayek trimait encore, à soixante-seize ans.

Pourtant, elle avait travaillé toute sa chienne de vie. Mais la majeure partie de ces années actives, elle l'avait consacrée à aider son mari, Max… Or, si Max Hayek avait été un brave homme d'entre les braves, il faut bien convenir qu'il n'avait pas démontré un sens aigu des affaires, ni de l'évolution économique.

Au début de leur mariage, Max, avec son caractère bourru, s'était fait renvoyer de deux ou trois emplois pour avoir, comme il le clamait haut et fort, « servi leurs quatre vérités » à des supérieurs bornés. Il n'était manifestement pas fait pour travailler au sein d'une grosse entreprise, sous la pression d'une hiérarchie pesante. Et c'est Martha, en épouse attentive, qui lui avait suggéré :

— Max, mon homme… Je sais que tu n'as pas de diplômes. Mais tu es doué pour le bricolage. Et cent fois plus inventif que ces petits chefs méprisants, qui croient tout savoir. Pourquoi tu ne monterais pas ta boîte, pour devenir ton propre patron ?

Max était râleur, mais manquait de confiance en lui. Seul, il n'aurait jamais trouvé l'énergie. Mais, dopé par l'admiration de sa femme, il osa se lancer. Moyennant quelques emprunts à la banque, il avait ouvert un atelier de réparation pour articles électroménagers. Et là, il s'était senti à son affaire.

Il aimait ces bonnes et solides productions des années soixante, fabriquées honnêtement, dans des matériaux résistants, par une industrie américaine fière de sa belle ouvrage. Il se vantait de pouvoir faire durer votre réfrigérateur, votre machine à laver ou votre téléviseur pendant au moins trente ans, pour peu que le fabricant produise toujours les pièces de rechange. Et même, lorsque les pièces originales étaient épuisées, il arrivait que Max Hayek les reproduise à l'identique avec son étau, ses bonnes vieilles limes, un coup d'œil et un tour de main de véritable artisan. Et il répétait son credo :

— Ces mécaniques-là, on en a pour une vie ! Et si on les entretient, on les léguera à nos enfants, neuves comme au premier jour !

Sympathique, comme philosophie, n'est-ce pas ? Sauf que Max Hayek avait trois décennies d'avance : aujourd'hui, ce langage de modération nous parle enfin, mais chez l'Oncle Sam, et dans les glorieuses années de la consommation forcenée… le « durable » n'était pas exactement le créneau en plein développement ! Une génération était arrivée, qui préférait racheter du neuf plutôt que réparer. Et le comble, c'est que les industriels eux-mêmes encourageaient ces comportements, pour permettre, pensaient-ils, à l'industrie d'exister.

Max Hayek avait là-dessus une opinion intéressante :

— Ces têtes creuses des écoles de commerce oublient juste un détail : ce que vous obtenez en claquant des doigts et que vous jetez facilement n'a plus de valeur, devient quantité négligeable. Ces imbéciles prétendent développer « le culte de l'objet » ? En fait, ils le dévalorisent : ils développent dans le subconscient des consommateurs un véritable mépris pour ce qui sort de leurs usines… Les producteurs dépensent des milliards de dollars pour creuser leur propre tombe… Ils sont déjà morts et ils ne s'en rendent même pas compte ! Vous verrez, disait encore Max… Vous verrez ! Et beaucoup plus vite que vous ne le pensez !

On a vu… On voit : aujourd'hui, les événements semblent lui donner raison… Et alors, direz-vous ? À quoi bon avoir raison *avant* tout le monde et *contre* tout le monde, si c'est pour tout rater ? Max maintenait *mordicus* sa position, et les objets à réparer se faisaient de plus en plus rares. Tous les trois ans, à peu près, le couple avait pris l'habitude de déménager vers des coins de plus en plus perdus de la banlieue de Philadelphie, de plus en plus éloignés du centre. Et à chaque fois leur nouvelle maison était un peu plus vétuste que la précédente. La dernière en date semblait, vue de loin, avoir été passée dans un grand jet d'eau de Javel, tant les planches de la façade étaient décolorées, laissant peler ici et là les différentes couches de peinture superposées au fil des années…

C'est dans cette baraque, il n'y a pas d'autres mots, que Martha continuait à vivre… Si on peut appeler ça une vie ! Car, au bout du compte, Max était mort en ayant raison, en râlant contre tous ceux qui avaient tort et en laissant sa veuve dans la… « cagade », si vous permettez l'expression ! Dans son entêtement à poursuivre un combat perdu d'avance, il n'avait même pas réalisé que, après lui, la discrète Martha resterait totalement démunie.

Au vu de ce triste bilan, vous vous demandez sûrement pourquoi nous avons affirmé, au début de cette histoire que, au moins jusqu'à l'an dernier, vous eussiez probablement envié Martha Hayek ? Qu'est-ce que vous auriez bien pu lui envier ? La déconfiture de son existence ? Son veuvage solitaire ? Sa relégation au fin fond de cette banlieue de Philadelphie, par-delà les échangeurs routiers ? Évidemment non. En revanche, Martha possédait ce que l'on pourrait souhaiter à chacun de nous : cette faculté de trouver la vie formidable, quoi qu'il arrive… Ce sourire venu du cœur, dont elle faisait profiter même les clients qui ne lui laissaient aucun pourboire… Et surtout, surtout, cette formidable santé qui lui permettait de continuer ce labeur ingrat à soixante-seize ans ! Emballeuse en sortie de caisse d'un supermarché de la banlieue de Philadelphie, après plus de cinquante ans de travail, et toujours persuadée que la vie était géniale ! Certains de ses collègues ou de ses voisins lui en faisaient parfois compliment. Martha répondait alors en rougissant :

— Je n'ai aucun mérite. C'est un cadeau du bon Dieu !

Pourtant, elle n'avait rien d'une grenouille de bénitier : elle n'allait à l'église qu'une fois par an, le soir de Noël. Mais elle cultivait au fond d'elle-même une foi toute simple, sincère et directe, comme toute chose dans sa vie.

— Oui, cette santé et cette énergie, l'amour pour tous les gens… C'est un cadeau du ciel, disait-elle… Je me demande ce que j'ai bien pu faire pour le mériter !

Et elle ajoutait avec une lumineuse sagesse :

— En tout cas, ce serait péché que de ne pas m'en servir !

Et elle s'en servait, Martha, pour aller accomplir son boulot, dans les courants d'air, à la sortie des caisses, quatre jours par semaine. Pourquoi quatre jours seulement ? Parce qu'en fait, cet argent lui suffisait à peine pour conserver sa moche maison. Mais à ce moment, le *Obama Care* n'était même pas en projet et, fait rare aux USA, cet énorme groupe commercial assurait à ses employés un semblant de couverture sociale. Pour cela, les quatre journées hebdomadaires constituaient un plancher. Alors pourquoi pas cinq, voire six jours, puisque la santé de Martha le lui permettait ? La veuve n'aurait pas rechigné, pour mettre un peu de beurre dans ses maigres épinards. Seulement, vous connaissez les distances en Amérique et, qui plus est, dans les banlieues des grandes villes ? C'est à une tout autre échelle que chez nous : le supermarché se situait à environ 30 kilomètres de la baraque aux peintures délavées !

Vous pensez bien : si Martha avait pu trouver plus près de chez elle, elle n'aurait pas hésité ! Mais, surtout depuis la crise, qui allait engager à plein temps une mamie de soixante-seize ans, fût-elle pétante de santé ? Martha tenait son poste depuis quinze ans, et elle était reconnaissante au chef du personnel de le lui avoir conservé… Dans la situation de madame Hayek, même les petits jobs mal payés, où l'essentiel du revenu provient des hypothétiques pourboires, ne courent pas les rues… Même à trente bornes de chez elle. Et s'y maintenir relevait de la compétition…

C'est bien simple : sur cette distance, dans cette direction et avec les horaires variables, aucun transport en commun n'était possible. Ne cherchez pas : Martha avait tout essayé, quitte à doubler le trajet pour trouver une correspondance. Elle avait donc passé un arrangement avec un voisin, Karl Lukas. Il était retraité, alors que sa femme, plus jeune que lui, était toujours active. Les journées de Karl traînaient un peu en longueur. Pour les occuper par une activité utile, il faisait du bénévolat auprès d'enfants gravement malades. Pour faire la lecture au chevet des petits, il se rendait en voiture dans une clinique pédiatrique de Philadelphie. Lukas connaissait la situation de Martha. Il modulait son programme pour pouvoir la déposer au centre commercial. Martha tenait à partager les frais d'essence.

Pour le retour, elle se débrouillait avec des collègues. Ou faisait du stop. Eh oui : été comme hiver, à soixante-seize ans… Il lui arrivait de rentrer dans sa moche maison si tard qu'elle n'avait plus que la force de réchauffer une boîte de soupe à la tomate et de tomber dans son lit. Aucune importance : ça ne diminuait que ses heures de sommeil et elle avait fait sa journée. L'essentiel, c'était d'arriver à l'heure le matin. Pour cela, elle pouvait compter sur son voisin. Or voilà que, dans le même mois où Max Hayek décédait, l'épouse de Karl Lukas était mise en retraite anticipée. Compression de personnel. Le couple allait déménager vers la Floride.

Plus de chauffeur pour Martha.

Certes, lorsque Max Hayek avait trépassé, en rouspétant comme toujours, il avait laissé dans le garage sa vieille camionnette, aussi pelée que la maison. Ce véhicule hors d'âge lui avait servi jusqu'à sa dernière heure pour transporter les rares objets qu'on lui confiait encore en réparation. Mais, pressentant sûrement la mort de son bon maître, la camionnette avait rendu l'âme quelques semaines avant lui. Un tas de ferraille sur quatre roues, voilà ce qu'il en restait.

Inutile de dire que, vu le montant des factures d'hôpital et du funérarium, Martha était passée à deux doigts de la liquidation de biens. Elle ne disposait pas du premier centime pour acheter quoi que ce soit qui ressemble à une voiture…

Heureusement, au cours de ses longues années de mariage, elle avait appris à désobéir discrètement à son époux. Max s'enfermait dans des attitudes tranchées en se contrefichant de l'opinion générale. Il se serait fait nombre d'ennemis si Martha n'avait su arrondir les angles, dans son dos.

Et pour les funérailles, elle avait procédé de même : en douceur. Depuis qu'il se savait condamné, ce mécréant de Max avait décrété qu'il irait « directement au trou, sans les chichis et les simagrées de cet âne de cureton et des autres faux derches ! ». Mais Martha savait ce que ces fanfaronnades tentaient de cacher : une trouille de petit garçon devant le grand Saut. Quand Max s'était éteint, et vu qu'il ne pourrait plus protester, elle avait estimé plus judicieux de faire transiter le cercueil par l'église… D'abord, c'était sur le chemin et ensuite, elle subodorait que l'âme de son bonhomme avait besoin d'un petit nettoyage avant de se présenter là-haut : sur plus de soixante années de gueulantes anticléricales tous azimuts, Max avait dû passablement horripiler tous les saints du paradis… Pour lui éviter les difficultés au moment de franchir la porte, mieux valait régler les contentieux à l'amiable, avant l'embarquement. Une bonne prière, un nuage d'encens et l'ardoise serait probablement effacée. Ils devaient le savoir, en haut lieu : en fait, Max avait été un brave homme, avec juste le verbe un peu fort…

Il y eut donc prière, dans les règles de l'art. Et même des chants, fort émouvants, par un cœur polonais des environs. À la fin de la cérémonie, avant de se signer, Martha, les yeux tournés vers la voûte, avait osé s'adresser directement au Boss, dont une effigie pompeuse et abondamment barbue trônait dans les nuées :

— Écoute… Je sais bien qu'on est ici pour Max et ça me gêne de t'ennuyer avec des détails personnels, mais… Tu sais que ce travail, maintenant, j'en ai encore plus besoin qu'avant… Ah, non, non : pour ce qui est de la santé, ça va mieux que bien, et je t'en remercie… Mais c'est cette histoire de véhicule… Je suis vraiment coincée. Alors, si tu avais une petite idée pour arranger ça…

Martha Hayek n'ayant pas commis de péché notable durant le demi-siècle écoulé, sa modeste demande fut entendue. Après l'inhumation, le père Abelanski prit la veuve par le bras et la conduisit vers l'arrière du presbytère.

— Ma bien chère amie, votre ex-chauffeur et voisin, Karl Lukas, m'a mis au courant de votre problème de déplacement… Nous avons demandé, dans toute la paroisse, qui pourrait le remplacer… Pour l'instant, personne ne fait ce trajet régulièrement, j'en suis navré. Cependant…

Le prêtre avait fait coulisser la porte d'une remise.

—… En attendant que quelqu'un puisse vous voiturer…

En bavardant, il alluma et l'ampoule au plafond révéla une masse, recouverte d'une bâche de toile.

—… En attendant… Pensez-vous que vous sauriez vous débrouiller… Avec ceci ?

La bâche, tirée d'un geste sec, révélait un scooter. Un scooter jaune. Un scooter jaune vif, monté sur sa béquille.

— Un de nos paroissiens nous l'a légué par testament. Je pensais en faire le gros lot de notre prochaine tombola, mais s'il peut vous dépanner…

Martha se dandinait d'un pied sur l'autre, et le vicaire se méprit sur cette attitude :

— Oui, je sais… C'est une proposition assez… stupide, ma chère amie… Mais, pour l'instant, c'est, hélas, tout ce que j'ai pu…

Et le digne homme aurait continué à s'empêtrer dans des excuses, s'il n'avait été interrompu par un baiser sonore ! Un énorme *smack* sur la joue ! Oui, un vrai baiser de gamine, donné à la volée par une Martha qui riait presque au milieu de ses larmes :

— Merci, merci, mon père ! Mon défunt mari dût-il bondir dans son cercueil, je vous le dis : Jerzy Abelanski, vous êtes vraiment le bras droit du bon Dieu !

L'ébahissement du prêtre ne fit que s'accroître lorsqu'il vit la dame de soixante-seize ans, en grand deuil, faire le tour de l'engin, repérer *illico* l'emplacement de la clef, tester la solidité du porte-bagages et vérifier d'une main ferme la pression des pneus.

— Ouaip… Il leur faudrait un petit coup de gonflette… Vous auriez dû le mettre sur des cales… Ce n'est pas bon pour les gommes…

Et elle secoua l'engin en tendant l'oreille vers le réservoir :

— Reste pas assez d'essence pour rentrer chez moi… Mais ça ira jusqu'à la station-service.

— Vous… vous comptez grimper là-dessus ? Tout de suite ?

— Ça ? Mais c'est toute ma jeunesse !… Et même un peu plus : mon Max et moi, nous adorions le deux-roues, mais comme nous étions fauchés de façon chronique, nous n'avons jamais pu nous offrir une Harley… Alors nous avons dégotté deux de ces petites pétoires italiennes… Oui, deux : nous conduisions chacun la nôtre ! C'est bien plus amusant, et ça permet d'emporter du matériel de camping… Et j'en ai encore des fourmis dans les poignets : ça ne s'oublie pas ! Dix minutes en selle, et je me sentirai trente ans de moins !

Et ce n'était pas de la blague : notre digne veuve est bel et bien rentrée chez elle au guidon de « son scooter » !

Voilà : vous venez d'assister à ce que de braves gens, de l'amour, le meilleur de l'âme humaine, peuvent produire pour surmonter la mouise, envers et contre tout. De braves gens, de l'amour… Pourquoi pas de la « solidarité », tant que nous y sommes ? Tous ces vieux mots, ces vieilles valeurs ridicules ! Celles qui avaient cours *avant*… Avant l'avènement du grand Buzz. Et de ses serviteurs.

Il a fallu à peine quelques semaines pour que la notoriété s'établisse. Il faut dire que la couleur canari de l'engin n'y était pas pour rien. Et la pétarade caractéristique du moteur deux temps non plus… Ce qui fait que le journal local a publié une photo de Martha, surnommée pour l'occasion « Mamie vroom-vroom ». On la voyait arriver au supermarché, tout sourire, ressemblant à un gros cocker : avec le scooter vintage, elle avait hérité un casque de la même époque dont les oreilles battaient au vent.

Le court article d'accompagnement parlait d'ailleurs surtout de la fière machine. Le journaliste retraçait l'historique de ce petit bijou italien dont le nom signifie « la guêpe », devenu le symbole de l'émancipation pour les Européens dans les années cinquante et le caractère très « collector » de l'exemplaire en parfait état piloté par la pétulante sexagénaire...

Et c'est ainsi que Martha s'est retrouvée à l'hôpital du comté, avec plusieurs côtes fêlées, un énorme hématome à la cuisse, une joue triplée de volume et la tête soutenue par une minerve.

Accident prévisible, pour une mamie imprudente ? Que non point ! Les blessures de madame Hayek n'étaient nullement la conséquence d'un accident. Elles étaient la suite, parfaitement logique et orchestrée... de l'article de presse. Et de la vigilance, sans cesse à l'affût, des serviteurs du grand Buzz.

Au moment où le médecin posait à la vieille dame meurtrie les premiers pansements au service des urgences, un petit clip passait déjà sur Internet.

Oh, une bien piètre vidéo ! Il s'agissait d'un seul plan, d'un peu plus d'une minute. La séquence était saccadée, saisie avec un téléphone portable de bas de gamme. Image pixelisée, son pourri. Ça bougeait dans tous les sens... En plus, la scène était filmée depuis l'intérieur d'un parking, et donc à contre-jour...

Pendant la première seconde, l'écran est noir, puis la porte électrique coulisse vers le haut et la lumière du jour aveugle l'objectif, le temps que le diaphragme automatique s'ajuste. Assez vite pour voir le scooter jaune prendre le virage de la rampe d'accès, descendre, et parvenir sur le plat du premier sous-sol, dans un couinement de freins.

À cet instant, trois silhouettes jaillissent dans la tache de lumière, deux à gauche, une à droite. Rien à voir avec le dangereusement magnifique Alex DeLarge, le héros d'*Orange Mécanique*. Son chapeau et sa canne de dandy, son regard bleu pénétrant souligné d'un tatouage autour de l'œil droit, son attrait pathétique pour la musique classique ? Rien de tout cela. Voici de gros bœufs, comme on en croise des millions en « copié-collé », dans tous les pays du monde, qui traînent leur inutilité vulgaire entre la gare et le centre commercial. Jeans, baskets claires, T-shirt avec la capuche rabattue... L'un d'entre eux au moins semble avoir noué un bandana sur le bas de son visage, un autre porte des lunettes de soleil… L'un des deux qui sont venus par la gauche, un gaillard assez obèse, passe derrière le scooter et saute, pieds en avant, contre la porte qui est en train de redescendre. Elle se coince, laissant passer juste assez de lumière pour que le reste de la scène soit visible. Son camarade s'empare du guidon du scooter et le braque à fond. Les poignées échappent aux mains de la conductrice. Le garçon bascule en avant avec la machine.

Le troisième, resté à droite, a saisi Martha par le col de son imperméable et une épaule. Comme elle se rend compte de ce qui arrive, elle tente de se dégager, mais elle n'a plus aucun point d'appui.

Le scooter qui tombe lui écrase l'intérieur de la cuisse. L'agresseur transforme sa prise en une clef autour du cou et arrache littéralement la vieille dame de la selle. Il l'expédie sur le sol à deux mètres de lui, comme si elle ne pesait pas plus qu'un lapin. Et puis il se met à insulter copieusement celui qui tient le guidon, parce qu'il a presque laissé le scooter tomber :

— Eh, grosse tache ! J'ai failli prendre ce foutu machin sur mes Nike neuves !

L'autre rigole bruyamment. Il redresse la bécane, empoigne à nouveau le guidon, court quelques mètres en poussant, saute sur la selle. On entend le moteur redémarrer. Les trois énergumènes lancent des cris de triomphe et gesticulent en bondissant, manifestement à l'adresse de leurs futurs spectateurs.

Ils disparaissent par la rampe d'accès, en inclinant le scooter et en se faufilant sous la porte, coincée à mi-parcours, qui bat par à-coups avec un bruit de ferraille.

Celui qui tient le téléphone leur emboîte le pas. En passant, il tourne l'objectif vers la vieille dame qui tente de se redresser en s'appuyant sur un pilier.

Fin de la séquence. Elle a été mise en ligne telle quelle, dans la demi-heure qui a suivi. Elle était intitulée : « Mamie vroom-vroom rencontre les Prédators ».

Heureusement, Martha Hayek portait le casque. Il l'a protégée de sa chute. La vidéo, postée sur un célèbre réseau social depuis un téléphone jetable, n'a pas permis d'identifier les soi-disant « Prédators ».

Le lendemain, on retrouvait la carcasse du scooter jaune, calcinée, fumant sur un terrain vague de la périphérie. Tout ça pour ça... Ce qu'il y a de plus ignoblement stupide et lâche dans la nature humaine. La gloire assurée, en somme.

La vidéo a eu beau être retirée très vite du site, elle a bénéficié d'un « buzz » absolument pharamineux : plusieurs centaines de milliers de connexions en quelques heures, sans compter les internautes qui l'avaient recopiée et retransmise sur d'autres sites, sous des appellations camouflées.

Or, parmi les connectés, il ne s'est pas trouvé que des voyeurs amateurs de violences faciles : une chaîne de télévision a vu là l'occasion d'augmenter son audience par un bon coup de téléréalité. Elle a diffusé la vidéo incriminée, mais, bien entendu, comme l'a souligné le présentateur en prenant la mine médiatiquement correcte et outrée, au bord d'une nausée parfaitement réaliste :

— Nous avons beaucoup débattu, à la rédaction, croyez-le, avant de décider de mettre à l'écran ces images révoltantes. Notre premier réflexe était d'éviter le sensationnalisme facile et la récupération de la violence à des fins d'audience... Nous pensons néanmoins de notre devoir de journalistes de vous livrer l'information, dans toute sa brutalité. Ne serait-ce que pour empêcher de semblables méfaits de se reproduire...

On se demande d'ailleurs en quoi cette diffusion hypocrite était censée empêcher le moins du monde quoi que ce soit... Mais ceci est une question à laquelle les journalistes « responsables et conscients » répondront sûrement un jour ?

— Nous prions donc les personnes sensibles de se détourner et nous vous demandons d'éloigner les enfants. Voici ces images difficilement soutenables.

Comme bien vous le pensez, les personnes sensibles et les enfants se sont rués devant les écrans, dans une pointe d'audience record.

Suivaient des interviews des voisins de Martha Hayek, racontant quelle femme exemplaire elle était. Le directeur du supermarché disait la même chose, et le père Abelanski en rajoutait une couche, en dévoilant toute l'histoire du scooter jaune et de la cruelle situation financière de Martha.

Puis la station de télé mobilisait sa « chaîne de l'amitié ». Elle organisait une collecte et, tout le temps que Martha était soignée à l'hôpital, chaque jour, au journal de mi-journée, à celui du soir et aux nouvelles de minuit, un bulletin spécial annonçait les progrès de la cagnotte.

Ce qui fait que le jour de sa sortie, Mamie vroom-vroom, la mascotte de la chaîne, fut attendue par un comité de réception devant sa petite maison, autour d'un énorme paquet cadeau en papier doré avec ruban rouge cerise.

Elle pleura très joliment devant les objectifs lorsque fut démasqué le scooter automatique dernier modèle, et jaune, évidemment.

Elle remercia les téléspectateurs de leur générosité, et, lorsque la journaliste lui pointa un micro sous la minerve en lui demandant si elle en voulait aux vandales qui lui avaient causé tout ce malheur, elle répondit sincèrement :

— Bien sûr que je leur en veux : j'ai eu très peur et je souffre encore beaucoup…

Elle ajouta cette phrase magnifique, que nous vous demandons de bien conserver en mémoire : « Mais si je garde de la colère au fond de moi, c'est que je ne suis qu'un être humain… En revanche, ce qui me rassure, c'est que DIEU, LUI, PARDONNE TOUT… »

Quelle belle âme, n'est-ce pas ? Et une phrase pareille, ça nous réconcilie avec l'existence, non ?

Alors, allez jusqu'à la fin de l'histoire. Ce ne sera pas long.

Ce succès médiatique avait haussé Mamie vroom-vroom au niveau de célébrité locale. Et pour une célébrité, on fait des efforts…

La DEUXIÈME vidéo, diffusée quelques mois plus tard sur Internet, fut fabriquée avec plus de soin : elle était tournée avec un appareil sérieux, dans une définition très satisfaisante, à plusieurs millions de pixels. Pour éviter le désastreux effet de contre-jour, deux voitures bien orientées braquaient leurs phares allumés vers l'entrée du parking.

L'agression elle-même était beaucoup moins désordonnée, mieux chorégraphiée. Les participants, cette fois, portaient des cagoules très seyantes. Ils étaient au nombre de cinq. Deux se chargèrent de retenir le scooter, les trois autres de soulever la mamie, de la rouler au sol et même de lui ôter son casque, pour qu'on la reconnaisse bien lorsque la caméra se pencha sur elle.

Ils prirent le temps de lui porter quelques coups de pied bien cadrés, tout en scandant un rap assez torché, probablement écrit à l'avance, qui commentait l'action en rythme. Puis ils sortirent du champ, pendant que la caméra zoomait sur le sang s'écoulant du front de la victime sur le ciment.

Martha Hayek est restée dans le coma pendant dix semaines. Elle a subi quatre interventions chirurgicales. Malgré cela, elle terminera son existence en hospice médicalisé, avec une invalidité physique et intellectuelle qui la rend totalement dépendante.

Elle ne saura jamais la dernière image qui figurait sur la deuxième vidéo... Après la flaque de sang, une tête encagoulée faisait irruption, floue, agitait en très gros plan une langue énorme et éructait :

— Hey, les mecs !!! DIEU PARDONNE TOUT !!!

10

Silence, s'il vous plaît !

Lorsque le *signor Ingegnere* Cortazzi se retrouva veuf, personne, dans la petite ville, ne douta un instant de la sincérité de son chagrin. Pour la bonne raison que ce chagrin *était* sincère.

Dans cette bourgade du sud de la Botte, sur les hauteurs de l'arrière-pays, l'été, cette année-là, fut véritablement caniculaire.

Emilia souffrait de la brusque montée des températures, du manque d'air. Son organisme fragilisé reçut le choc et la malheureuse fut emportée. Tout comme tant d'autres habitants de la région, sur quelques jours : une hécatombe soudaine parmi les personnes âgées et les malades.

L'administration n'arrivait plus à faire face à toutes ces demandes d'inhumation. Les fonctionnaires téléphonaient aux familles au fur et à mesure qu'un service pouvait être effectué. Les gens endeuillés étaient appelés à l'improviste, ce qui ne faisait qu'accroître leur détresse.

Avec une telle bousculade aux portes des pompes funèbres, il fallait pratiquement prendre un ticket sur une liste d'attente. Aussi n'était-ce pas le moment de tergiverser, lorsque vous étiez appelé : Ercole Cortazzi, que sa situation sociale désignait, pour la municipalité, comme prioritaire, fut contacté dès que le médecin annonça le décès d'Emilia. Il disposa d'à peine quelques minutes pour retourner à l'hôpital et passer dans les sous-sols sinistres pour dire adieu à sa bien-aimée, avant qu'on ne l'emporte…

On le pressa de décider des dispositions concernant le cercueil, le type de cérémonie, le décorum.

Il dut régler, en ces quelques dizaines de minutes, un vrai cas de conscience. Durant les longues semaines de l'inéluctable agonie, la disparue et lui avaient eu la rare lucidité d'évoquer ensemble ces tristes obligations matérielles. Paradoxalement, cela ne facilitait pas le choix, au contraire : son Emilia, humble et discrète, se serait contentée du convoi des pauvres, sans une fleur, pourvu que le prix du luxe soit donné à une œuvre de la paroisse. Elle était très croyante. Mais s'il l'avait écoutée à la lettre, les gens du pays n'auraient pas compris : autant de simplicité chez une personne riche, ils auraient pris ça pour de l'orgueil !

Précisons que le *signor Ingegnere* Ercole Cortazzi est un capitaine d'industrie de cette région : des centaines de familles lui doivent les emplois qui les font vivre. Même dans la mort, il devait tenir son rang. Il transgressa donc, par convenance, le vœu de la morte.

Bon an, mal an, malgré les difficultés imprévues et la précipitation, l'enterrement d'Emilia fut somptueux, comme il se devait. Dût sa modestie en souffrir, en épouse de notable, elle rejoignit donc sa dernière demeure, portée dans le beau corbillard, sous les gerbes et les couronnes. Et surtout, sous les cris perçants des pleureuses.

Ce rituel est une incontournable tradition dans cette région. Un peu comme les orchestres de La Nouvelle-Orléans ou les chœurs *a cappella* dans les pays balkaniques. Ici, ce sont les pleureuses. Cette appellation ne recouvre pas une fonction symbolique : il s'agit bel et bien de groupes de femmes qui ont pour métier de pousser des cris, de se lamenter en se balançant d'avant en arrière, se cachant le visage dans les mains. Elles accompagnent ainsi, avec des mélopées différentes, chaque phase des funérailles. Une tonalité par moments du rituel. Pour certains notables, elles s'arrachent les cheveux, du moins en font le geste. Pour les dignitaires, elles lacèrent leurs vêtements.

Ces pleureuses se succèdent de mère en fille. On se transmet le savoir-faire (le secret, quasiment) du cri et des vraies larmes. Nombre d'entre elles n'ont pas connu personnellement le défunt, mais elles doivent pleurer pour de bon. Il ne s'agit pas d'arnaquer le client. Sinon, la prochaine fois, la famille s'adressera à une autre troupe, plus réaliste, plus convaincante. Petite précision : ces professionnelles de la désolation exercent non seulement lors des funérailles, mais elles vous proposent également d'intervenir par la suite. Elles se rendent régulièrement sur la tombe. Une sorte de « service après-vente » du deuil, ou un « prolongement de garantie » du chagrin ?

Pour nous, gens du Nord, qui regardons cela de loin, il serait facile de considérer ces coutumes avec l'œil distancié de l'ethnologue, voire d'en sourire comme d'une survivance archaïque, d'une superstition. Pour la société locale, cette institution présente un véritable intérêt : ces femmes, en rendant un hommage sonore et régulier, procèdent aussi à l'entretien des tombes et au renouvellement des fleurs.

En général, ces pleureuses sont mandatées pour intervenir de temps à autre : lors des fêtes religieuses, de l'anniversaire du défunt ou de son décès, par exemple. Leurs prestations ne sont pas très coûteuses, mais elles affectent tout de même le budget des familles modestes. Or, chez les Cortazzi, l'argent n'est pas compté : les pleureuses sont présentes sur la tombe d'Emilia tous les jours ! On serait tenté d'écrire « qu'il pleuve, qu'il vente ou qu'il neige », si ce n'était assez rare dans ce Sud aride…

Les pleureuses pleurent donc la mémoire d'Emilia Cortazzi, chaque jour que Dieu fait, de 17 à 18 heures précises à la saison chaude, de 14 heures à 15 heures en hiver, tant que le soleil est encore assez haut.

On serait tenté de poser la question : est-ce que ça ne fait pas quand même un peu beaucoup ? Pour Ercole, la réponse ne laisserait aucun doute : non, cela n'est pas excessif quand on s'est aimés comme Emilia et lui ! De plus, toutes ces femmes appartiennent aux familles que les Cortazzi ont, par tradition, à charge de faire vivre, depuis des générations. Les payer pour ce service permet au patron de dispenser quelques sous en plus, sans paraître leur faire la charité. Par ici, la fierté reste une valeur essentielle.

La présence quotidienne des pleureuses se justifie donc très logiquement sur tous les plans, social d'abord, sentimental ensuite, voulu par un veuf dont le chagrin reste aussi vivace. D'ailleurs, nul n'est choqué : tous ceux qui ont connu ce couple savaient la sincérité du lien et la profondeur de l'amour qui soudaient cette union.

En vertu de quoi, tout aussi logiquement, on s'attendrait à voir le *signor Ingegnere* Cortazzi, le tout premier, visiter souvent la tombe de sa chère disparue. Or, il n'en est rien. Lui, il ne vient pratiquement pas ici. On ne le rencontre que lorsque les commémorations l'y obligent. Et encore ne s'agenouille-t-il que le temps strictement nécessaire à la décence sociale… N'est-ce pas là une bien étrange contradiction ?

Si fait : cela va carrément à l'encontre de ce que les époux amoureux s'étaient promis. La flamme posthume du veuf se lasserait-elle déjà ?

Si l'on pouvait entrer dans la tête et dans le cœur de cet homme, on y lirait sans ambages qu'il se languit toujours autant de son absente. Il n'entreprend rien, ne décide rien, ne goûte rien, sans lui demander son avis, en son for intérieur. Son désir vrai, son élan, serait de venir se recueillir près d'elle, dès que son travail lui en laisse le temps. S'asseoir là, sur un gros caillou, et partager ses soucis sous un rayon de soleil avec sa femme, comme du temps qu'elle était à ses côtés… C'est bien ainsi qu'ils en étaient convenus. Il le veut toujours. Alors pourquoi ne le fait-il pas ?

Croyez-le : c'est bien lui qui se pose le plus la question. Et quand il tente d'y répondre, il se retrouve devant une telle aberration qu'il préfère se replonger dans un dossier ou se réfugier dans le sommeil. Car la seule manière dont il pourrait formuler cette réponse serait : « on » l'empêche de venir s'asseoir près de cette tombe !

Les premiers temps, combien de fois n'a-t-il pas essayé ? Combien de fois, après s'être éloigné de quelques pas, n'est-il pas revenu ? À chaque nouvelle tentative, il se sentait encore plus mal. Les pieds lui brûlaient. Le jour où il a essayé de braver cette sensation, il a été pris de nausée et il a dû courir hoqueter, plié en deux derrière un muret.

En bon ingénieur, rationnel, il a pleine conscience de cette stupidité ! Comment Emilia, sa chère Emilia, pourrait-elle… ? Il se remet courageusement en cause : ces malaises n'ont aucune origine matérielle détectable, ils n'existent que dans son imagination. Sont-ils la traduction d'un refus qu'il se masque à lui-même ? Pour ne pas regarder en face une désaffection qui lui ferait honte ? Non, décidément non : il est certain de désirer sincèrement entretenir le lien avec sa disparue !

Se sentir repoussé, malvenu, rejeté comme un intrus ? Il en souffre.

Autre hypothèse, que la simple logique lui impose d'envisager : et si ce *n'était pas* une invention de son esprit ? Si un peu de l'âme d'Emilia, subsistait réellement ici ? Si cette « présence » (appelons cela ainsi ?) lui reprochait quelque chose ? Qu'aurait-il bien pu commettre qui la fâche à ce point ?

Une idée lui vient : Emilia et lui avaient choisi avec soin l'emplacement de cette tombe. Est-ce que, expérience faite, Emilia ne s'y sentirait pas bien ?

Le site est bien celui qu'elle avait désiré. Du fait que les caveaux de leurs deux familles étaient déjà très occupés, très anciens et situés dans l'ombre des ifs, centenaires mais un peu sinistres, Emilia avait suggéré à son époux qu'ils se fassent un coin à eux, dans la portion nouvellement ouverte. Elle avait repéré cette surface dégagée, en bordure d'une côte, presque une petite falaise. Un horizon dégagé, dominant la vallée. L'idéal en apparence, mais pour des vivants ! Et si, à l'usage, Emilia ne s'y sentait pas aussi bien qu'elle l'avait supposé ? Sur le monticule, Ercole a entassé de grosses pierres du pays, récoltées au cours de ses randonnées : attention touchante, sur le principe, mais l'aspect rudimentaire de l'endroit pourrait saper le moral ?

Ercole Cortazzi commande aux meilleurs artisans des alentours un monument. Pas un tombeau grandiose, quelque chose d'adorable, d'élancé, de bien proportionné, dans le style Renaissance qu'affectionnait Emilia. Une composition aérienne de huit sortes de marbre, qui ne donne pas l'impression de peser. Une tombe de femme…

Et ça n'arrange pas l'ambiance ! Au contraire : dès qu'il s'en approche, il est pris de crampes dans les jambes. Et s'il tente de s'asseoir sur le bord… Vous voudrez bien pardonner le peu d'élégance du propos, quand il s'agit d'un sujet aussi sérieux… C'est comme s'il posait les fesses sur un paquet d'orties !

Désarçonné, et ne voulant toujours pas envisager qu'il est réellement repoussé de ce lieu, il opte pour l'explication la plus plausible : son inconscient brasse des limons qu'il n'assume pas et lui provoque, par autosuggestion, des réactions psychosomatiques désastreuses. Lutter ne ferait probablement que les aggraver. Elles finiront bien par disparaître, ou par s'estomper. En attendant, et pour bien signaler à Emilia qu'il ne s'éloigne pas d'elle en pensée, il confie le relais quotidien aux fameuses pleureuses : une manière pour lui de compenser sa « défaillance »…

Le devoir de mémoire va ainsi se perpétuer par professionnelles des lamentations interposées. Pendant onze ans… Vous avez bien lu : onze années au cours desquelles le tombeau d'Emilia se patine doucement. Plus d'une décennie pendant laquelle monsieur Cortazzi s'installe, peu à peu, dans son personnage de veuf.

Pourtant, ses nombreux amis et relations ne se font pas faute de placer sur son chemin des tentations de tous âges, de tout gabarit, et toujours de la meilleure société. Quel dommage, pensent ces dames : grand, élégant, cultivé, sportif, riche. Mais désespérément insensible… Jusqu'au jour où… Bien sûr, tout le monde attendait ces trois mots, sans lesquels il n'y aurait aucune histoire… Jusqu'au jour où apparaît Barbara Bolton… *Mistress* Barbara Bolton.

Apparaît… C'est l'expression juste : lors d'une première au théâtre, elle descend le grand escalier, en robe fourreau du soir, gris perle. Gantée de satin jusqu'aux coudes… Un léger sourire, couronnant un air de souveraine indifférence. Pendant ces secondes qui passent comme au ralenti, Ercole Cortazzi sait déjà que quelque chose a changé…

Cette splendide créature n'est autre que la veuve du fameux Max Bolton, le mécène et magnat du papier à cigarettes de Minneapolis. Veuve que l'on dit inconsolable, elle aussi. Mais lorsque son regard croise celui de Cortazzi, une fissure se fait dans son masque d'indifférence…

Elle est en villégiature chez des amis, mais elle va tant se plaire dans cette région pourtant austère, qu'elle y louera une splendide villa… À un quart d'heure à pied de la demeure Cortazzi. Une précaution qui ne trompe personne : c'est bien pour que le *signor Ingegnere* puisse lui faire sa cour, que la belle veuve s'attarde dans les alentours et, au fond, tous leurs amis respectifs s'en réjouissent. Les braves gens de la région et les employés de l'industriel aussi : on l'aime un peu comme quelqu'un de la famille.

Et tous attendent le moment où « les choses » vont être officialisées.

Autorisons-nous à nous glisser un peu dans l'intimité de ces deux personnes du beau monde, qui n'en sont pas moins des êtres humains. Une indéniable et forte attirance, une admiration réciproque les unit déjà. Cependant, leur morale et leur éducation les ont conduits, sans se sentir frustrés, à n'être encore (selon le terme consacré) que des « amis très chers ». Leur relation est demeurée vive, mais platonique.

Ne nous y méprenons pas : ils ne sont ni l'un ni l'autre des perdreaux de l'année. Ils savent l'importance de l'entente charnelle pour qu'un couple tienne. Ils ne comptent pas s'engager dans une union sans s'être préalablement assurés que, sur ce plan-là, tout fonctionne bien aussi.

Simplement, tous deux ont connu des premiers mariages qui ont tant compté, qu'ils attendent d'être prêts pour ce nouveau bout de chemin auprès de quelqu'un de bien. Sans urgence aucune.

Un soir, Cortazzi a soupé à la villa de Barbara Bolton et il prend congé, charmé une fois de plus par la sensibilité qu'elle a su trouver en interprétant Debussy au piano. Le chauffeur tient déjà la portière ouverte. Et c'est Barbara qui tire doucement Ercole dans la pénombre d'une tonnelle, au bas du perron, sous les bougainvillées. Elle lui prend doucement la main. Il palpite, bien entendu. Qu'imagine-t-il, l'espace d'une respiration ? Que cette nuit sera leur première ? Que sa belle a choisi ce soir de lune rousse pour… ? Elle se penche et lui murmure dans le cou :

— J'ai parlé à Max de nos projets… Il n'en ignorait rien. Nous en avons discuté très sereinement. Il pense que vous serez un compagnon estimable.

Léger flottement, compréhensible lorsque l'on vient, dans cette situation romantique, d'entendre ce prénom. Max ? Un frère ? Un ami d'enfance ? Un confident ? Un confesseur ? Un guide spirituel ? Rien de cela, et tout cela en même temps : Max, c'est bien Max Bolton, le roi du papier à cigarettes et mécène bostonien. Le défunt mari de Barbara.

Elle ajoute à mi-voix quelques précisions, du ton le plus naturel possible : elle possède ce que certains appellent un don ou un sixième sens. D'autres un léger grain dans sa jolie tête. Depuis son plus jeune âge, elle entretient certains « contacts » avec des disparus. Ils viennent converser avec elle. Pas tous, fort heureusement, mais ceux vis-à-vis desquels elle garde certaines affinités et certaines responsabilités… Notamment le très estimable Max.

Puis, dans l'air parfumé, elle attend la réaction de son soupirant. Probablement avec un peu d'anxiété : de telles révélations peuvent, elle s'en doute, compromettre bien des idylles !

Tout autre que le *signor Ingegnere* se troublerait, au moins. Lui toussote, regarde la pointe de ses mocassins.

— Bien, bien, ma chère… Voilà qui est des plus… positifs, n'est-ce pas ?

D'abord, il est amoureux fou : il ne va pas laisser une confidence nocturne, même singulière, l'éloigner de cette femme fascinante ! À chacun ses petites manies, et celle-là (tant qu'elle reste du domaine privé et n'est pas exposée aux ragots) ne peut nuire à personne… D'autant que Max semble approuver leur rapprochement… Et puis n'oublions pas qu'il a lui-même vécu, depuis la mort d'Émilia, d'étranges sensations qui n'avaient rien de rationnel…

La réplique suivante pourrait être :

— Parfait, donc… Quand annonçons-nous notre mariage ?

Point à la ligne. Fin de l'histoire ? Pas vraiment, car c'est à cet instant que la dame ajoute :

— Nous voilà rassurés d'un côté. J'aimerais maintenant, si vous n'y voyez pas d'inconvénient, cher Ercole, demander aussi son approbation à votre épouse.

Que pouvez-vous répondre à une telle demande, surtout formulée avec autant de tendresse que de loyauté ? Avec un naturel tout aussi parfait, Ercole propose :

— Rendons ensemble une visite à Emilia, dès demain. Elle sera charmée, j'en suis persuadé, de faire votre connaissance. Je passerai vous chercher. Quelle heure vous convient ?

C'est là que Barbara pousse gentiment son soupirant vers la limousine, avec l'une de ses pirouettes irrésistibles :

— Ne vous donnez pas cette peine, mon très cher ! Vos affaires vous réclament. Et puis, il est des sujets que je préfère aborder... entre femmes !

Au point d'étrangeté où ils en sont, pourquoi pas ? Cortazzi rentre chez lui et, sans appréhension, laisse les deux femmes de sa vie « se rencontrer » hors de sa présence : après tout, il n'a rien à cacher, ni à l'une ni à l'autre.

En homme du monde, il évite aussi de marquer trop de curiosité en téléphonant le premier à Barbara. Il la laisse prendre l'initiative de lui raconter l'entrevue. Or, elle ne le fait pas le soir même. Pudeur de sa part, à elle aussi ? Probablement.

La discrétion de bon aloi commence à être très inconfortable, lorsqu'il s'avère que madame Bolton n'a toujours pas repris contact dans la semaine qui suit. Ordinairement, ils se voient tous les deux ou trois jours. Monsieur Cortazzi se décide à appeler, et il se fait franchement bloquer par un barrage téléphonique en règle du maître d'hôtel. Stylé, mais ferme.

L'industriel se précipite à la villa où il doit affronter plusieurs oppositions domestiques : tout le personnel a été briefé ! Faisant front à ces humiliations incompréhensibles, il mène si grand tapage qu'une soubrette tremblante finit par le faire entrer au petit salon.

— Madame va vous recevoir. Mais, s'il vous plaît, monsieur : ménagez-la ! Elle... Elle n'est vraiment pas en état de...

Effectivement, la maîtresse de maison fait son entrée de longues minutes plus tard, glissant sur le parquet comme une ombre. Elle a dû se composer, tant bien que mal, une façade à grands renforts de blush, mais elle reste à contre-jour, pour dissimuler ses yeux rougis. Au lieu d'aller, comme les autres fois, effleurer d'un baiser parfumé la joue de son visiteur, elle maintient une distance très protocolaire, qui n'annonce rien de bon. D'un signe de la main, elle invite Ercole à prendre place dans un fauteuil. Heureusement qu'il est assis, d'ailleurs, lorsque madame Bolton prend la parole.

— Je sais, mon très cher, que nous nous estimons assez pour ne pas nous livrer à des jeux de cache-cache indignes… Aussi, quitte à vous causer une grande souffrance, je vous demanderai tout de go : est-ce que votre femme avait… quelqu'un d'autre dans sa vie ?

Et la fiancée médium précise :

— Y avait-il, dans son entourage, un homme colérique et très hostile à vous, son mari ?

— Mais comment pouvez-vous…

— Parce que, le lendemain de notre soirée, je me suis rendue sur sa tombe. J'y suis allée, croyez-le bien, dans les dispositions les plus cordiales, et sans *a priori*. Du moins, si j'en avais un, il n'était que positif : vous m'aviez tant dépeint une personne belle de cœur et d'âme… Un ange de douceur…

— Et je le maintiens : c'est là tout son portrait !

— Je n'en doute pas. Mais l'homme qui est à ses côtés m'a totalement empêchée de m'en rendre compte ! Dès que j'ai essayé d'approcher ce qui devrait être un lieu de repos, j'ai été littéralement agressée ! Non pas par Emilia, je le répète, mais par cette présence masculine pleine de colère, qui m'interdisait tout contact avec votre femme ! Et lorsque j'ai appelé votre image à mon secours, cette colère s'est transformée en un maelström de fureur ! Si violente que je n'ai pu en déchiffrer le contenu… Une seule certitude : cet homme vous en veut, à vous, Ercole !

Le *signor Ingegnere* est tellement abasourdi qu'il bredouille deux phrases sans aucun rapport avec le sujet et quitte la villa. Il s'éloigne en titubant, ignorant sa limousine qui ne peut que lui faire escorte, au pas.

Ainsi, ces ressentis irrationnels, qu'il cache à tous depuis onze années, quelqu'un d'autre les corrobore ? Sans qu'il en ait jamais fait part ? Cette énergie qui le refoule de la tombe aurait une existence autre que fantasmatique ? Mais Barbara, qui prétend discerner plus finement la nature de ces énergies, au point de leur attribuer des identités, de « converser » avec elles... Barbara, sans douter un seul instant, mentionne la présence d'un autre homme auprès de la douce, de la transparente et fidèle Emilia ? La veuve Bolton serait-elle jalouse de la disparue ? Ou serait-elle, plus qu'il n'y paraît, perturbée par ce « grain dans sa jolie tête » ?

Tant de questionnements incongrus se bousculent, qu'Ercole décide de prendre du recul et de « geler » les contacts, jusqu'à plus ample informé.

Il n'en aura pas le loisir, car les événements vont le rattraper. Très vite.

Quarante-huit heures plus tard, des cataractes s'abattent sur la région : les plus violentes précipitations que la moitié sud de la péninsule ait connues depuis un demi-siècle. De nombreuses habitations sont détruites par des fleuves de boue et des milliers de personnes sont sinistrées...

Les constructions de ces régions sèches ne sont pas prévues pour résister à autant d'eau. Les tombeaux non plus... Ercole Cortazzi est avisé en urgence par l'administration communale que la falaise du cimetière et le monument d'Emilia ont été emportés par un glissement de terrain.

— Faites au mieux... Je pars en déplacement à Paris dans une heure. Dès mon retour, je viendrai constater les dégâts et prendre les mesures qui...

— C'est-à-dire, *signor Ingegnere*... Si vous pouviez différer votre départ, ce serait plus... Nous sommes très... Il y a quelque chose d'assez... embêtant !

Que peut-il advenir d'urgent et qui ne souffre pas quelques jours d'attente... dans un cimetière ? Pendant qu'on lui passe une paire de bottes en caoutchouc, on demande à monsieur Cortazzi s'il est en état de supporter un moment pénible. Il hausse les épaules : on n'est pas capitaine d'industrie si on n'est pas capable de...

— Nom de non de bon sang de... !

Entraîné par le sol argileux, le tombeau aux huit marbres a dérivé comme un bateau de papier dans un ruisseau. Les débris sont éparpillés sur une quinzaine de mètres. Le caveau s'est ouvert sur le flanc de la pente, et le cercueil s'en est échappé.

Il s'est fendu.

Il s'est même ouvert.

Et le corps qu'il contient s'avère être… celui d'un homme !

Il n'y a pas à s'y tromper : il porte le costume noir et le chapeau avec lequel on enterre encore beaucoup d'hommes en Italie… En fait, onze ans auparavant, le fameux été de canicule où Emilia est décédée, l'affluence a été telle à la morgue de l'hôpital que deux dépouilles ont été interverties.

Avec la chaleur, on demandait aux proches de faire un rapide dernier adieu dans la chambre froide, au sous-sol, puis on procédait à la mise en bière, *hors de la présence de la famille*, pour éviter de la mêler à des manipulations pas très regardables, que l'hygiène imposait.

Après enquête, il s'avère que le « squatter » qui occupe la tombe d'Emilia est un certain EMILIO CORTARI… Un homme, mais presque homonyme. Les étiquettes manuscrites, sur les tiroirs de la morgue, avaient trompé les employés débordés.

Emilia, elle, reposait depuis onze ans à 130 kilomètres. Dans un cercueil de sapin sans aucun ornement, à même la glaise, dans une tombe presque invisible sous les herbes, isolée dans un recoin de cimetière campagnard. Celui d'un village avec lequel aucun des protagonistes de cette histoire n'a le moindre lien.

C'est pourtant ce carré de terre que monsieur Emilio Cortari, le mort au chapeau noir, avait acquis, en concession perpétuelle, des années avant son décès. C'est bien là qu'il avait expressément demandé à être inhumé. C'était même son unique dernière volonté, recopiée dans deux testaments identiques, déposés chez deux notaires différents.

De telles mesures de précaution indiquent toute l'importance, pour lui, de l'emplacement de cette dernière demeure, qu'Emilia Cortazzi occupait indûment. Pour avoir ainsi agi, monsieur Cortari avait des puissantes raisons, très personnelles.

Des raisons suffisamment sérieuses et impératives pour pousser ses neveux à assigner conjointement en justice l'hôpital et le *signor Ingegnere*.

L'hôpital pour son erreur morbide, le veuf pour avoir troublé, pendant de longues années, le repos de cet homme, par les hurlements quotidiens des pleureuses.

Effectivement, les neveux, exécuteurs testamentaires d'Emilio Cortari et dépositaires de sa confiance, affirment strictement la même chose que Barbara Bolton, qui, pourtant, ne connaissait ni les uns ni les autres : dans l'au-delà, le tonton doit bouillir de colère.

Selon le témoignage des neveux, si Cortari avait voulu être enterré au loin du bourg, de tous ses amis et surtout de la résidence de sa femme et de ses quatre filles, c'est qu'il avait toute sa vie été persécuté par les cris de ces créatures particulièrement geignardes.

Ces jérémiades perpétuelles, sur le mode suraigu, lui avaient tellement pourri chaque heure sur terre, que son ultime vœu, depuis des années avant son trépas, avait été d'y échapper. Il avait donc acquis en secret cette tombe à *une seule* place, où il espérait, enfin, reposer DANS LE SILENCE !

11

Le grigou

Marc Frémont et Paul Chacun… Deux frangins qui n'étaient pas frères, mais s'étaient choisis. Ils auraient donné leur vie l'un pour l'autre. Ils allaient pourtant la perdre ensemble.

Ces deux braves gars, deux prolos foncièrement bons, francs comme la main tendue, allaient commettre UNE mauvaise action. Et pour le bon motif. En croyant monter une arnaque du tonnerre, ils allaient attirer sur leurs têtes une sorte de « foudre du ciel ». La justice immanente ?

Si on la leur avait prédite, ils auraient ri à s'en faire tomber le doulos : pour des mectons à la redresse comme eux, ce genre de sornette est impossible ! Et pourtant…

Marc Frémont et Paul Chacun étaient amis depuis le service militaire… Pas juste des copains de régiment, que l'on oublie après la quille : de vrais amis pour la vie, du genre à n'avoir aucun secret l'un pour l'autre et à pouvoir compter sur une épaule secourable en toute circonstance…

Pourtant, ils n'avaient, en apparence rien de commun. Marc Frémont aimait être admiré. Il misait sur son physique élancé, ses cheveux noirs ondulés et sa fine moustache : il jouait les Italiens et se faisait appeler « Marco ». Ou même « monsieur Marco », dans les bars qu'il fréquentait la nuit, entre la place Blanche et Pigalle.

Monsieur Marco avait la démarche chaloupée, dans ses costumes infroissables. Il portait le pardessus en poil de chameau ceinturé à la taille et le Borsalino beige incliné sur l'oreille (le doulos sur l'esgourde, pour les amateurs d'argot historique). Sur les pentes de la butte Montmartre, les gigolettes roucoulaient en le voyant approcher. Car monsieur Marco n'exploitait pas les filles : au contraire, il se montrait grand seigneur, offrait volontiers la coupe de champagne ou le camélia que l'on piquait au corsage...

Ses revenus, il les tirait d'autres activités, sur lesquelles planait le mystère : ces dames n'étaient pas là pour poser des questions. À celle qui se montrait curieuse, monsieur Marco, d'ordinaire pinçait le menton, avec un clin d'œil qui en disait long.

— Je suis « dans les affaires », mon p'tit loup. Point à la ligne. Je bosse en solo, et je ne me mélange pas aux julots du quartier...

En réalité, dès que le jour se levait, il redevenait Marc Frémont, et personne n'aurait pu reconnaître « monsieur Marco » sous la blouse grise de ce second vendeur dans une droguerie, à l'autre bout de Paris, au fin fond du XVe arrondissement...

Son ami Paul Chacun connaissait cette double vie. Il ne s'en offusquait pas. Il en était même assez admiratif : mener de front deux identités, c'est costaud ! Et pour un ouvrier, fils d'un paysan picard, arriver à faire partie du « beau monde », quelle ascension !

Lui, Paul, cependant, était tout d'une pièce : il ne cachait pas son affection pour les flics, et ne reniait pas ses origines. Enfant de l'Assistance publique il avait été trouvé par une ronde des « hirondelles », les îlotiers à bicyclette, pèlerine, képi et bâton blanc. Un paquet où restait tout juste un peu d'énergie pour couiner. La malheureuse qui l'avait pondu à la sauvette, probablement après une douzaine d'autres rachitiques, l'avait largué sur un terrain vague du côté d'Argenteuil, en plein hiver, avec juste un lange et une brassière. Il s'estimait heureux d'avoir été ramassé par les cognes avant que les renards ne l'aient dévoré. Dans les années trente, il y avait encore des renards sur la ceinture de la capitale.

Après une enfance en orphelinat et sous les bombes, devenu, malgré la malnutrition, épais et joufflu comme un garçon boucher, Paul Chacun était affectueusement surnommé « Bouli ». Il n'avait aucune élégance et ne cherchait pas à en acquérir. Pour ses sorties en ville, on le voyait trimballer sa brioche boudinée dans une veste de tweed verdâtre et un pantalon de velours couleur ficelle, récupérés chez un fripier.

Mais, le plus souvent, il ne prenait même pas la peine de se changer « dans le civil » : il conservait la salopette, la casquette graisseuse et le cache-nez à carreaux qu'il portait pour son travail.

Paul démontait des pièces dans une casse automobile de Saint-Ouen. Il habitait, en bordure de cette décharge, une caravane rafistolée par ses soins.

Il chérissait cette liberté encore un peu sauvage, qui lui permettait, les soirs d'été, de recevoir des amis gitans du marché aux Puces, et de les écouter gratter leurs guitares en grillant un bon hérisson sur un feu de bois…

Son ami Marc, lui, pour rentrer au petit matin dans la chambre exiguë qu'il occupait chez une logeuse acariâtre, rue des Abbesses, était contraint de quitter les chaussures en pécari de « monsieur Marco » et de les tenir à la main.

Durant la semaine, on les voyait rarement ensemble : Marc aurait eu peur de salir ses costards couleur beurre frais dans les bouis-bouis où Paul aimait à traîner ses fonds de culottes.

Paul, lui, fuyait les belles brasseries pleines de lumières : la présence des bourgeois, affirmait-il, l'empêchait de roter après sa bière. Quand il avait bu, Paul devenait facilement communiste.

Il redoutait aussi les bars aux éclairages tamisés, où son ami jouait les affranchis : les jolies filles trop maquillées, qui croisaient sans gêne leurs bas nylon sous son nez, lui filaient une sainte trouille. Pas seulement les jolies, d'ailleurs : *toutes* les filles.

Les deux amis avaient donc pris l'habitude de se consacrer mutuellement leurs dimanches, et ils se retrouvaient en terrain neutre, dans une guinguette au bord de la Marne.

Ils y avaient leur table, dans un coin tranquille avec vue sur l'eau. C'était devenu tellement un rituel que le patron, le père Convert, avait gravé au canif leurs deux prénoms, en forme de jeu de mots : « Marco-Paulo ». Le père Convert avait de la culture.

Malgré cette dénomination prometteuse d'exotisme, Marco et Paulo ne partaient pas à la conquête du monde : ils se retrouvaient à Nogent, chaque dimanche, depuis dix ans. Marco sirotait des *dry* Martini et emballait des midinettes au rythme de la java. Paulo s'enfilait des litres de gros rouge pour faire passer la friture de goujons, pêchés à la sortie des égouts…

Qu'est-ce donc qui réunissait deux trentenaires aussi dissemblables ? L'amitié, tout simplement. Une fraternité choisie, partagée, précieuse.

Et, ce dimanche de décembre, dans la guinguette déjà ornée des guirlandes de Noël, leur amitié va se transformer en association. Mais en association… de malfaiteurs.

Ils sont censés fêter l'anniversaire de Paulo, ou plutôt – vu qu'il ne connaît pas sa date de naissance – l'anniversaire du jour où il a été trouvé. Marco lui a fait confectionner un beau gâteau, une génoise nappée de chocolat et arrosée de beaucoup de rhum. Il lui a glissé une boîte de cigarillos sous sa serviette.

Mais il semble ailleurs, Marco : il en oublie d'entonner « Nos vœux les plus sincères » avec le reste de la salle… Après l'extinction des bougies, la distribution des assiettes à toutes les tables et la tournée de mousseux de l'aubergiste, Paul et Marc se retrouvent pour fumer sur la terrasse qui surplombe la rivière, dont le cours, déjà pris par le gel, semble pâteux.

Paul tire avec délices sur un Meccarillo bien noir.

— Y sont au poil, tes cigares ! Tu t'es encore ruiné pour mézigue ! Merci, mon petit pote !

Marc, sans réaction, laisse une cigarette turque à bout doré, une Abdullah, se consumer entre ses doigts… Paul s'inquiète :

— Oh, toi, mon Marco… T'as une poussière dans le carburateur ! Quoi que c'est-y qui tourne pas rond ? Une nana qui veut pas tomber sous ton charme ?

— Tu n'y es pas du tout… C'est une question de boulot !

— D'habitude, c'est pas tant ce qui te tracasse !

— Cette fois, si ! Figure-toi que mon patron, le père Taillandier… Il m'a convoqué… Mercredi, après la fermeture… Il m'attendait derrière son bureau avec un sourire d'une oreille à l'autre… Une vraie tirelire. Déjà, c'est une grande première : ça doit bien faire un demi-siècle qu'il avait oublié comment on s'y prend… Et voilà-t-y pas qu'il m'annonce : « Mon cher Frémont, étant donné vos excellents résultats… » Là, j'ai le palpitant qui chavire, je me dis que ça y est, c'est le gros lot… Et le vieux me balance : « … j'ai décidé de vous octroyer une prime exceptionnelle de fin d'année ! »

— Eh ben ? C'est tout bon, ça !

— Tu parles ! Des nèfles, oui ! Sa prime, elle me paiera tout juste mon ardoise chez l'épicier ! Et mon tailleur ? Et le bar de la rue des Martyrs ? Et mon retard de loyer ? C'est pas d'une aumône que j'ai besoin, moi ! NEUF ANS que je bosse pour ce vieux rat, et que je lui assure son chiffre d'affaires ! Je m'attendais au moins à une vraie augmentation, et surtout, à mon poste de premier vendeur, avec passage de la blouse grise à la blouse blanche, plus un escabeau derrière le comptoir, avec le droit de m'asseoir quand y a pas de clients…

Paulo se fend la poire, goguenard :

— Faut pas être trop gourmand ! Ces avantages-là, tu vas les avoir, mais il te les réserve en grande pompe pour ta dixième année de maison… Te bile pas, mon poteau ! Comme esclave, t'as fait le plus gros !

— Arrête ton char, Bouli ! C'est pas le moment de te payer ma fiole, même pour ton anniversaire ! Je suis rien fumasse !

Parce que, après m'avoir jeté cet os comme si c'était du gigot, le vieux prend son air sérieux pour me glisser : « Frémont… Je sais combien vous êtes attaché à notre établissement. Aussi, je tiens à ce que vous soyez le premier au courant, parmi le petit personnel : la droguerie Taillandier, la plus grande droguerie du XVe arrondissement… Fondée en 1886 par mon grand-père Auguste… La droguerie Taillandier ne sera probablement plus là l'été prochain ! »

— Qu'est-ce qui lui prend ? Il est malade ?

— C'est la question que je lui ai posée, tu penses ! « C'est pas votre santé, au moins, patron ? », que je lui demande. Il me répond : « Au contraire, Frémont ! Au contraire ! J'ai décidé de profiter de la vie ! Je désire prendre ma liberté. Seulement, l'idée de voir disparaître l'entreprise familiale m'est pénible ! »

— Ben… Si ça lui botte pas, de fermer, pourquoi que tu lui proposes pas de la prendre en gérance, c'te tôle ? Tu le connais à fond, le métier ?

— Oui… Je lui en ai parlé : la maison Taillandier, avec sa renommée et sa clientèle, pourrait poursuivre son activité pendant que lui s'installerait sur la Côte, les doigts de pieds en éventail.

— D'après la tronche que tu tires, je parie ma zigounette contre un petit sifflet qu'il n'a pas sauté sur ta proposition ?

— Il n'a même pas imaginé que j'osais *lui faire* une proposition ! Moi, je ferai partie *ad vitam aeternam* du « petit personnel » ! Il a hoché la tête et il a dit : « On voit bien que vous n'êtes pas un patron, Frémont ! Sinon, vous sauriez que, par les temps qui courent, il n'est pas évident de trouver un homme de confiance, connaissant ce négoce si complexe et présentant de surcroît les garanties suffisantes… S'il en existait un sur Paris, vous pensez bien que l'affaire serait déjà faite ! C'est pourquoi je me dirige vers une solution plus réaliste : un promoteur désire construire un grand cinéma, avec écran panoramique. Il veut me racheter les murs. Cela me chagrine un peu, mais c'est tellement plus facile ! »

— On peut pas lui donner tort : un petit tour chez le notaire, une signature, il empoche et… à lui les vacances à l'année !

— Mais ce qui me fait mal, c'est qu'il m'a balayé d'un revers de main : comme si j'étais zéro !

— Je veux pas retourner le couteau dans la plaie, mon Marco, mais là non plus, il a pas tort : *t'es* zéro, niveau garanties financières ! T'as pas un fifrelin devant toi, et il le sait ! Si, depuis neuf ans, tu claquais pas toute ta paye avec des goulues…

— Ben, c'est trop tard pour y penser… Me v'là marron !

— Tu veux que j'aille y causer, moi, au vieux grigou ? Mine de rien, je pose une clef à molette sur le coin de sa table…

— T'es gentil, mon Paulo, mais c'est la dernière chose à faire : s'il sent une menace, il n'aura rien de plus pressé que d'aller signer la vente !

Paul Chacun se gratte la tête sous sa casquette, puis il s'illumine :

— Eh ben… T'as qu'à faire le contraire !

— Le contraire de quoi ?

— D'une menace ! Tu lui sauves la vie !

— Je sauve la vie du vieux pour l'amadouer ?

— Tout juste, Auguste ! Du coup, il peut plus rien te refuser !

— Tu sais que t'as de l'idée, Popol… Mais pour lui sauver la vie… faudrait qu'il courre un danger…

— Pour ça, t'inquiète pas, mon gamin… On va trouver…

Effectivement, après le fameux dimanche, Paul Chacun et ses amis gitans de Saint-Ouen viennent humer l'air de Paris centre : ils se livrent à une petite enquête sur Maurice Taillandier.

Enquête rapide, d'ailleurs : sous couvert de passer dans son quartier pour proposer de l'aiguisage de couteaux ou du rempaillage de chaises, il ne leur est pas difficile de faire bavarder les concierges, les domestiques…

Le riche droguiste est marié à une femme malade et jalouse... Beaucoup moins malade qu'elle ne le prétend, en fait... Mais cet état souffreteux permanent lui permet, par ses jérémiades, de tenir sous sa coupe son époux. Sans sa mauvaise conscience, Taillandier serait déjà parti voir ailleurs.

Or, s'il a soudain décidé de vendre pour « profiter de la vie », c'est qu'il « fréquente » depuis peu... Il courtise une jeune veuve domiciliée au pied de la butte Montmartre. Une personne de condition modeste, mais en tout point charmante...

— Il la voit le lundi et le jeudi soir. Pour sa légitime, il s'est prévu un alibi, une occupation d'homme, où elle ne risque pas de venir fourrer le nez : il est censé passer la soirée à son club de billard, boulevard de Clichy. Réglé comme un chronomètre, ton patron ! Il arrive au métro place Blanche à 6 heures et demie. Le lundi, il n'y a que la boulangerie d'ouverte, au coin de la rue Lepic. Il achète des petits gâteaux. Le jeudi, par contre, il va chez la fleuriste, un peu plus haut, juste en face de l'immeuble de sa dulcinée. Il achète un bouquet. Il traverse, il entre chez la petite dame... Il en ressort à 10 heures pile. Il rentre en taxi. Comme du papier à musique. Toujours les mêmes gestes, le même trajet, à la minute près... C'est comme ça qu'on va l'avoir !

Voici le plan que Marco et Paulo mettent au point : Marco se trouvera « par hasard », un prochain jeudi, à 18 heures et 25 minutes, chez la fleuriste de la rue Lepic.

Lorsqu'il verra Taillandier, il lui confiera, « entre hommes », qu'il achète des fleurs pour une danseuse du Moulin-Rouge, le music-hall voisin... Ils ressortiront ensemble.

Marc partira vers la droite, pendant que Taillandier traversera.

À cet instant, une voiture, d'un modèle très courant, une traction avant 11 CV Citroën, noire, débouchera à l'angle de la rue en amont et dévalera la pente... Marc attrapera son patron, le tirera en arrière et le mettra hors de danger à la fraction de seconde près… Le « chauffard » ne ralentira même pas et se fondra dans la circulation du boulevard de Clichy.

Plusieurs soirs de suite, Marco et Paulo répètent la manœuvre, avec une 11 CV tout à fait semblable, sur une route déserte de la forêt de l'Isle-Adam, aidés par des copains gitans… L'un des garçons, qui a travaillé dans un cirque, tient le périlleux rôle de Taillandier.

Essai après essai, les deux complices améliorent leur synchronisation, leur précision : maintenant, le gros pare-chocs chromé passe à quelques millimètres de la « victime » qui, littéralement « frôle la mort ». Paul est confiant :

— J'ai déniché la caisse qui servira pour de vrai jeudi. Pas de problème, mon pépère ! Même s'il y a des témoins, personne ne la retrouvera : c'est une épave avec des plaques boueuses, que je récupère à la casse ! Une fois le coup réglé, elle y retournera aussi sec et je la réduirai en miettes… Aucune trace. La bagnole fantôme ! Ni vu ni connu !

Un plan idéal, qui se déroule exactement comme prévu.

18 heures 25, chez la fleuriste de la rue Lepic : Marc, dos tourné à la vitrine, hésite au milieu des bouquets.

18 heures 31 : tintement de clochettes. La fleuriste salue l'arrivant. Marc se retourne, sursaute, pris au dépourvu en pleine préparation de galanterie :

— Ah, patron ! Ben ça, par exemple ! Si je me serais attendu…

— Oui, oui… Moi non plus, Frémont. Moi non plus… Le pur hasard… Jamais, je…

Marco lui lance un coup d'œil égrillard, qui fait très authentique.

— Eh ben moi, c'est pas du hasard. Je peux vous confier quelque chose, patron ? Ça reste entre hommes, hein !

Et, en « coureur de jupon » guilleret, il débite sa petite histoire de danseuse de French Cancan.

Un peu gêné par ces confidences, alors qu'il est lui-même en visite extra-conjugale, le droguiste toussote, achète rapidement son petit bouquet et ressort de la boutique, avec, sur ses talons, un Marco volubile. Agacé, il tourne la tête et lui lance par-dessus l'épaule :

— Bonne soirée, Frémont !

— Attention, patron !

Maurice Taillandier n'a pas fait trois pas qu'une poigne puissante le tire en arrière. L'aile d'une traction avant 11 CV Citroën, brinquebalante et rouillée, froisse le pan de sa gabardine, et le rétroviseur lui arrache le bouquet de la main. Il tombe en arrière…

Dans cette fraction de seconde, Marc Frémont pense : « C'est gagné ! »

Puis il se sent basculer. Lui aussi.

Mais là, ce n'est plus du tout comme pendant les répétitions : le père Taillandier n'est pas un acrobate gitan, et il ne s'est en rien préparé à la manœuvre. Il n'accompagne pas la chute pour en réduire l'impact. Il part au contraire de tout son poids contre Marc. Et il est plus lourd qu'on ne le penserait, le vieux !

En touchant le pavé, Marc entend un bruit bizarre du côté de son genou gauche, avec la nette impression que la jambe se plie dans une direction en principe impossible… Presque simultanément, il ressent, dans son dos, le craquement des côtes contre le bord du trottoir.

La scène a été si rapide que les passants prennent cela pour une bousculade sans gravité. Les deux hommes se retrouvent au sol, seuls entre deux voitures en stationnement.

Maurice Taillandier se redresse, un peu secoué. Il s'aperçoit que son sauveteur n'est autre que Frémont. Il commence à le remercier et à lui tendre la main pour l'aider à se relever, mais Marc grimace :

— Je ne peux plus bouger, patron ! J'ai mal !

Effectivement, un genou déboîté, une double fracture du tibia et quelques côtes brisées, ça empêche les effusions ! Le père Taillandier, le « miraculé » prend alors l'initiative :

— Restez allongé, mon garçon ! Je vais chercher de l'aide ! Il y a une pharmacie en face !

C'est au moment où il s'engage sur la chaussée que Maurice Taillandier est percuté de plein fouet par une 11 CV Citroën…

Une AUTRE 11 CV.

Une conduite intérieure noire, d'un modèle vraiment TRÈS courant… Une autre guimbarde, une autre épave brinquebalante, aux plaques boueuses, destinée à la casse…

Le vieil homme est expédié à quatre mètres de haut, retombe sur le pare-brise de l'engin, qui finit son embardée contre la charrette d'une marchande des quatre-saisons.

Le vieux grigou meurt dans l'instant.

Déjà, la foule des témoins entoure cette guimbarde folle, et prend à partie le chauffard !

Or, cette 11 CV Citroën meurtrière… C'est CELLE-LÀ qui est conduite par Paul Chacun !

Alors que le premier véhicule, celui qui a frôlé Taillandier quelques secondes plus tôt exactement au même endroit et qui ne s'est pas arrêté… tout le monde l'a déjà oublié ! Et on ne retrouvera jamais ni sa trace ni son conducteur ! Mais après tout, il n'avait heurté personne…

Paul Chacun et Marc Frémont, les inséparables Marco et Paulo, eurent beaucoup de difficulté à justifier aux enquêteurs comment, « par hasard », ils s'étaient retrouvés rue Lepic en même temps que le défunt Maurice Taillandier.

Suite à ces tentatives dérisoires, ni le jury, ni les juges, d'ailleurs, n'écoutèrent vraiment les explications des co-accusés.

Marc Frémont comparaissait en fauteuil roulant. Son avocat lui suggéra de plaider qu'à la dernière seconde, il avait tenté de sauver la victime, mais que son état ne le lui avait pas permis. Paul Chacun était d'accord : en tant que conducteur, il était le seul à avoir commis l'acte fatal.

Marco, en vrai frangin, refusa de laisser Paulo porter seul le chapeau : après tout, c'était lui, Marc, l'employé de la quincaillerie. Lui, le seul bénéficiaire prévu de l'opération !

Ils furent reconnus conjointement coupables, avec préméditation. Et, à cette époque, vous en souvenez-vous, la peine de mort n'était pas abolie...

Quant à expliquer aux jurés des assises que c'était la faute à pas de chance, qu'une épave volée et maquillée, conduite par Bouli, ait percuté de plein fouet le patron de son copain de régiment... Il ne fallait tout de même pas prendre les enfants du bon Dieu pour des canards sauvages !

12

Roger ? Il est plus là…

— Alors, il avance bien, votre futur best-seller ?

Le gendarme Danet, sans façon, ôte son képi. Il essuie la sueur tout autour du rebord, avec un mouchoir (un vrai, en toile de Cholet), puis s'éponge le front, où reste marqué un sillon rouge. Il passe derrière la table de travail et se penche pour regarder l'écran de notre ordinateur.

— Et… Vous vous creusez beaucoup la tête, pour trouver toutes ces histoires ?

Le gendarme Danet, Olivier de son prénom, aime bien, après le service, passer sans façon boire un pot. Voici deux ans, il est venu diligenter une enquête sur une bonne âme du voisinage, qui tirait des chevrotines contre les volets de la maison. De fil en aiguille, une sympathie s'est nouée entre nous. Depuis, dès que nous nous isolons ici pour préparer un bouquin, c'est période faste pour lui. Il est tenu par l'obligation de réserve inhérente à sa fonction : l'autorité ne peut se permettre de fraterniser avec ceux qu'elle protège et surveille. Il n'a pas souvent l'occasion de bavarder sans avoir à surveiller sa langue. Une confidence faite à un habitant du coin et, le lendemain, tout le département est au courant ! Avec nous, il peut se « lâcher ». Ses confidences, souvent passionnantes, parfois inattendues, seront les bienvenues : si elles nous servent de base à une histoire, Danet sait que nous en protègerons l'anonymat.

Olivier passe donc dans la maison isolée, aux heures irrégulières que lui impose le roulement des équipes, il entre, dépose son képi sur le frigo, et se sert à boire. Du café d'octobre à mars, de l'orangeade d'avril à septembre. Là, il va se presser des oranges fraîches : il adore les voir descendre la rampe chromée du pressoir automatique. Après un claquement de langue ravi, il fait tinter les glaçons dans le verre.

— Votre nouveau livre, vous avez déjà le titre ?

— *C'était impossible. Et pourtant...* Ça vous plaît ?

— Mouais... Pas courant. C'est marrant... C'est juste ce qu'on se disait, avec les collègues à propos de... Oh, une histoire complètement folle, qui s'est passée à... quoi ? 8 kilomètres d'ici ? Mais, peut-être que ça ne vous intéresse pas ?

Quel cabotin, celui-là ! Il aurait dû faire de la télé !

— Bon, ben... Je vous la raconte quand même ?

Et notre gendarme conteur brise le silence du secret professionnel. Oh ! Il prend bien soin, déjà, de changer les noms, les dates, les lieux précis. Nous finirons de brouiller les pistes. Mais cette aventure effarante, vécue tout près de chez nous, de chez vous, plonge dans l'impossible avec toute la garantie d'authenticité d'un rapport de gendarme.

La voici, telle quelle. Ou presque.

Antoinette Liénard, la quarantaine robuste, les hanches larges sous la robe tablier, se tient sur le seuil, dans l'encadrement de la porte tirée derrière elle. Les bras croisés, elle regarde d'un air méfiant, presque buté, les deux hommes en uniforme qui traversent la cour de la ferme.

— Le bonjour te va, la Toinette ! Il est là, Roger ?

Le plus jeune des deux gendarmes, elle ne le connaît pas bien, c'est un nouveau. Mais l'autre, Olivier, était à la communale avec elle. Il ne fait jamais rien à la légère. Et s'il passe si tôt le matin, ce n'est sûrement pas par hasard. De toute façon, pour venir à la ferme des Liénard, au bout de son chemin privé, il faut vraiment le faire exprès. Alors ? Prudente, Antoinette adopte un ton évasif :

— Mon époux… Roger ?

Comme s'il y en avait plusieurs… Elle cherche à gagner du temps, pour tourner sept fois sa langue dans sa bouche. Quand on parle à des gendarmes, hein… Olivier ne la relance pas. Il la laisse reprendre à son gré.

— Roger ? Il est pas là…

— Ah ? On va l'attendre.

— C'est qu'il est pas sur le domaine…

— On reviendra alors. Quand c'est qu'il rentrera ?

— Ça, j' peux pas vous dire.

— Il sera quand même là ce soir ? Vers 18 heures, ça ira ?

— Oh ça m'étonnerait… Quand je dis qu'il est pas là, c'est qu'il est parti et ça se pourrait bien qu'il ne revienne pas avant quelques jours.

— Parti, le Roger ? Et depuis quand ?

Antoinette sort de sa poche un grand mouchoir à carreaux qu'elle tortille sans raison (un vrai mouchoir, en toile, comme celui du gendarme).

— Depuis… Ben, depuis hier matin. Il est monté sur Paris, au Salon.

— Tiens donc ? Il nous semble bien l'avoir aperçu hier soir, dans sa Kangoo, sur la route de Villeneuve. C'est même pour ça qu'on vient.

— Mais ça peut pas être lui ! Puisque je vous dis qu'il est parti !

— Pourtant, le numéro de plaque, on le connaît ! Comme un des phares ne fonctionnait pas, on l'a sifflé et il ne s'est même pas arrêté. Résultat : il est passible d'une contravention. On n'y peut rien, c'est le règlement. Alors ?

— Mais j'en sais rien moi ! C'était peut-être bien le Jacques, qui conduisait ?

— Son frère ? Et il est là, lui ?

— C'est après moi que vous demandez ?

Les deux gendarmes se retournent en même temps.

Planté devant la grange, appuyé sur sa fourche, une cigarette de papier maïs à demi consumée collée au coin des lèvres,

Jacques Liénard vrille ses petits yeux pointus par dessous la visière crasseuse de son inséparable casquette. Apparu silencieusement. Quand les gendarmes ont traversé la cour, ils ne l'ont pas vu.

— Tiens donc ! Quand on parle du loup... Alors, Jacques ? T'es pas monté visiter le Salon, toi ?

— Comme vous voyez. Faut bien quelqu'un pour le travail. Il se fait pas tout seul... le nôtre !

Et toc : prenez ça dans les dents, les fonctionnaires ! Les gendarmes préfèrent n'avoir rien entendu.

— Comme ça, il paraîtrait que c'est toi qui conduisais la Kangoo de Roger hier soir ?

La cigarette baveuse passe dans l'autre coin des lèvres. Il marmonne :

— Hier soir... Ça se pourrait... J'peux pas dire. Ça dépend à quelle heure.

— Enfin, Jacques... Vers 9 heures, sur la route de Villeneuve... C'était toi, oui ou non ?

— C'est pas impossible. On y passe tous les jours.

— Tu y étais, alors ?

— Probable que oui.

— Tu n'as pas entendu quand on t'a sifflé ?

— Probable que non... Si j'avais entendu... Je m'aurais arrêté !

— Et tu n'as pas vu non plus nos appels de phares ?

— Probable que non. Si j'avais vu...

— Oui, oui... Si t'avais vu, tu te serais arrêté !

— Y a des chances.

— N'empêche que t'as appuyé sur le champignon. Et maintenant t'es bon pour la contravention. Alors ? Tu reconnais les faits ?

— Si vous êtes sûrs... De toute façon, s'il y a quelque chose à payer, vous avez qu'à me l'envoyer, je réglerai.

— Il faut que tu signes les papiers. On fait ça maintenant sur la table ?

— Pas le temps. Là, tout de suite, j'ai à finir... La paille à rentrer. Si jamais il pleuvait... Et j'ai les mains sales. Je passerai à la gendarmerie.

— Bon. Comme tu voudras. Allez, on ne fait pas plus long. On vous laisse travailler !

Les deux gendarmes portent la main à la visière et quittent Jacques Liénard et sa belle-sœur, toujours plantée sur le pas de la porte. Ils retraversent la cour, en sentant le regard des fermiers sur leur nuque.

Revenus à bord de leur camionnette bleue, ils observent un profond silence. Ils flairent quelque chose d'anormal. Chacun d'eux se livre à des réflexions intérieures à propos de la scène qu'ils viennent de vivre.

Danet, surtout, est perplexe. Il est dans le métier depuis plus longtemps et il connaît la région depuis toujours : c'est bien la première fois qu'il n'est pas invité à pénétrer dans une maison.

D'ordinaire, quand il se rend dans une ferme avec un collègue, il est plutôt bien accueilli... Il se fait même prier pour entrer. Par principe. Alors les paysans insistent, car ils tiennent absolument à montrer que le ménage est bien tenu et que l'on n'a rien à cacher. Généralement les familles offrent un petit verre de prune du pays ou de vin blanc. Bien sûr, on commence par dire que l'on ne devrait pas accepter pendant le service. Mais chez les honnêtes gens, autour d'une table, on concilie le règlement et le savoir-vivre. Il suffit d'ôter symboliquement le képi, de déclarer, comme une bonne plaisanterie : « Allez ! C'est le quart d'heure de pose ! » Le maître de maison répond sur le même ton : « Alors... Vous n'êtes plus en service ! » Et il verse le coup. Les Liénard viennent de transgresser le rituel en les laissant dehors.

— Dis donc, collègue, intervient le jeune gendarme Pierlot, ils ne sont pas trop difficiles, les gens de par-ici ! Dans le Massif central, où j'étais affecté avant, il aurait drôlement fallu insister pour leur faire admettre un délit de fuite ! Et pour le montant de la contravention : ils auraient marchandé !

— Eh bien justement collègue ! On voit bien que tu n'es pas du pays ! Les natifs du coin sont particulièrement coriaces à faire causer. Et surtout à faire payer ! C'est ça qui m'étonne. Tu sais à quoi je m'attendais ? Normalement, ils auraient dû nous inviter à entrer, nous faire amitié et bienvenue comme si on était là pour bavarder de la pluie et du beau temps... Puis ils auraient eu l'air de tomber des nues à propos de l'incident d'hier soir. Qu'ils jouent au moins les étonnés ! Au lieu de ça, le Jacques se fait à peine tirer l'oreille pour reconnaître les faits. Sortir de l'argent de sa bourse, lui, un Liénard ! Parce que, une chose que tu ignores, collègue, et que moi j'ai vue de mes yeux quand on était gamins, c'est que Étienne Liénard, le père de Jacques et Roger, il dressait sa smala à coups de brodequin dans le cul, s'il y avait 5 sous dépensés en trop sur les comptes du trimestre... Et Odette, leur mère, elle diminuait la ration des ouvriers de la ferme le dimanche, puisqu'ils ne travaillaient pas !

— Ah ben en effet ! « S'il y a quelque chose à régler, je paierai », qu'il a dit, sans même demander combien... C'est bizarre !

— Bizarre autant qu'étrange, collègue, vu qu'en causant cinq minutes autour d'une bouteille, il aurait pu promettre de le réparer, ce phare et on aurait passé l'éponge ! Tu ne m'ôteras pas de l'idée que tout ça n'est vraiment pas catholique !

— Alors, collègue ? On y retourne ?

— On y retourne !

L'estafette bleue effectue sur la départementale un demi-tour sur place, assez peu conforme au code de la route, mais tout à fait dans l'esprit de *Fast and Furious 12*. (Les gendarmes aussi empruntent la console de jeu de leurs gamins !).

En virant sur le bout de chemin privé, les gendarmes coupent le contact et laissent aller le véhicule en roue libre jusque derrière une haie.

Sans vraiment se cacher, mais sans rien faire non plus pour signaler leur présence, ils se dirigent à pied vers le bâtiment principal. En passant devant la grange, ils constatent que la tâche de Jacques n'était pas si urgente qu'il l'affirmait : le tas de paille n'a pas diminué. La fourche est piquée dans un ballot. Personne alentour.

Plutôt que d'appeler, Danet prend l'initiative de jeter un œil par la fenêtre qui donne sur la salle commune. Peine perdue : les rideaux de macramé blanc plaqués aux vitres ne permettent pas d'apercevoir quoi que ce soit.

— Écoute voir, collègue !

Le gendarme Pierlot, l'oreille collée à la porte, a parlé dans un souffle. Danet s'approche à son tour et il perçoit effectivement un bruit curieux : on dirait un grincement irrégulier, par à-coups, comme quelque chose de lourd et de métallique sur le sol.

Les représentants de la loi échangent un regard et Danet cogne trois coups fermes contre le panneau de bois. À l'intérieur, instantanément, le bruit cesse. Un silence long de plusieurs secondes.

Le gendarme frappe à nouveau.

— Qui c'est-y ?

La voix d'Antoinette, irritée, juste derrière la porte, comme si elle s'en était approchée sur la pointe des pieds.

— C'est nous ! lance Danet.

— La gendarmerie ! précise Pierlot.

— Voilà, voilà ! On arrive !

Maintenant, la réponse de la fermière parvient du fond de la pièce. L'oreille toujours aux aguets, Danet et Pierlot saisissent encore un ou deux grincements métalliques, puis le couinement caractéristique des gonds d'une porte que l'on referme avec précaution. Des pas, nettement marqués. Les gendarmes se redressent vivement.

La porte d'entrée sur la salle commune est encore à l'ancienne : coupée à mi-hauteur, pour pouvoir aérer sans laisser passer les poules et les chiens. Seule la partie supérieure s'ouvre, dévoilant le visage un peu trop rouge d'Antoinette. À quelques mètres derrière elle, Jacques Liénard s'appuie à la tablette du buffet Henri II, avec un air naturel qui ne trompe personne. Les deux gendarmes se demandent un instant s'ils ne se sont pas trompés du tout au tout, avec leurs soupçons. Est-ce qu'ils viendraient tout bêtement de surprendre la fermière et son beau-frère en train de planter une solide paire de cornes au mari absent ?

Mais quelque chose incite Danet à insister. D'autorité, il passe la main derrière le panneau inférieur de la porte, fait jouer la targette et pénètre dans la pièce fraîche.

Il aimerait bien pouvoir attaquer d'emblée sur les détails qui ne collent pas. Par exemple cette histoire de contravention trop facilement acceptée. Par exemple que jamais Roger Liénard ne serait parti pour trois jours en laissant sa Kangoo. Et en payant le billet de chemin de fer. Danet sait très bien que, les rares fois où le fermier est monté à Paris ces dernières années, il y est allé à cinquante à l'heure, avec sa vieille bagnole dont l'arrière était bondé de légumes, qu'il vendait à la sauvette sur un trottoir de la capitale, histoire de rembourser le voyage.

Oui, il aimerait bien pouvoir dire tout ça, le gendarme Danet. Seulement, ça ne ferait pas avancer les choses : les deux rusés, là en face, se contenteraient de hausser les épaules et de se fermer à double tour. Surtout si l'hypothèse qui vient de le traverser était la bonne. Que ces deux-là soient en train de fricoter… Que dire, dans cette atmosphère un peu lourde ? Alors, il se contente de marmonner quelques mots d'allure plus ou moins officielle, à propos des « circonstances topographiques subséquemment rattachées à l'infraction relevée et sur lesquelles il est nécessaire d'apporter les précisions y relatives ».

Mais tout en parlant, il circule dans la pièce, il renifle. Son œil se pose ici et là. Tout paraît normal, propre, sans un grain de poussière. Antoinette sait tenir son intérieur. Elle a d'ailleurs tiré du buffet une bouteille et trois verres, pour que les hommes puissent boire. Jacques Liénard farfouille dans la poche de sa chemise de flanelle, en ramène son éternel mégot papier maïs. La haute flamme fumeuse d'un briquet à essence éclaire un instant son visage. Il serait tout à fait normal lui aussi, s'il n'avait les cheveux plaqués sur les tempes par la transpiration, comme après un gros effort.

— Y a des verres de sortis !

Antoinette joue la carte de la détente. Le gendarme Danet ne l'entend pas. Il vient de remarquer, sur le carrelage de grès impeccablement ciré, des traînées blanches. Par endroit, le sol est griffé. Les premières traces apparaissent sur le seuil de la chambre à coucher. Cela traverse la salle à manger en contournant la table. Et se termine devant la porte étroite qui conduit au cellier.

Antoinette et son beau-frère ont vu que le gendarme a vu. Ils se sont immobilisés. Lorsque Danet avance la main vers le loquet de la petite porte, Antoinette ne peut se retenir d'amorcer le même geste.

Ce sont d'abord des odeurs qui sautent à la face d'Olivier. Effluves de l'ail et des oignons pendus aux poutres basses, relents aigrelets du vin et du cidre qui, depuis un siècle peut-être, ont imprégné la terre en gouttant des tonneaux.

Ensuite, c'est un bruit, comme un soufflet très faible qui se viderait de son air par saccades. Le gendarme Danet lance dans la pénombre :

— Il y a quelqu'un, ici ?

Ses yeux s'accoutument. Il commence à distinguer les formes : au milieu du cellier, un lit. Un lit de fer que l'on a déménagé précipitamment quand ils ont frappé tout à l'heure. Ce sont les pieds de métal qui ont rayé le carrelage quand on l'a traîné jusque-là. Et sur le lit, un homme. Ou plutôt quelque chose qui *a été* un homme. Il est ligoté aux montants par des lacets de cuir qui lui maintiennent bras et jambes en croix. Mais il n'aurait de toute manière plus la force de se lever. Cette chose qui est là s'est appelée Roger Liénard.

La dernière fois que Danet l'a vu, pilotant son tracteur, c'était encore un gaillard de quarante-sept ans, de près d'un mètre quatre-vingt et d'une appréciable musculature. Sur le lit, une momie. Des os pointant sous une peau racornie. Et cela est encore vivant. Les médecins diront plus tard qu'il ne pesait plus, à ce moment-là, que 38 kilos.

Lorsque sa femme et son frère passeront aux aveux, des aveux péniblement extirpés par un juge d'instruction incrédule, ils donneront le fin mot de cette histoire, mais tout comme les gendarmes et le juge, vous allez avoir du mal à y croire.

Au moment où il fut retrouvé, Roger Liénard était attaché ainsi depuis près d'un mois. Depuis près d'un mois, il n'était nourri que… de gros sel. Ce qui explique son état de dessèchement. Mais le plus incroyable reste encore à dire : sa femme et son beau-frère ne l'ont pas séquestré. Ils ne voulaient nullement s'en débarrasser. Ils ont commis cela… par amour pour lui ! Et ils l'ont fait à sa demande, à lui, Roger.

Il avait constaté depuis quelque temps que lorsqu'il touchait des vaches, leur lait se tarissait et leur ventre gonflait. Dans les champs dont il s'occupait personnellement, le grain ne montait pas, alors que la récolte était bonne sur le reste du domaine. Quand il allait chercher une bouteille, le vin, disait-il, tournait instantanément.

Alors Roger Liénard, un solide bonhomme de quarante-sept ans, a parcouru 20 kilomètres à pied. Les pieds nus. Et de nuit, ainsi qu'il lui a été ordonné par le mage Rigobert.

Le mage Rigobert existe : c'est un type nauséabond, noir de crasse, qui niche dans une baraque de parpaings, érigée sans autorisation à l'orée d'un bois communal. De son véritable état civil Gérard Dupin, ce fils de paysan a dilapidé en beuveries l'exploitation familiale. Trop imbibé d'alcool pour mener une activité suivie, il aurait, depuis belle lurette, crevé de malnutrition, s'il n'avait bénéficié de ce que l'on n'ose appeler « une chance ». Avant le début de sa décrépitude, il avait été marié. Le seul enfant né de cette union, un garçon, était mort en 1983, noyé dans les 30 centimètres d'eau de la mare aux canards, dans des conditions que personne, à l'époque, n'avait vraiment cherché à préciser. Manque de surveillance, probablement. Mais Dupin avait réussi à faire courir le bruit que l'âme de son fils restait près de lui et qu'elle lui conférait le pouvoir de jeter ou de retirer le mauvais œil sur quelqu'un.

Une ou deux coïncidences avaient suffi à accréditer ce « pouvoir ». Dupin s'était autoproclamé mage, rebaptisé Rigobert et depuis, les quelques sous qu'il tire de ses « clients » lui suffisent pour payer son pinard.

On peine à imaginer la scène : le rendez-vous a été fixé à minuit, dans la cahute du mage. Le robuste Liénard arrive, les pieds usés au sang par le bitume. Le sorcier, pour bien marquer sa supériorité, se paie le luxe de le faire agenouiller et exécuter le signe de croix à l'envers. Une fois la domination acceptée, Liénard est à sa merci. Il peut adresser sa requête, mais avec l'interdiction totale de lever la tête. Quand il a raconté, en gros, les malheurs qui l'ont amené là, il entend un rire cruel.

— Tu vois bien, malgré ce que les fortes têtes racontent sur moi… Ils fonctionnent, mes sorts !

— Comment ça ?

— D'où tu crois que ça vient, ce qui t'arrive ? Les vaches qui gonflent, le grain qui s'étiole, le vin qui tourne et tout le tremblement ? Tu crois pas que ça t'est tombé dessus par l'opération du Saint-Esprit, je suppose ?

— Vous voulez pas dire que c'est vous qui…

— Si ! Je veux le dire ! Et j'en suis fier !

Roger ne peut pas retenir un élan furieux, mais le gringalet sardonique le calme d'un geste.

— Oh, baisse les yeux, toi ! Tu veux que je me fâche ?

— Non, non ! Pardon… Mais je vous ai rien fait de mal ! Pourquoi vous m'en voulez ?

— T'en vouloir ? Mais mon pauvre gars, pour moi, t'es personne. En revanche, y a quelqu'un d'autre qui n'est pas ton copain. C'est lui qui m'a demandé de te mettre le mauvais œil. J'ai fait mon boulot, un point c'est tout. Et je l'ai bien fait, t'en es témoin ?

Roger ne sait plus où il en est. Il bégaie quelque chose. L'autre l'attrape par les cheveux et le secoue.

— Je l'ai bien fait, mon boulot, ou pas ?

— Oui, oui...

— Je suis un grand mage, ou pas ?

— Si, si...

— Dis-le, alors !

— Vous... Vous êtes un grand mage.

Roger, toujours agenouillé, complètement chamboulé par ce psychodrame nocturne, fond en larmes. L'autre se lève et lui cache le visage dans le pan de sa veste puante.

— C'est bien, Liénard. T'es un bon garçon. Et je vais te dire : t'as eu raison de venir vers moi !

— Si vous êtes au service de mon ennemi...

— Justement. C'est le jour où la chance peut se mettre de ton côté... Si tu sais la saisir.

— Qu'est-ce qu'il faut que je fasse ?

— Figure-toi que celui qui t'en veut, il aurait comme qui dirait... oublié de me payer mon travail. Alors, je ne suis plus lié avec lui... Si toi, Liénard, tu veux m'engager...

Et Roger, ce gros balourd, avait payé ! Il avait déboursé la grosse somme pour recouvrer une vie normale et pour que le mauvais œil se retourne contre son « ennemi ». Pas un instant, il n'a subodoré que ce mystérieux commanditaire n'était qu'une invention du grand mage pour effrayer cette victime, qui ne demandait qu'à se faire exploiter.

C'est donc Rigobert qui avait prescrit à Roger ce régime dément de gros sel et de prières pour chasser le démon qui était en lui et qui faisait gâter tout ce qu'il approchait. On pourrait dire que ce grand nigaud avait bel et bien été « envoûté » puisqu'il en était arrivé à exiger de sa famille qu'on le ligote sur le vieux lit de fer, pour ne pas risquer de s'échapper, sous la dureté des privations.

Durant presque un mois, rien que du gros sel… Et quand il avait trop soif, on lui donnait quelques gouttes d'eau. De l'eau bénite, que Rigobert volait à l'église et dont il renforçait le pouvoir par quelques paroles magiques, baragouinées dans un faux latin de sa composition.

Le gendarme Danet reprend son képi.

— En ce moment, celui que j'ai appelé Roger Liénard se rétablit dans un hôpital à quelques kilomètres de chez vous. Il a repris plus de 20 kilos.

Vous allez demander quelles suites vont être données à cette affaire ? Roger, ce grand corniaud, a refusé de porter plainte. Le parquet pourrait poursuivre. Mais qui ? Dupin-Rigobert, pour escroquerie ? Roger maintient qu'il n'a pas été arnaqué : il a versé une « obole » spontanée. Et, selon lui, parfaitement justifiée par le service rendu : puisqu'il a survécu, c'est la preuve que le mauvais œil est bien parti.

Bien sûr, nous avons entendu le grand mage, Rigobert, entre deux cuites magistrales payées par l'*obole* de son pigeon : il ricane, il vomit dans nos locaux et il nie tout en bloc.

Alors, poursuivre Antoinette et Jacques, pour mauvais traitements et mise en danger de la vie d'autrui ? Vu l'état de faiblesse du Roger, la ferme a besoin de leur présence… Le procureur de la République est bien perplexe. Il nous a donné la consigne de ne pas ébruiter l'affaire. Il veut éviter l'afflux des journalistes, qui feraient leurs gros titres sur l'obscurantisme dans nos campagnes.

Danet visse son couvre-chef, dont le bord retombe pile sur la ligne rouge incrustée dans son front.

— Si ma petite histoire vous a plu… Offrez-moi donc un autre jus d'orange comme celui-là, et je vous promets de quoi étonner encore vos lecteurs !

Son regard accroche à nouveau l'écran, où les premières lignes de son récit commencent déjà à s'inscrire. Notre dernière acquisition : un programme de reconnaissance vocale a capté ses paroles et les transcrit directement dans le traitement de texte. Voilà qui va le scier notre gendarme. Tiens ? Au bout de cinq secondes, il détourne déjà les yeux ?

— Vous savez quoi ? Les Liénard, les obéissants disciples du mage Rigobert… Pour gérer leur ferme, le fourrage, le lait des vaches, les dates de moisson en fonction de la météo… Ils se servent d'un ordinateur juste un peu plus perfectionné que le vôtre !

Convenons que la remarque… ne manque pas de sel.

13

Un cerveau détraqué

Une banlieue, un quartier de pavillons style des années cinquante, avec un escalier de ciment menant au perron bordé de fer forgé, au-dessus du garage…

Quand vous en avez vu un, vous les avez tous vus, et, quand vous avez vu l'une des rues, vous les connaissez toutes…

Pourtant, à l'époque où ils ont été bâtis, ces pavillons représentaient un idéal, le rêve des familles ouvrières : le Progrès, avec un P majuscule, et l'invincible Société industrielle y assuraient un avenir radieux pour les générations futures…

Quelques décennies plus tard, elles ont filé le plus loin possible de cette fabrique de déprime, les générations futures ! Les seuls jeunes qui demeurent encore ici ne le font que contraints et forcés, par le chômage surtout…

La plupart des pavillons du bonheur décrépissent, mal isolés, rendus obsolètes par les normes actuelles, trop chers à entretenir pour un confort largement dépassé… Ceux qui s'y accrochent encore décrépissent aussi, mais, après tout, leur vie est dans ce quartier, et ils n'auraient plus l'énergie d'entreprendre un nouveau départ…

Comme chaque matin, postée derrière la fenêtre de sa cuisine, Yvette Carlin fait à son mari le reportage des événements insignifiants qu'elle a observés. Il ne se passe pas grand-chose, rue Ernest-Renan, certes, mais comme Yvette est insomniaque, elle a accumulé les informations…

Fernand Carlin, lui, se réveille nettement plus tard. Vers les 6 heures. Il s'empare du journal auquel *il* est abonné, lui perso. C'est pourquoi, comme chaque matin, il manifeste un légitime agacement pour remettre en ordre les pages déjà froissées par sa femme.

Après quoi, il dresse un rempart de papier pour lui-même, sa cigarette roulée main et son bol de café.

À coup sûr, Yvette va commenter l'invraisemblable tas de cartons d'emballage ramassés par la benne à ordures chez les Arabes du 26, qui pourtant bénéficient de l'aide sociale…

— Une télé deux fois grande comme la nôtre, tu te rends compte ! Des matelas pour leurs mômes ! Neufs, les matelas ! Et une batterie de casseroles ! Faut pas se demander comment ils se débrouillent, ceux-là !

Yvette cultive un racisme primaire. Fernand, ancien syndicaliste, a travaillé avec toutes sortes de gens, mais, depuis longtemps, il a renoncé à convaincre son épouse d'abandonner ce genre de stupidités. Tout simplement depuis qu'il s'est rendu à une évidence : Yvette EST stupide…

Maintenant, elle va révéler si le « p'tit coiffeur » du 30 est sorti à temps pour attraper le tram de 5 heures 55, ou s'il l'aura loupé, pour la troisième fois en moins de quinze jours… Et, en disant « le p'tit coiffeur » avec la bouche en cul de poule, elle lèvera le petit doigt, histoire de signifier que les tares de celui-là ne trouvent pas non plus grâce devant sa morale…

Ensuite ? Eh bien, selon le programme, ce sera le tour de Louis Hussenot. Inévitablement, Yvette dira :

— Tiens… V'là Louis ! Quand c'est qu'il va arrêter de nous prendre pour des poires, çui-là ?

Explication rapide : Louis Hussenot demeure au 18, juste en face. Voici quelques années encore, Louis Hussenot et les Carlin s'entendaient bien. On pouvait même dire qu'ils étaient amis. Louis a une passion : le bricolage… Il réparait tout dans le quartier, mais, pour les Carlin, c'était traitement de faveur :

pour leur vingtième anniversaire de mariage, il leur avait confectionné cette table basse, qui trône encore dans leur salon. En chêne massif. Pas verni : ciré. Mais aucun risque d'y faire des marques. Astuce : dans le plateau, il avait incrusté des carreaux de faïence rouge flammé pour y poser les verres d'apéro. Un coup d'éponge et c'est propre. Une merveille ! À ce niveau de goût, ça ne s'appelle plus du « bricolage » : c'est de l'artisanat d'art.

Précisons que, à cette époque, Louis avait un bon poste de contremaître à l'usine de pellicules photo, et qu'une grande partie de ses économies passait dans l'outillage. Il lui fallait toujours le top. Et son matériel, c'était sacré. Au point que sa voiture couchait dehors, et qu'il avait transformé tout son garage en un atelier niveau professionnel !

L'autre grand secteur de dépenses, pour Louis Hussenot, c'était Linda, sa superbe épouse. Une Portugaise, mais très bien quand même. Yvette en convenait. Amoureux fou, qu'il en était, de sa Linda…

Elle aussi, elle avait l'air de l'adorer. Elle se frottait contre lui en public, au point que ça en devenait parfois gênant. Elle tortillait autour de son index la dernière mèche qui garnissait le front de son mari et elle roucoulait :

— Regardez-le ! Il est pas mignon, mon roi ? Mon roi des bricoleurs !

Mais ça, c'était tant qu'il touchait la grosse paye. Et puis, tout s'est cassé, en cascade : l'usine de photo a licencié en masse. Louis a été débarqué dans la deuxième charrette. Plus de salaire, les Assedic à taux dégressif sur deux ans. Il a fallu se serrer la ceinture. Du coup, sa Linda (pas folle, la guêpe !) a su quitter le navire avant le naufrage. Elle a misé sur un secteur qui ne connaît pas la crise : elle est partie avec un plombier. Polonais. Ça ne s'invente pas.

En quelques mois, ce brave Louis a changé du tout au tout. Il est devenu grisâtre, soupe au lait comme pas un… Prêt à vous balancer son poing dans la gueule pour un oui, pour un non.

Il s'est fâché avec tout le voisinage, y compris les Carlin.

Enfin… Pas tous les deux : seule, Yvette refusait fermement de lui parler tant qu'il ne viendrait pas s'excuser. De quoi, au juste ? Oh, d'un mot de travers qu'il avait eu, un dimanche… Lequel, Yvette ne se rappelait plus exactement, mais elle maintenait que Louis avait dépassé les bornes. Fernand, officiellement, le boycottait aussi. Mais il lui arrivait de croiser son copain en centre-ville, et d'essayer de lui remonter le moral.

Parce que ce n'était pas brillant : Louis traînait dans les bistrots, quémandant un verre ou une cibiche qu'il n'avait plus les moyens de se payer. En fait, Hussenot, à cinquante ans largement passés, faisait partie de la cohorte des chômeurs irrécupérables. De notoriété publique en centre-ville, il était largement en fin de droits.

Mais, dans son quartier, il voulait maintenir une certaine honorabilité. Il avait répandu le bruit qu'il avait « monté sa propre structure », comme ils disent à la télé. Pour faire des travaux de bricolage auprès des particuliers… Tout le monde savait qu'il se dégottait des petits boulots au noir. Quelques-uns dans l'année. Juste assez pour acheter à l'hypermarché des boîtes de pâtée pour chiens, alors que son chien avait déserté le canapé en même temps que Linda…

Et donc, chaque matin, sa trousse à outils en bandoulière, il partait par le même tramway que les « vrais » travailleurs.

Voilà pourquoi, immanquablement, Yvette Carlin, derrière la vitre de sa cuisine allait dire, faisant fi de toute charité :

— Tiens… V'là Louis ! Quand c'est qu'il va arrêter de nous prendre pour des poires, çui-là ?

Or, ce matin, aucun commentaire. Du coup, Fernand émerge de derrière son journal :

— Qu'est-ce t'as dit ?

— Moi ? Rien… Mais j'ai dû penser tout fort… Parce que Louis n'a pas pris son tram, ce matin…

Fernand tique un peu : hier soir, il a aperçu leur voisin dans la Grand-Rue. Il lui a proposé de s'accouder au comptoir de la brasserie, le temps d'un ou deux ballons de côtes-du-rhône.

Offerts, cela allait de soi. Pourtant, Hussenot ne s'est même pas arrêté :

— Laisse-moi. Faut que je rentre. Un truc urgent à finir.

Qu'est-ce qu'un type dans sa situation pouvait bien trouver d'urgent ?

Les Carlin sont sur leur perron. Une brume légère flotte entre les maisons. Le silence, avant que la rumeur de la ville ne s'étende... Et, par-dessus, un bruit... Un bruit continu, presque imperceptible, au 18, dans le pavillon de Louis. Un bourdonnement agaçant. Qui vient du garage... Comme une perceuse électrique... Mais personne n'utilise une perceuse de façon continue... En plus, le garage est fermé... C'est ce qui persuade Fernand de monter jusqu'au perron et de sonner. Après plusieurs essais prolongés, sans réponse, il plaque son chandail contre un carreau. Un coup de coude, vitre brisée, Fernand tourne le verrou, entre dans le corridor. Il appelle. Rien. Sauf ce bourdonnement, en bas. Fernand descend vers le garage par l'escalier intérieur.

Rassurez-vous : nous n'allons pas reproduire ici les détails du rapport de police. Juste vous en tracer les grandes lignes.

Louis Hussenot est assis au pied de son établi, dans une sorte de fauteuil bas, fait de cornières soudées.

Les jambes contre les pieds du siège, ainsi que les bras sur les accoudoirs, sont maintenus immobilisés par des arceaux, crantés comme des menottes : une fois engagés, ils ne peuvent plus se couvrir. Le buste, appuyé au dossier, est ceinturé de la même façon par des arceaux plus vastes.

Idem pour le front, emprisonné contre un appuie-tête qui prolonge le dossier.

Derrière le fauteuil, un dispositif composé d'une potence en équerre, bien stable, faite avec des fers en T. La traverse horizontale est un rail à crémaillère sur lequel se déplace un chariot supportant une perceuse. Il est piloté par un mécanisme d'une grande ingéniosité : un système de cames permet à l'outil de forer, de remonter, de se déplacer de quelques centimètres, puis de redescendre, en forant à nouveau.

Le perçage est effectué par une longue mèche pour la maçonnerie.

Cette longue mèche est descendue sept fois… Sept.

À la verticale.

Dans le crâne de Louis Hussenot. Sept fois.

Pour étouffer ses propres cris, Louis a coincé entre ses dents une balle en mousse. Qu'on le croie ou non, le désespéré était encore en vie lorsque l'ambulance l'a emporté. Il n'est décédé que deux jours plus tard.

Deux jours pendant lesquels Fernand n'a pas quitté son chevet. Car tout le monde s'interrogeait sur la signification de cette tragédie. Mais lui, Fernand, avait compris.

Louis lui avait confié, quelques semaines plus tôt, qu'il espérait voir revenir sa Linda chérie. En ville, il avait entendu dire qu'elle cocufiait à tours de reins son plombier polonais. Signe qu'elle ne l'aimait pas, donc. Qu'elle s'ennuyait avec lui. Tous les espoirs étaient permis. Il savait quel cadeau ferait un plaisir unique à sa bien-aimée.

Lorsqu'elle avait quitté les lieux à la va-vite, dans la camionnette de son chevalier servant, elle n'avait emporté que le minimum : le chien et une petite valise contenant ses dessous en dentelle et les bijoux offerts par Louis. Le reste des « rogatons » qui décoraient sa baraque, il pouvait « se le coller dans un endroit bien précis ».

Or, elle avait oublié UN objet auquel elle tenait : une pendule portugaise qui avait appartenu à son arrière-grand-mère. Une pièce remarquable, dont tous les rouages étaient en bois. Il en manquait plusieurs et la pendule était considérée par les professionnels comme irréparable.

Louis avait passé des nuits à se rougir les yeux, à s'user les doigts et la pendule fonctionnait à nouveau.

Par livraison spéciale, elle avait été déposée sur le paillasson de Linda, avec des lys blancs et un billet : « Ton roi des bricoleurs t'attend. Reviens. »

Pendant que les secours s'activaient au garage, Fernand Carlin, en larmes, s'était promené dans la maison de son ami.

Il avait trouvé un sac-poubelle maculé de terre. On l'avait probablement balancé à la volée dans le jardin, par-dessus la clôture, depuis une voiture. Dedans, les morceaux, ou plutôt les miettes, de la pendule portugaise. Le billet d'amour écrit par Louis y était aussi. Au verso, Linda lui avait répondu :

« Le roi des cons, oui ! Si tu crois que c'est avec ça que tu vas me ramener dans ton lit, t'es vraiment débile !
C'est ton cerveau que tu devrais réparer ! »

Il aura essayé…

14

OOPS !

Le hall du Palace Hôtel de Manchester ressemble, ce soir, à un décor pour le prochain James Bond.

Sous la voûte de céramique Art déco, tout le monde est, littéralement, « en représentation ». Ces très honorables messieurs, qui foulent les tapis de leurs babouches dorées ou de leurs mocassins de chevreau cousus main, sont les représentants de toutes les nations.

Ces très sexy personnes qui, de leurs talons aiguilles, martèlent les marbres polychromes, représentent, elles, le top du top de la galanterie internationale

Tout ce monde se croise, à l'aise, souriant. D'autant plus décontracté que ce congrès se déroule sous le plus noble étendard qui soit, le fleuron de la pensée unique et consensuelle du XXIe siècle débutant : le commerce équitable.

Ah, que voilà un alibi inexpugnable pour prendre son pied entre l'hélicoptère et la limousine, aux frais de la princesse. Et pour ceux qui ne sont pas entretenus par une princesse, c'est l'entreprise ou le contribuable qui paieront la suite royale, le caviar et les saladiers de cocaïne…

Au milieu de ce déballage obscène d'une civilisation en décadence, amusez-vous à chercher l'intrus. Il y en a forcément un. LE personnage qui fait tache, l'erreur de casting absolue…

Regardez là-bas, vers le bar... Dans le coin gauche. Ce type qui transpire en se dévissant le cou pour repérer quelqu'un. Manifestement, il se sent dans ses petits souliers ! Au sens figuré du terme, car, soyez-en sûr : ses godasses avachies ne sont pas taillées sur mesure par un grand bottier italien !

Cet homme mal dans sa peau, Daniel Walker, est, comme tous ici « représentant ». Mais il ne représente aucun gouvernement, aucune banque centrale... Il est représentant, mais... de commerce. Un démarcheur. Un brave homme de VRP.

Il place des articles de papier auprès des restaurants et des collectivités : serviettes, sets de table, nappes...

Du coin de l'œil, il surveille deux sacoches pleines d'échantillons. Il a tenté de les conserver avec lui, mais, comme elles pèsent le poids d'un âne mort, il s'est résolu à les poser près d'une colonne, à trois mètres du tabouret qu'il a réussi à squatter.

Si ce malheureux Daniel est dans ce coin, à transpirer sous son imperméable, c'est qu'il a été fort mal inspiré : depuis chez lui, à Bristol, il a prospecté pendant des mois une grosse centrale d'achat qui travaille pour des chaînes de traiteurs. Elle passe des commandes à la concurrence, non pas par carton de cinq cents pièces, à renouveler au gré du client, mais par tonnes et sur trois ans ! Il a fini par obtenir un rendez-vous avec deux acheteurs et, pour les impressionner, il leur a proposé de les rencontrer au bar du Palace Hôtel, le symbole de l'opulence et de la tradition à Manchester...

Après une heure de transpiration, Daniel Walker se rend à l'évidence : son rendez-vous est manqué.

Pour échapper au brouhaha, il s'isole dans les toilettes et passe un coup de fil à ses correspondants. Ou plutôt, tente de le faire : ils sont momentanément injoignables, comme le répète leur opérateur téléphonique. Daniel appelle la centrale d'achat. Après une douzaine d'essais dans le vide, une standardiste distraite décroche et marmonne dans son chewing-gum :

— Monsieur comment, vous avez dit ? Walkère ? Non, il est pas chez nous…

— Mais je le sais, puisque je suis là !

— Ben alors… Si vous savez où vous êtes, pourquoi vous appelez ici ?

— Parce que j'avais rendez-vous avec deux personnes de chez vous, madame Bartlett et monsieur Simpson.

— Ah, ben… Eux non plus, ils sont pas ici.

— Vous ne sauriez pas, par hasard, où ils sont ?

— Si, si…

— Ça vous ennuierait de me le dire ?

— Ah non… Ils sont chez eux…

Les deux acheteurs sont bien partis du bureau, mais comme le centre-ville est saturé à cause du congrès, ils ont renoncé et sont rentrés dans leurs foyers.

— Vous pourrez pas les avoir : ils ont coupé leurs portables. Mais avant, ils m'ont appelée. Ça me fait penser… Ils m'ont laissé un message. Pour un certain monsieur… Walkère. Ben tiens, c'est pas comme ça que vous m'avez dit que vous vous appelez ?

— Si, puisque c'est mon nom…

— C'est pour vous, alors ? Voyez, si vous me l'aviez pas remis en tête… Bougez pas. J'ai noté ça quelque part… Voilà : ils vous prient de reprendre contact le mois prochain…

Le lapin dans toute sa splendeur ! Il va encore se faire charrier par ses collègues, « monsieur Walkère » ! Daniel, lourd de rancœur contre ces gens qui en prennent à leur aise avec les petits fournisseurs, s'apprête à quitter ce maudit hôtel.

Lourd de quoi ?

— Oh, bon sang ! Mes sacoches !

C'est vrai qu'il se sentait bizarrement léger, depuis un moment ! Il se précipite vers le bar… Le coin gauche du bar… La colonne, dans le coin gauche du bar…

Au lieu de ses précieuses mallettes d'échantillons, il avise de grosses chaussures bien cirées. Quatre. Appartenant à une paire de costauds en costard. Deux colosses hawaïens, complet noir et chemise blanche, écouteur dans le creux de l'oreille. Ils ont tôt fait de repérer le petit bonhomme transpirant qui fait le tour de la colonne. L'un des deux parle doucement dans la manche de sa veste :

— Je crois qu'on l'a, chef ! Situation sous contrôle.

L'autre affiche un faux sourire de mauvais augure.

— Monsieur... Oui, vous, monsieur... Pouvons-nous vous aider ?

— Non... Enfin, si : vous n'auriez pas vu deux sacoches, par ici ? Je veux dire : deux serviettes, noires, à peu près grandes comme...

Un à droite, un à gauche, ils encadrent Daniel, qui leur arrive un peu au-dessous de l'épaule.

— Nous croyons savoir de quoi vous parlez, monsieur... Voulez-vous nous suivre, je vous prie ? Tranquillement, s'il vous plaît. Vous n'avez aucune raison d'avoir peur.

Dans le bureau, tapissé d'écrans, du détective en chef, court interrogatoire de principe : il est évident que ce pauvre monsieur Walker n'a pas le profil d'un individu dangereux ! En revanche, dix secondes après que Daniel s'était éloigné de ses serviettes, une cliente paniquée signalait leur présence. La sécurité les a considérées comme « colis suspects ». Elle a alerté le service de déminage, qui a enlevé les objets menaçants, en vue de destruction. Le détective relève l'adresse de Daniel... pour lui envoyer la facture !

— Mes hommes vont se faire un plaisir de vous escorter vers la sortie !

On raccompagne « monsieur Walker ». En prenant congé, il ne trouve rien de mieux à faire que de redire à quel point il est navré de... Les deux anges gardiens le plantent au milieu du hall et au milieu de sa phrase. L'humiliation totale !

C'est en plein dans cette déconfiture absolue qu'il avise un groupe de nouveaux arrivants, précédés de deux chasseurs, qui poussent des chariots dorés où s'amoncellent des *beauty cases* de maroquinerie parisienne et des valises en fibre de carbone...

Ce groupe papillonne autour d'un type dans la quarantaine, qui arbore un hâle de champion de surf, une crinière sculptée par un artiste de la capilliculture, conçue pour se remettre en forme d'une simple secousse du menton... Le coup de peigne à 5 000 livres...

Quant au blazer anthracite qui met en valeur le travail de son coach de muscu, Daniel pourrait peut-être s'en acheter une manche avec une année de sa paye...

Pourtant, le représentant en nappes jetables se fige, avise le personnage très entouré, puis, au travers du hall, il lance un tonitruant :

— PETER !!!

L'homme à succès ralentit sa démarche de grand fauve, lance un regard circulaire et, dans la foule anonyme, il aperçoit ce type anonyme qui agite ses bras en V au-dessus de sa calvitie luisante de sueur.

— PETER !!! Attends-moi, j'arrive !

Machinalement, l'homme d'affaires international Peter Chapman esquisse un petit sourire, tandis que, du coin des lèvres, il demande à ses assistants :

— C'est *quoi*, ça ?

Personne ne peut lui répondre. L'autre, là-bas, se fraie un chemin. Peter Chapman distingue les traits un peu flasques, le front gras, l'imperméable froissé, d'un beige douteux.

L'intrus est à deux mètres, maintenant :

— Ah, Peter ! Qu'est-ce que ça me fait plaisir de te revoir ! Qu'est-ce que tu deviens ! On dirait que ça marche bien, pour toi ?

On imagine la réaction intérieure de celui qui se fait ainsi apostropher : « Oh, bon sang ! Ça doit être un tapeur ! Dans deux secondes, il va me demander du fric ! »

Et sa réponse, vaguement distante :

— Excusez-moi, monsieur, mais... Il y a erreur ! Je ne vois pas du tout qui vous êtes !

— Allons, Pete ! C'est moi, Daniel ! Daniel Walker ! Ton copain Dany, quoi !

— Navré, mais...

— Dany Walker... Le collège de Preston... On a partagé la même piaule en deuxième et troisième année !

— Non, vous faites erreur... Je n'ai jamais...

Comme Daniel, porté par les vagues de la cohue, se retrouve pratiquement contre lui, Chapman, en augmentant son sourire d'un éclat hors de prix, chuinte, juste assez fort pour être entendu de l'importun :

— Écoute, « mon pote »... Déjà que tu ne devais pas être brillant au collège, ne te couvre pas de pipi en croyant au Père Noël à ton âge !... Si je commençais à aider tous les loosers que j'ai laissés derrière moi, je deviendrais aussi fauché que toi, et, franchement, je crois que je vaux mieux que ça !... Je ne vais quand même pas m'excuser d'avoir réussi ? Maintenant, tu me lâches les Berluti, et tu dégages !

Puis, à nouveau, à voix forte :

— Désolé, je ne vous remets absolument pas ! Bonne soirée, monsieur !

Il se ravise, fouille dans ses poches, puis, ne trouvant rien, il claque des doigts à l'adresse de son secrétaire :

— Timothy... Donnez-donc quelques livres à ce brave homme !

L'employé obtempère et, entre deux doigts manucurés qui puent la lavande anglaise très chère, il essaie de glisser des billets dans la pochette de la veste de Daniel. Walker vacille, comme sous une gifle.

— Peter, enfin ! Tu ne peux pas me faire ça ! Tu disais que j'étais comme un frère ! Ton frangin Dany, tu m'appelais !

Il saisit les billets, les doigts qui les tiennent, et commence à les tordre, pour les éloigner de sa veste. Le secrétaire se met à couiner, avec une voix de fillette.

— Arrêtez, sale brute ! Vous allez me mutiler !

Les deux agents de sécurité hawaïens ont entendu les cris. Ils fendent la foule, reconnaissent « leur » homme aux sacoches.

— Encore vous ! Cette fois, vous allez nous fâcher, monsieur !

D'une pichenette, ils séparent Daniel du secrétaire, s'interposent et, à coup de ventre, ils font reculer le casse-pieds, qui continue à sauter sur place.

— Calmez-vous, monsieur, s'il vous plaît ! Pas de scandale !

— Je me calmerai si je veux ! PETER ! T'as pas le droit de me mépriser ! Serre-moi au moins la main ! Je te demande que ça ! Une poignée de main ! J'EXISTE, moi aussi !

Les glapissements atteignent un niveau critique. Peter Chapman avise les téléphones qui commencent à filmer cette scène. Dans une heure, les clips seront dans toutes les rédactions des journaux économiques ! Il s'arrête, excédé.

— Ça suffit, maintenant ! Débarrassez-moi de *ça* !

Daniel a entendu. Toutes les humiliations, les vexations, les déceptions… Tous les affronts accumulés explosent.

Le petit bonhomme en imperméable tourne les talons, l'attention des vigiles fléchit une fraction de seconde.

D'un élan inouï, Daniel se retourne, escalade littéralement ces montagnes de muscles, franchit leurs épaules, plane, et retombe sur Chapman, qui s'écrase avec lui sur une table basse.

Comment le cendrier de cristal se retrouve-t-il dans la main de Daniel ? Les enquêteurs concluront qu'il devait avoir roulé parmi les débris de la table.

Le brushing artistique de l'homme d'affaires part en gerbe, en même temps qu'une bonne partie de sa boîte crânienne et quelques miettes de cervelle gâchent son blazer hors de prix. Oh, non ! Devant tous ces téléphones qui le filment ! Il n'aura pas l'occasion de s'en désoler : il est mort.

Dans la minute qui suit, Daniel ne vaut guère mieux : il écope de plusieurs fractures aux bras, aux jambes et aux côtes. Une armada de gardes du corps s'entasse sur lui. Des témoins le retirent de justesse de sous la pile, asphyxié. À quelques secondes près, il partait accompagner son « pote » dans l'autre monde.

Un commissaire et un juge se présentent au chevet du meurtrier dès son réveil, trois jours plus tard. Le sujet n'est guère vaillant : pour les besoins de l'audition, on l'a retiré un moment des soins intensifs et placé dans une chambre individuelle. Néanmoins, des tuyaux et des fils le relient à une batterie de machines bipantes. Un médecin reste présent :

— Nous comprenons bien, messieurs, la nécessité de cette entrevue. Cependant, quoi que cet homme ait commis, pour nous, il est un patient sur lequel le pronostic est encore réservé. La pile humaine qui s'est jetée sur lui pour le neutraliser a provoqué un écrasement des côtes et un arrêt de la respiration. Le cerveau a été privé d'oxygène pendant plus d'une minute.

— Mais… Il peut comprendre ? Communiquer ?

— Oh, il est lucide, sinon nous ne vous le présenterions pas. Mais très fragile. Je vous demanderai d'être aussi brefs que possible.

Courtoisement, les représentants de la loi vont aller à l'essentiel. Les questions seront formulées soigneusement, pour que la justice puisse constituer le dossier.

— Monsieur Walker, votre déposition est d'une extrême importance ! Pour vous, surtout ! En avez-vous conscience ?

— Oui.

— Vous pouvez demander à vous faire assister d'un avocat.

— Pas besoin… Coupable…

— Comme vous voudrez. Nous allons commencer.

On lui montre une photo de Peter Chapman, prise dans un magazine.

— Connaissez-vous cet homme ?

— Oui… Peter…

— Vous le connaissiez avant votre agression sur lui au Palace Hôtel ?

— Oui.

— Quand l'aviez-vous rencontré ?

— Collège… Preston… Ensemble. Vrais potes.

— Lui avez-vous porté les coups de cendrier ayant entraîné sa mort ?

— Oui.

— Étiez-vous venu dans cet établissement avec l'intention de l'agresser ?

— Non.

— De lui nuire ?

— Non.

— Aviez-vous l'intention de lui porter préjudice d'une quelconque manière ?

— Mais non !

Il semblerait que, malgré ses douleurs, Walker commence à s'énerver. Le commissaire se penche vers le visage déformé par les hématomes.

— Voulais… absolument… pas faire du mal ! Aucune raison ! N'avais pas revu Pete depuis le collège…

— Monsieur Walker… Mesurez bien votre prochaine réponse. Pouvez-vous apporter une explication, un motif, à votre geste mortel ?

La momie sous perfusion s'agite violemment.

— M'a méprisé ! Demandais juste amitié ! Pete, mon pote ! Pas le droit ! J'exiiiiiiiiiiiiiiiiiiiiste !

Dans ce cri de révolte et de désespoir, le corps meurtri est pris de secousses, arrache ses perfusions, se cambre, se tétanise, raide comme un arc tendu, puis retombe. Les moniteurs s'affolent, des avertisseurs retentissent. Le médecin n'a que le temps d'appuyer sur une alarme. Une équipe de secours se propulse dans la pièce, poussant un chariot de réanimation.

— Messieurs… Je vous avais pourtant prévenus !

— Mais enfin, docteur… Vous êtes témoin : nous y sommes allés doucement ?

— Pas assez, apparemment ! Maintenant, laissez la réa faire son boulot… Si elle peut encore !

— Vous croyez qu'il est… ?

— C'est possible...

En fait, Daniel Walker va être ramené à la vie. Une seconde fois. Il ne pourra cependant pas recevoir de visites, ni mener d'entretien, pendant plusieurs semaines.

Ce délai va être mis à profit par le commissaire pour enquêter en profondeur. Il dispose de nombreux éléments pour étayer le dossier. Notamment les biographies respectives de Peter Chapman, la victime, et de Daniel Walker, son assassin.

Et là, il saute aux yeux que quelque chose ne colle pas... Mais alors PAS DU TOUT ! On pourrait même dire que tout cela ne tient pas debout !

Walker et Chapman ne PEUVENT PAS avoir été camarades de collège. D'abord parce qu'ils ont cinq ans de différence d'âge.

Ensuite parce que, si Daniel Walker a bien fréquenté Preston, un établissement modeste, Peter Chapman, lui, sort de la prestigieuse Cambridge. Comme semblait l'affirmer l'homme d'affaires : lui et le représentant en gobelets de carton n'ont pas « gardé les cochons ensemble ».

Ensuite ? Daniel demeurait dans la banlieue de Bristol. Peter habitait le centre de Londres... Ainsi qu'une douzaine d'autres résidences autour du globe, dans la neige de Suisse ou les lagons antillais.

Éberlué par ces premières découvertes, le policier va pousser ses investigations aussi loin et aussi précisément que possible.

Il va faire retrouver et interroger amis, logeuse, employeurs, employés, médecins de famille, hiérarchie militaire, agents de voyages, maîtresses, amants (pour ce qui est de Chapman)... Tous ceux qu'il va pouvoir retrouver et qui ont pu connaître les deux hommes.

Le résultat tient en des centaines de pages de témoignages, de diagrammes chronologiques, de certificats médicaux : de toute leur vie, ces deux individus ne se sont jamais croisés. Ils n'ont JAMAIS PU se croiser !

Mettez-vous dans l'état d'esprit du juge et du commissaire lorsque, porteurs de ces informations, ils se retrouvent auprès d'un Daniel Walker toujours emmailloté de bandes, mais assis dans le lit, à la section carcérale de l'hôpital : le prévenu n'aurait-il pas été quelque peu… sonné, par la dégelée de coups reçus après l'agression et l'écrasement sous les vigiles ?

— Monsieur Walker, vous souvenez-vous avoir déjà eu un entretien avec nous ?

— Oui. Plus ou moins, disons…

— Étant donné que vous étiez alors sous le choc, tant physique que psychologique, nous ne tiendrons pas compte des… disons : des inexactitudes que pouvaient contenir vos premières déclarations. Sinon, cela serait un faux témoignage…

— Je vous remercie. Vous savez, j'ai été très…

— Bien sûr, bien sûr… Je suppose que vous désirez revenir sur votre déposition ? Par exemple sur le fait essentiel que votre victime et vous étiez d'anciennes connaissances ?

— Non, non… Je maintiens tout !

Flottement. Le magistrat et le policier échangent un coup d'œil significatif.

— Vous maintenez aussi que vous avez tué Peter Chapman parce qu'il aurait refusé votre demande de renouer votre ancienne amitié ?

— Pardon ?

— Vous avez bien prétendu avoir tué Peter Chapman, votre « pote », disiez-vous, parce qu'il vous avait marqué son mépris ?

— Absolument pas !

Cette fois, c'est certain : le type n'est pas sonné. Il est complètement à l'ouest !

— Pourtant, c'est bien le motif que vous avez avancé ?

— Ah, pour le motif, oui, je ne dis pas le contraire ! Mais n'essayez pas de me coller un autre meurtre sur le dos ! Moi, j'ai seulement agressé mon ancien camarade de chambre à Preston : Peter CAMPBELL !

Le juge lui montre le rapport, et la photo du mort :

— Mais non, voyons ! Il n'y a pas de Campbell ! Voici l'homme que des dizaines de gens vous ont vu interpeller, harceler, puis que vous avez tué. Il se nommait bien CHAPMAN... Peter CHAPMAN !

C'est là que Daniel Walker met sa main bandée devant ses lèvres tuméfiées, et, avec un pauvre regard navré, dit simplement :

— OOPS !

Voilà : une méprise, un sosie. Ou un sosie supposé, après tant d'années.

Tout s'explique.

Sauf que...

Sauf que Peter Chapman, lui aussi, avait *reconnu* Daniel !

Si, si, rappelez-vous : la phrase hautaine que l'homme d'affaires a chuintée entre ses dents éclatantes, vers le pauvre emmerdeur du Palace. Vous l'avez entendue comme nous :

« Écoute, "mon pote"... Déjà que tu ne devais pas être brillant au collège, ne te couvre pas de pipi en croyant au Père Noël à ton âge !... Si je commençais à aider tous les loosers que j'ai laissés derrière moi, je deviendrais aussi fauché que toi, et, franchement, je crois que je vaux mieux que ça !... Je ne vais quand même pas m'excuser d'avoir réussi ! Maintenant, tu me lâches les Berluti, et tu dégages ! »

Des mots blessants par leur justesse. Mais précisément : comment Chapman pouvait-il ainsi rabrouer Walker... puisqu'ils ne s'étaient jamais rencontrés !

Seule solution : DEUX sosies.

Deux types qui ne se connaissent pas ont des sosies qui, eux, se reconnaissent mutuellement ?

Ça fait beaucoup.

OOOOOOPS !

15

Le désespoir n'a pas de visage

Nous vous avons emmené, tout à fait récemment, dans le canton de Fribourg.

Avec votre permission, nous allons nous y promener derechef…

Non pas que ce coin de la Suisse romande soit le nombril du monde, mais tout simplement parce qu'il est tout à fait agréable de vivre dans cette contrée.

Et d'y écrire des livres sur l'insolite, car il advient par ici, croyez-nous… quelques bizarreries.

Au point que l'on évite de dire « impossible ». Et pourtant…

Les familles Macherel et Baeriswyl se sont réunies, pour une fois presque au complet, pour les funérailles de Madeleine. Comme le dit l'avis mortuaire, publié dans *La Liberté*, le quotidien local :

> « Madame Madeleine BAERISWYL-MACHEREL s'est endormie dans la paix du Seigneur, enlevée à l'affection des siens, dans sa nonante-quatrième année, après une courte maladie.
> Notre chère défunte repose en la chapelle de la Miséricorde, où la famille sera présente ce jeudi, dès 19 h 15, pour une veillée d'adieu. »

Tous les usages sont respectés : le placard de belle surface dans la presse, la veillée, l'atmosphère empreinte de religiosité... Pour ceux qui ne connaissent pas le coin, précisons que Fribourg, siège d'un évêché actif et d'une université au rayonnement international, est LE canton catholique par excellence, un îlot entouré d'une forte tradition protestante.

Ajoutons, pour ne rien vous cacher, qu'il reste aussi celui dans lequel on fait le plus recours aux guérisseurs, qui détiennent le fameux « secret ».

Juste histoire de vous donner un peu la température – tant en degrés centigrades qu'en degrés d'étrangeté – de la veillée à laquelle vous voici conviés...

On a lu que Madeleine Baeriswyl, veuve de Fernand Macherel, s'est éteinte au bel âge de quatre-vingt-quatorze ans, après une « courte maladie ».

En fait, selon le docteur Bayard, elle a succombé à quelque chose qui ressemblait à une pneumonie. Comme il avait dû croiser sa patiente, en tout et pour tout, quatre fois ces trente dernières années, le médecin était persuadé qu'elle allait s'en tirer en deux temps et trois antibiotiques, avec la vigueur qui était la sienne.

Or, Madeleine lui avait simplement dit : « Oh, j'ai mieux que ça à faire, maintenant... Merci, et adieu, mon petit toubib ! » Et, tranquillement, elle avait commencé à décliner. Tranquillement, mais vite.

Un premier fait inhabituel : on avait vu arriver chez elle Étienne Gougler. Oui : LE guérisseur, celui que vous avez probablement suivi dans des reportages et des émissions sur le paranormal, diffusés dans tous les pays francophones et même, paraît-il, sur des chaînes américaines et japonaises. On le reconnaît facilement, dans ces programmes : il ne ressemble en rien à ces gourous ascétiques et blanchâtres en col roulé noir, qui se donnent des faux-airs d'alchimiste dans Notre-Dame de Paris. Étienne, c'est un gars jovial, avec un chic sportif de *gentleman farmer*, tweed et velours côtelé. Son double menton et son teint fleuri témoignent de son attrait pour les bonnes choses. Il fait honneur aux jolies filles du pays, ainsi qu'au vin blanc du Vully voisin, qu'il élève en connaisseur sur ses terres.

On le dit détenteur à la fois d'un don et de secrets, qui tiennent en des paroles, prononcées sur une certaine mélopée, venue de très loin dans le temps. Une seule personne peut les connaître dans chaque génération, et ce « capital » ésotérique doit lui avoir été transmis directement. Celui qui les transmet en perd l'usage. On dit aussi qu'il ne tarde pas à perdre ses forces et à quitter cette terre. Étienne confie volontiers qu'il a reçu cela de sa propre mère et que, dès l'instant où il l'a accepté, il a été forcé de mettre ce don au service de ses semblables.

Une vedette du bizarre… Il adore passer à la télé. Non pas parce que cette mise en lumière lui rapporte des clients : il en a déjà trop, et, de toute façon, ses services sont gratuits. Les centaines d'hectares de sa ferme lui rapportent amplement de quoi très bien vivre. S'il aime les caméras, c'est parce qu'il a un fond de vieux cabot, et qu'il jubile de se voir à l'écran…

Étienne Gougler n'est pas du genre à jouer la facilité, à influencer les esprits faibles avec un peu de talent et beaucoup de mise en scène. Il travaille dans la simplicité, l'efficacité et il subjugue nombre de médecins. Il est admis comme une sorte d'institution.

À l'hôpital Cantonal, tout comme dans les cliniques privées, il arrive qu'un patient se présente avec de graves brûlures, ou encore avec des symptômes salement douloureux et techniquement insoignables comme ceux d'un zona, par exemple. Les urgentistes agissent comme ils le peuvent, avec les moyens de leur science. Puis l'infirmière-chef sort de sous le pupitre un cahier un peu torchonné, sur les pages duquel on a noté des numéros de téléphone ou agrafé des cartes de visite.

Ce sont les coordonnées de « soignants » qui ne sont reconnus par aucune assurance maladie, qui n'ont aucun diplôme, mais dont la qualité est attestée par des milliers d'expériences. Et relayée par les médecins officiels... officieusement. Par les praticiens intelligents, du moins : ceux qui pensent plus à soulager la chair en détresse qu'à protéger leur territoire réservé.

— Vous voulez l'adresse de quelqu'un ? demande l'infirmière.

La personne en souffrance sait ce que recouvre la question. En général, elle répond oui. Et, six fois sur dix, l'adresse qui est proposée en premier est celle de Gougler, Étienne, cultivateur, éleveur et vigneron. Dans le chemin qui mène à sa ferme, les jours où il reçoit, une file de voitures stationne sur le bas-côté depuis 4 à 5 heures du matin. Pas de rendez-vous : on passe dans l'ordre d'arrivée, parfois à une dizaine en même temps.

On prend place sur les chaises disparates, le long des murs et autour de la longue table. Étienne rôde dans la pièce, renifle, parle énormément, de sujets sans rapport avec le but de la séance : de l'ouverture de la chasse ou de ce qui est à décider aux prochaines votations.

Il possède le secret pour « lever le feu » ou « barrer un zona », à condition qu'on le traite moins de quatre jours après les premières alertes. Mais les médecins lui adressent aussi des cas épineux : il a le don pour identifier les maladies présentes ou qui vont se déclarer dans les deux ans, plus sûrement qu'une radiographie, un doppler, un scanner et une IRM réunis. Il voit *au-dedans* de vous, et, sans poser de questions, il sait. Parfois, il vous touche, brièvement, en passant. Parfois il arrête ses petits pas de souris et il reste seulement un moment près de vous, sans contact. Dans tous les cas, vous ressentez une chaleur intense, celle de la flamme ou celle de la glace. Ensuite, il vous dit s'il a besoin de vous revoir, et quand. Ou il annonce :

— Tu peux t'en aller, c'est fini.

Et, dans ce cas, c'est fini, soyez-en certain. Les médecins qui ont constaté le mal avant le passage chez lui et qui contrôlent après, n'en reviennent pas, quelquefois. Il leur arrive d'avouer :

— J'y croyais, bien sûr. Sans quoi je ne vous aurais pas envoyé vers lui... J'y croyais, mais pas à ce point-là !

En sortant, ne cherchez à lui glisser ni argent ni cadeau. Étienne ne les toucherait même pas. Avec un air agacé, il vous grognerait :

— Refile-donc ça à la frangine !

Dans le corridor clair obscur, modestement assise sur un tabouret près d'une desserte, une bonne sœur égrène un chapelet. Ce n'est pas la même à chaque fois : elles viennent d'ordres et de congrégations différents, occupant tour à tour ce poste de « prieure » tout à fait en dehors de quelque règle que ce soit. Vous déposez votre obole sur la desserte, dans la corbeille de paille tapissée d'un napperon (celle qui avait été confectionnée à cet usage par la maman d'Étienne, quand elle avait passé ses secrets à son fils). Et comme les gens pensent qu'avec des sous, ils vont consolider les bienfaits reçus, ou s'assurer qu'ils ne les perdront pas, ils sont plutôt dans de généreuses dispositions. Les « frangines » se répartissent ainsi, pour leurs communautés, les recettes non négligeables de cette affluence.

Voilà, pour vous fixer les idées, le genre du personnage.

C'est pourquoi la petite aide familiale déléguée par Pro Senectute, qui assistait Mme Baeriswyl-Macherel depuis qu'elle restait alitée, a été bien étonnée en voyant cette célébrité monter l'escalier tricentenaire de la maison patricienne de la rue des Alpes.

D'ordinaire, Étienne Gougler ne se déplace pas. Surtout pas pour les mourants : lui, il vient au secours de la vie. Il s'est dirigé droit vers la chambre à coucher, et s'est installé sans façon, une fesse au bord du lit, au plus près possible de la vieille dame, pour distinguer les mots, dans le sifflement pénible des poumons mités.

Il a incliné la tête vers la porte, avec un gentil sourire. La gamine s'est éclipsée. Elle n'a pas entendu la conversation qu'ils ont menée, sur le ton confidentiel. Sauf le dernier échange : alors que le guérisseur sortait, l'agonisante, du fond de ses oreillers, a dit d'une voix redevenue haute et claire, en senslerdeutsch, le dialecte de la Singine (le district alentour) :

— Alors c'est promis, Guggi ? Tu le convoqueras ?

— Promis, Mady. Sur la mémoire de Maman.

— Je n'aimerais pas m'en aller en ayant ça sur le cœur ! Tu oseras le convoquer, même si je suis plus là ?

— Je le convoquerai.

— Tu lui diras bien de faire son travail, Étienne ? TOUT son travail ? Je compte sur toi !

Gougler avait répondu :

— Je ferai ce que je peux, ma vieille ! Ce n'est pas un ami, tu sais… Vraiment pas un ami…

Et il ne s'est plus retourné en lançant :

— Adieu, donc.

Ce fut tout. Du moins, jusqu'à ce jeudi soir, celui de la veillée.

À la chapelle de la Miséricorde, la famille est présente, dès 19 heures 15. La famille « des deux côtés », comme l'on dit : celui de Madeleine, les Singinois, et celui de son défunt mari, les Macherel, des Vaudois. Quatre générations… Cinq, si l'on compte le tout nouveau-né, arrière-arrière-petit-fils de la défunte.

Certains préfèrent rester à l'extérieur, en veston pour les messieurs, en tailleur pour les dames : l'été indien déploie sur la Gruyère ses teintes riches et sa température confortable.

On fait l'accueil, on présente les uns aux autres, car, souvent, on ne se connaît pas, ou on ne se reconnaît pas, depuis le temps.

Les amis, les voisins défilent. Les obligés de la défunte aussi, car elle donnait beaucoup de son temps et de ses rentes à des institutions…

Madeleine n'a voulu ni fleurs ni couronnes : « Adressez plutôt un don à l'organisation de votre choix, chrétienne ou non, avait-elle demandé. De toute façon, Jésus vous en remerciera. »

Les parents les plus proches, eux, se relaient dans la crypte. Il en sera ainsi jusqu'au matin. Même les sœurs de Mady, presque aussi âgées qu'elles, prendront leur tour de veille…

La tradition, en somme. Sauf que… Tous les gens qui passent auprès du cercueil, le temps d'un salut et d'une aspersion d'eau bénite, ceux aussi qui viennent méditer un peu plus longtemps auprès du corps… Tous se posent une question. Dans leur tête, tout du moins…

L'interrogation leur vient – on le saura plus tard – parce qu'ils aperçoivent une silhouette, dans la pénombre.

Aucun des témoins ne dira l'avoir vue vraiment près du catafalque. Ceux qui font l'accueil, sur le parvis, affirmeront que cette… « personne » n'a salué ni parents ni amis, en entrant. Pour la bonne raison qu'on ne l'a pas vraiment vue entrer. Elle a été là.

— Oh… C'est qu'on n'a pas dû faire attention, voilà tout !

Bien sûr, c'est logique…

Tout ce que l'on sait, avec – à peu près – un semblant de certitude, c'est que ce… cette « personne » a attendu dans la pénombre jusqu'à l'arrivée de Fabian Keller.

Fabian Keller… Tiens donc… On ne l'avait pas vu depuis un bon demi-siècle, celui-là…

Il avait été le copain d'enfance de Madeleine Baeriswyl, puis il était devenu le meilleur ami de son fiancé, Fernand Macherel, témoin à son mariage et aussi plus ou moins son associé. Par la suite, ça s'est gâté. Keller était reparti en Suisse alémanique, sa région d'origine.

On n'a jamais su ce qui s'était passé entre ces deux-là. Ou ces *trois*-là. Dans les années cinquante, semble-t-il… C'est loin, tout ça.

Mais ce jeudi soir, Fabian était revenu dans les mémoires. Il avait fait le trajet, depuis Zürich, pour l'adieu à Madeleine. Il aurait pu se contenter d'assister à l'inhumation, le lendemain. Mais il était venu pour la veillée, en présence de la famille… Et par ici, ça marque quelque chose d'important.

Alors, quels sont les faits, exactement ? Exactement, on ne sait pas. Il semblerait que ce… cette « personne en noir » ait été dans la crypte depuis un moment, à l'insu de tous. Dans un coin d'ombre, derrière un pilier. Elle en serait sortie juste au moment où Fabian atteignait le bas de l'escalier. Elle se serait dirigée droit vers lui.

Keller n'a pas marqué de réaction particulière, comme s'il voyait approcher une connaissance. Il n'a pas eu non plus de mouvement de recul. Il a laissé la silhouette s'approcher…

Il semblerait que cette personne lui ait parlé à l'oreille… Combien de temps ? Pas très longtemps, à ce qu'il semble…

Et puis, un moment après, on a entendu comme un… oui : comme des pleurs. Fabian Keller est ressorti de la chapelle, sans même s'être approché du cercueil pour le bénir.

Il faisait déjà nuit. Mais tous ceux qui conversaient encore sur le parvis ont la même opinion : Keller sanglotait. De gros sanglots rauques.

Son chauffeur lui a ouvert la porte de la Mercedes. Keller s'y est introduit péniblement, cassé en deux comme un petit vieux qu'il était. Un petit vieux brisé.

— Et pourtant, dira un petit-neveu de la défunte, pourtant, quand il est arrivé, on s'était fait la remarque : on lui aurait donné vingt ans de moins !

Sur un autre point, les témoins de l'extérieur sont formels :

— Quand il est remonté de la crypte, Keller était seul !

Mais ceux qui méditaient près du cercueil affirment aussi que, lorsque Keller est reparti, le… enfin : « la personne qui lui avait parlé à l'oreille » *n'était plus* dans la chapelle…

Allez savoir. Elle n'est pas remontée avec lui, elle n'est pas restée non plus ?

La mort de Fabian Keller, deux jours plus tard, n'a pas été annoncée par un avis mortuaire, mais dans la rubrique des faits divers :

> « L'industriel nonagénaire, encore actif à la tête de plusieurs entreprises de Zürich, s'est donné la mort par pendaison. »

Il n'a pas laissé de lettre d'explication. Juste un billet manuscrit (en français, ce qui est curieux pour un Suisse alémanique de pure souche). Il y avait inscrit :

« M.B. et F.M. pardonnez-moi, je vous en supplie. »

M.B. les initiales du nom de jeune fille de Madeleine Baeriswyl.

F.M. pour Fernand Macherel.

C'est tout. Ou à peu près. Car en menant cette enquête, nous avons tenté de savoir à quoi ressemblait cette fameuse « personne dans la pénombre » qui a chuchoté à l'oreille de Keller. Aucun témoin n'a pu décrire ses traits avec précision.

Et lorsque nous mettons Étienne Gougler face à notre caméra, pour tenter un léger éclaircissement, notre conversation vaut son pesant d'étrangeté.

D'emblée, nous lui demandons de confirmer ce qu'avait cru comprendre la jeune auxiliaire de santé, près du lit de mort de Madeleine. Il assume.

— Oui, c'est le mot qu'elle a entendu, et correctement traduit depuis le dialecte singinois : convoqué. J'ai effectivement « convoqué » quelqu'un…

Il se reprend :

—… Ou quelque chose.

Il enchaîne très vite :

— Mais c'était à la demande de Madeleine… Je lui devais beaucoup : elle avait été précieuse pour ma mère, du temps de leur jeunesse. J'avais promis à Maman de rendre à Mady ses bontés. Accomplir sa dernière volonté, c'était un devoir.

— Quelle était sa dernière volonté ?

— Je ne peux pas vous donner trop de détails : cette histoire ne m'appartient pas. Mais je ne veux pas non plus vous laisser l'impression que je vous mène en bateau ! Aussi, je dirai simplement qu'elle voulait rétablir un équilibre. Abattre une injustice.

— Elle voulait se venger ?

— Oh, vous n'y êtes pas du tout ! On voit que vous n'avez pas connu Mady : la vengeance ne faisait pas partie de son univers. Elle était la bonté même. Comme son époux, Fernand : ils s'étaient bien trouvés. Deux grands cœurs sur pattes.

— Alors, que souhaitait-elle ?

— Le juste équilibre, je vous l'ai dit. Après ce que Fabian Keller leur avait fait, à elle et à Fernand, elle a attendu aussi longtemps qu'elle a pu. Elle espérait qu'il en viendrait à regretter, par lui-même. Mais rien n'atteignait Keller : il vivait dans le bonheur, la santé, l'insouciance. Mady ne lui en tenait pas rancune, mais elle estimait que, pour le salut de son âme, il devait faire cette rencontre, avant de quitter ce monde. Et donc j'ai…

— Vous avez « opéré cette convocation ».

— Voilà. On va dire comme ça. Je ne l'ai fait que par reconnaissance envers Mady. Maman m'avait indiqué la manière, le processus… Mais jamais je n'en avais eu l'usage, auparavant. Et je ne recommencerai jamais.

Il parvient à stabiliser sa voix, à endiguer un frisson. Mais il ne peut rien contre la pâleur qui décolore ses pommettes de vigneron.

— Comment était-ce ?

— Effrayant. D'une effarante tranquillité.

— Vous êtes passé un peu rapidement sur l'essentiel…

Le paysan matois arrondit les yeux avec une telle sincérité qu'on s'y laisserait prendre. Pas nous.

— Vous avez dit avoir convoqué « quelqu'un *ou* quelque chose » ?

Il commence à se troubler visiblement. Lui, Étienne Gougler, tellement ravi, en principe, d'être interviewé, tellement habitué à observer les humains, tellement rodé à faire son numéro et aussi à côtoyer l'impossible : son regard se dérobe un instant.

— C'est que… Il m'est difficile de parler de… « ça » comme d'une personne. Et pourtant, c'est venu, c'était là. Et Fabian Keller lui a parlé…

— Enfin, Étienne… C'était un homme ? Une femme ? Ça ressemblait à quoi ?

Silence, les yeux droit dans l'objectif, le visage fermé. Il veut nous dissuader de poser la question une seconde fois. Manqué !

— Dites-nous au moins à quoi ça ressemble ?

— C'est comme si c'était flou…

— Oui, mais enfin… Homme, ou femme ?

— FLOU, je vous dis !

Il a monté les tours, pendant dix secondes. Puis, ne voulant pas se montrer pris en défaut, il regarde la caméra, comme un vieux cabotin qu'il est. Et, avec un sourire de Joconde, il énonce :

— N'allez pas me dire que c'était impossible. Au contraire : c'est normal qu'on ne puisse pas dire à quoi *ça* ressemblait.

— Normal ? Pourquoi ?

— Parce que le Désespoir, messieurs… Le Désespoir n'a pas de visage.

16

Supertoubib

La ville de Détroit, dans le Michigan, possède un record singulier : le nombre de vitres qui se situent, en moyenne, dans le champ de vision d'un habitant.

À moins de vous trouver dans un sous-sol ou dans les égouts, dès que vous vous baladez dans une rue de Détroit, vous pouvez voir plus de trois mille surfaces vitrées ! C'est-à-dire quinze fois plus que dans n'importe quelle métropole européenne ! Vous imaginez ces reflets ?

Et, par voie de conséquence, un habitant de Détroit se sent, à tout instant, sous les feux croisés de trois mille observateurs potentiels (si l'on ne suppose qu'un individu par vitre) !

C'est un phénomène de pression sociale, psychologique et nerveuse qui peut, pour certains, tourner à l'obsession. Les spécialistes appellent cela un « marteau social ».

Cette pression est omniprésente, et elle explique peut-être, en partie, qu'une histoire comme celle-ci ne soit pas impossible. Et pourtant…

Parmi les millions de vitres qui vous surplombent dans la ville de Détroit, nous vous invitons à plonger votre regard par les panneaux de verre bleutés qui constituent la façade du Saint Paul's Hospital.

Si vous avez le cœur bien accroché – et seulement à cette condition – pénétrez dans le service des urgences.

Ah, vous étiez prévenu ! L'atmosphère n'est pas destinée aux âmes sensibles : à côté de ce qui vous attend ici, les reconstitutions de vos séries médicales favorites font figure de gentilles maisons de poupées pour petites filles modèles !

La plupart des demandeurs de soins n'ont droit qu'à une chaise métallique dans la grande salle. Lorsque les ambulanciers ou les policiers amènent quelqu'un en trop mauvais état, on glisse un brancard de plus, le long d'un couloir…

Les cabinets de consultation ? Ne les cherchez pas : ils sont transformés depuis belle lurette en mini salles d'intervention.

Les consultants les plus chanceux ont droit à l'une des niches alignées contre les murs, délimitées symboliquement par des rideaux de plastique, sur lesquels, pendant les changements d'occupants, des nettoyeuses tentent d'effacer le plus gros des éclaboussures. Il y a juste la place pour un fauteuil inclinable, destiné au patient, et, dans certaines, un tabouret pour le praticien.

Si vous parvenez à supporter la vue d'un tel endroit… Bouchez-vous au moins les oreilles et le nez ! Ça hurle de douleur ou d'énervement, de peur de la mort, ou d'effroi devant les hallucinations de la drogue.

— Mon bébé ! Sauvez mon bébé !

— Je vous étriperai tous, bande de bâtards !

— Amenez-moi une infirmière blonde ! Je veux une blonde !

— Pitié, laissez-moi mourir !

— Ouais, c'est ça : laissez-le mourir ! Et occupez-vous de moi : ça fait huit heures que je me pisse dessus ! Huit heures !

Trois vigiles se relaient vingt-quatre heures sur vingt-quatre aux côtés du personnel soignant, pour calmer, pour faire patienter, pour maîtriser les énergumènes les plus dangereux.

L'affluence et le manque chronique de moyens n'ont fait que s'accroître depuis que la crise a provoqué la récession de l'industrie automobile, principal support économique de Détroit. La faillite de centaines de petites entreprises de sous-traitance a propulsé dans la précarité des dizaines de milliers de familles.

Docteur House, docteur Mamour, gentilles marionnettes de fiction, fuyez : cet enfer n'est pas pour vous !

En revanche, il est le domaine de quelques figures exemplaires, qui parviennent à survivre dans ce climat permanent de catastrophe. Et même à y réaliser des prodiges quotidiens…

Hélas, nombre de ces êtres admirables sont victimes de leur altruisme. Pour la plupart, ils finissent, à plus ou moins brève échéance, par y laisser leur propre santé, si ce n'est leur peau. Un *burn out* avec arrêt maladie obligatoire ? Pour ces forçats du sacrifice personnel, c'est encore le moindre mal. Certains, pour masquer leur épuisement moral et physique, sombrent dans l'alcool ou les drogues dures, d'autres refusent ce recours, mais pètent un plomb et passent de l'autre côté de la barrière, à la section psychiatrique…

Un homme fait exception à cette loi du malheur. Un médecin d'origine française : le docteur Delignac. René Delignac.

Il approche la cinquantaine. C'est un grand échalas au visage fin, le poil si noir que sa barbe semble dessinée au charbon, même lorsqu'il est rasé de très près. Les sourcils, eux, sont perpétuellement en bataille, et pourraient lui donner un air un peu terrifiant, si l'intensité du regard ne venait vous rassurer, d'emblée, sur l'amour que cet homme-là porte à ses semblables, qu'ils soient pauvres, menaçants, désespérés, noirs, blancs, jaunes… Oui, dès que les yeux du docteur Delignac se fixent dans les vôtres, vous *savez* que toute son attention vous est acquise, même si, avec ce rythme inhumain des urgences, il n'a que quelques minutes à vous consacrer… Les enfants le sentent immédiatement : ils miaulaient depuis des heures, de frayeur, de fatigue ou de douleur, voici que cet interminable escogriffe se penche sur eux, avec sa tête de Barbe-Bleue et ses avant-bras poilus qui dépassent de sa blouse… et c'est magique ! Du poupon jusqu'au petit traîne-ruisseau de 7 ans, capable de vous trancher la gorge avec un tesson de bouteille, les voilà calmés… Prêts à se laisser examiner, alors que, la seconde d'avant, ils ressemblaient à des chats enragés !

Ne demandez pas comment fait le docteur Delignac : personne n'en sait rien. D'ailleurs, il semble bien qu'il ne fasse rien de particulier, à part ouvrir sincèrement son cœur.

Il est entré au St Paul's Hospital il y a quatre ans et, à l'origine, il devait intégrer le service d'oncologie. Auparavant, comme tous les nouveaux médecins, il a été accueilli dans tous les autres secteurs, dans les trois bâtiments principaux, pour un stage de prise de contact, histoire de se familiariser avec le climat de l'établissement, et de connaître ses principaux confrères.

Les urgences, « l'enfer », comme les surnomment nombre de soignants, faisaient partie de ce tour d'horizon. Le docteur Delignac a demandé à y prolonger son séjour. À l'étonnement de tous, parce que c'est justement l'endroit où *personne* n'aurait envie de s'attarder sans y être obligé, surtout quand un beau bureau vous attend à un autre étage, avec votre nom sur la porte et un bon fauteuil de cuir. René Delignac, lui, s'est senti à sa place dans cette marmite bouillante de souffrance, et il s'est arrangé pour y rester.

La directrice des ressources humaines n'allait pas s'en plaindre : sur le poste initialement prévu, elle n'avait que l'embarras du choix. L'oncologie était à la mode, depuis dix ans : les spécialistes se battaient pour un poste fixe. En revanche, tomber sur un gros calibre comme Delignac, qui accepte de travailler dans la cage aux fauves des urgences à Détroit… C'était une chance à ne pas laisser passer !

Donc, depuis quatre ans, le Français prodigue son énergie à ce véritable sacerdoce. Son inépuisable énergie, qui laisse pantois les plus robustes brancardiers.

— Ce type-là ? Il est épais comme une asperge montée en graine ! Vous avez l'impression qu'il suffirait de lui souffler dessus pour qu'il bascule ? Eh ben, regardez-moi ça : il est capable de bosser sur trois vacations d'affilée, comme si de rien n'était, alors que nous, à la deuxième, on est sur les rotules ! Vous pourriez nous dire à quoi il carbure ?

À quoi il carbure « Supertoubib », comme on le surnomme ? Il fonctionne à l'optimisme. Selon lui : « Quand on a touché le fond, on ne peut que remonter ! »

Voilà ce qu'il dit quand il entend un collègue ou une infirmière se lamenter sur les conditions de travail à St Paul. Et, les rares jours où il est en veine de confidences, à la cafétéria, il ajoute avec un clin d'œil :

— Et St Paul, ce n'est pas le fond du trou, malgré tout ce que vous pensez ! J'ai vu pire, bien pire, croyez-moi sur parole ! Mais vous voyez : je n'en suis pas mort !

Oui, on voulait bien le « croire sur parole », le Frenchie. Mais quelques précisions, ça vaut toujours mieux qu'un clin d'œil. Alors, les précisions, on les a eues. Pas par lui, qui ne se vantait pas de ses exploits, mais par une indiscrétion. Il s'en produit toujours, dans les très grosses boîtes, malgré les consignes de confidentialité. La fuite, cette fois, est venue d'une secrétaire du service du personnel. À la cafétéria, justement…

La fille en question, Daisy, on la voyait qui s'arrangeait, cinq jours sur six, pour se trouver au self au même moment que Delignac. Le manège de la secrétaire n'a pas échappé à d'autres membres du personnel féminin : les horaires de service du séduisant médecin étaient absolument irréguliers. Alors, voir la Daisy se pointer avec son petit plateau-repas, « par hasard » quinze fois de suite… Elle tirait une langue longue comme ça et s'asseyait à une table d'où elle pouvait avoir le *French Doctor* en ligne de mire. Or, Daisy n'était pas cataloguée dans le genre timide. Loin de là.

— Alors, alors, Lèvres en feu ? Qu'est-ce qui t'arrive ? Tu en pinces pour Barbe-Bleue ? On ne voit vraiment pas ce que tu lui trouves, avec ses sourcils de sauvage ! Mais si c'est le coup de foudre, fonce : pas un mâle dans cet hosto ne résisterait à l'échancrure de ta blouse !

— Stop, les filles ! Faut pas parler de lui comme ça ! Il n'est pas comme les autres !

— Oh… mais dis voir… c'est du sérieux ? Boum-boum le p'tit cœur de Daisy ?

— Je crois bien que oui.

— Il ne porte pas d'alliance. Peut-être qu'il est vraiment célibataire ? Renseigne-toi.

— Vous pensez bien que je l'ai déjà fait ! C'est moi qui ai mis son dossier sur informatique !

— Alors là, ma vieille, tu ne peux pas garder ça pour toi toute seule ! Raconte !

— C'est une pointure, ce type ! Il a fait ses études et son internat en cancérologie à Paris, mais il a bourlingué aux quatre coins de la planète ! Il a été l'un des premiers à partir en volontaire pratiquer la médecine de terrain en zone de guerre, et il en a rapporté une telle expérience qu'il a participé à la création d'une des premières ONG médicales ! Ensuite, il a vécu en Chine, pour apprendre l'acupuncture à l'Académie de Pékin. Il a poursuivi sur la médecine chinoise traditionnelle par les plantes. Au retour, il a mixé ses nouveaux acquis avec ses connaissances en médecine allopathique occidentale et il a fait une spécialité sur le traitement des grandes douleurs. Il a dirigé un hôpital mobile au Kossovo… Je vous en passe… Donc, quand il se permet de nous dire qu'ici, on n'est encore pas si mal lotis, il sait de quoi il parle !

— OK, on va lui faire total respect ! Et ne t'inquiète pas, Cœur à prendre : on va t'aider à le dégommer, ton oiseau rare !

Les jours suivants, le groupe de filles, pouffantes et complices, s'arrangea pour occuper à trois reprises l'ascenseur qui transportait Delignac. Elles portaient tant de dossiers ou de matériel que Daisy se retrouvait plaquée contre le docteur. Il posait sur la secrétaire son perpétuel regard bienveillant, et la gratifiait de son sourire chaleureux, mais il n'accordait aucune attention particulière au décolleté réputé « irrésistible ».

— Bon, pas de chance, ma belle : il est gay, ton *French lover* !

Mauvaise pioche ! Vérification faite, il occupait seul un appartement au centre de Détroit, non loin de l'hôpital. On ne lui connaissait aucune liaison, ni masculine ni féminine. Il fallut bien admettre que ce bonhomme-là ne vivait que pour sa passion : la médecine et le soulagement des grandes douleurs.

Quand il rentrait dormir chez lui, plutôt que dans la chambre de pause du sous-sol, il emportait son Beeper et se maintenait constamment sur la liste des praticiens disponibles en cas d'accident de masse.

Seule condition spéciale qu'il avait exigée dans son contrat : cumuler les jours de repos qu'il ne prenait pas. Les Américains n'ont jamais de longues vacances. Le Français voulait bénéficier, tous les deux ans, de trois mois de congé ininterrompu pour retourner pratiquer la médecine de terrain, et même de jungle, en Amérique du Sud.

Vous le constatez : on était bien en présence d'une de ces natures rarissimes, entièrement tournée vers le bien d'autrui, que l'on désigne parfois comme « des saints laïques ». Et cette « sainteté » allait bientôt accomplir ce que certains qualifièrent de « miracle ». À vous d'en juger.

L'enchaînement de circonstances relève de l'exception, où tout concourt à la catastrophe : plein hiver, froid intense, toutes les rues sont enneigées et glissantes. Une sorte de bronchite virale se répand, dont on se demande si elle n'est pas le prélude à une épidémie. Rien qu'avec cela, les urgences sont déjà prises d'assaut.

Survient alors cette collision entre les deux autobus, qui provoque un carambolage en chaîne. Dans un premier temps, les secours retirent des épaves en miettes trois morts, trente-quatre blessés, dont dix-huit dans un état grave. Pour des raisons de proximité, la majorité d'entre eux est acheminée vers St Paul, et les salles d'opération tournent *non-stop*.

C'est dans ce cadre d'apocalypse qu'un nouveau groupe de gens, pauvrement vêtus, bouscule toutes les files d'attentes qui s'entassent aux guichets de réception. Au milieu des réactions surchauffées, on entend les arrivants implorer :

— Au secours ! Ils vont tous mourir ! Aidez-nous !

Explication : au bord du trottoir, en bas de chez eux, une voiture stationnait en ventouse depuis deux semaines. Ce break hors d'âge servait de domicile à une famille, les Boyd : le père, la mère et leurs trois enfants, 6 ans, 4 ans et 18 mois. Lewis Boyd, ouvrier soudeur, avait été licencié au printemps. Déjà endetté, incapable de payer son loyer, il avait été expulsé. Le dernier refuge, c'était ce véhicule rouillé. Boyd avait trouvé cette place libre, dans une rue encore éclairée, où les bagarres et les coups de feu étaient relativement peu fréquents. Pour entretenir une température vivable, il faisait tourner le moteur au ralenti, une heure de temps à autre. Deux nuits plus tôt, la mécanique avait rendu l'âme, et le chauffage avec elle.

Trop de malheur, c'est trop : Lewis avait décidé de mettre fin à cette vie de chien, pour lui et pour les siens. Il avait préparé une mixture infecte, à base de tous les restes de détergents qu'il avait pu trouver au fond des poubelles, et il en avait fait ingurgiter un bol à chacun, lui-même finissant le fond de la casserole.

Ce n'est pas si facile, de mourir. Lorsque la souffrance était devenue intolérable, le malheureux était sorti en hurlant, pour ameuter les riverains de ce quartier miséreux.

Avec les alertes d'urgences habituelles et le carambolage monstre, le standard des pompiers était saturé, celui de la police *idem*. Impossible de trouver une ambulance libre à 100 kilomètres à la ronde.

Les braves gens du voisinage avaient donc sorti la famille Boyd de la voiture-mouroir, avaient réparti ses membres entre trois véhicules privés, précédés et suivis par d'autres, tous Klaxon bloqués et clignotants en action. Cette colonne avait réussi à se dégager un chemin dans la ville sinistrée, en grimpant sur les trottoirs, jusqu'au premier hôpital : St Paul, comme de bien entendu…

Les Boyd, viscères perforés par les acides, étouffant du sang qu'ils vomissent, sont mis sur des chariots et poussés jusqu'aux urgences. Les trois vigiles sont débordés devant cette horreur. Une infirmière, pourtant âgée, mais de service depuis vingt-six heures, s'effondre au pied d'un mur en sanglotant.

Et voici que, dominant cette scène d'épouvante, s'impose la voix du docteur Delignac. Forte. Autoritaire. Claire. Et calme :

— Amenez-moi les témoins capables de s'exprimer clairement. Les autres, dehors. Infirmière, relevez-vous, je vous prie. Vous allez être formidable, maintenant, je vous le garantis !

— Oui, docteur.

— Où en sont les salles d'op' ?

— Pleines, pour au moins six heures encore, docteur.

— Je dois opérer immédiatement. Dégagez-moi les deux cabinets de consultation. J'ai dit : les deux ! Et trouvez tout ce que vous pouvez comme matériel de désinfection et comme draps stériles ! Je vous dresse la liste des instruments dont je vais avoir besoin. Mettez les cinq patients dans la pièce de gauche. Déshabillez, préparez, maintenez les fonctions vitales. Et vous me les amènerez l'un après l'autre dans la salle de droite. Je commence par le bébé. Deux assistantes avec moi. Maintenant.

C'est une scène d'anthologie, une de celles qui inspirent sûrement les scénaristes. Pendant des heures, René Delignac va inciser, nettoyer les organes digestifs lésés, réparer des artères devenues fragiles comme du papier à cigarette... Que sais-je encore ? Il va se livrer à des gestes si complexes que nous serions bien dans l'incapacité de les comprendre...

Bref : la famille Boyd va s'en tirer. Pas tout à fait indemne, mais tous sont vivants. Seule, la maman, qui souffrait de malnutrition et avait eu des antécédents alcooliques devra être suivie pendant plusieurs années, pour éviter les hémorragies... C'est un drame affreux, mais le pire a été évité.

René Delignac, « Supertoubib », sera mis à l'honneur, comme le mérite son attitude admirable. Le service Relations publiques de l'hôpital va même légèrement forcer la note : ce sauvetage magnifique contribuera à redorer le blason de St Paul.

Depuis quelque temps, l'établissement lutte contre le manque chronique de moyens, mais aussi contre un autre fléau. Celui-là se présente sous la forme d'avocats de troisième zone, qui hantent les salles d'attente et font les cent pas sur le trottoir, aux abords des sorties. Ces charognards – il n'y a pas d'autre terme – s'introduisent même dans les chambres en profitant des heures de visite. Ils guettent le moindre signe de mécontentement chez les patients ou leurs familles. Ils commencent par se révolter, sur le même ton, du « traitement inqualifiable » et de « l'incapacité du personnel ». On les écoute, puisque l'on suppose qu'ils font partie du public lésé. Ils sortent alors leur carte de visite.

— C'est pour ça que des dizaines de gens dans votre situation m'appellent ici ! Vous êtes fondés de réclamer des dommages et intérêts ! Un de mes clients a obtenu *un million et demi de dollars* ! Et pour beaucoup moins de préjudices que ce qu'on vous fait subir ! Vous ne trouvez pas scandaleux que ces grands pontes, qui se pavanent dans leur blouse et qui ne vous répondent même pas, eux, ils roulent en Cadillac et se baignent dans leur piscine chauffée ? C'est la honte de l'Amérique, ce système ! Tenez : signez ce contrat ! Il fait de moi votre représentant légal, et je vous fiche mon billet qu'on va les faire cracher, les gros richards ! Vous n'avez pas de quoi me payer ? Z'inquiétez pas : mon travail ne vous coûtera rien. On fait juste fifty-fifty sur les sommes que j'obtiendrai !

Vous voyez le topo : sur les dizaines de procès à la chaîne, ces raclures de prétoire parviennent à en gagner un par-ci, par-là, et à payer leur whisky. Souvent, l'hôpital, qui connaît le cirque habituel, préfère un arrangement rapide et direct plutôt que des dossiers qui traînent.

Pour lutter contre cette plaie et la mauvaise image de marque qu'elle finit par développer, la directrice de St Paul prépare une fête, au cours de laquelle René Delignac sera décoré, en présence du maire, devant les caméras. Le récit de son exemplaire sang-froid, qui a sauvé la famille Boyd, est déjà détaillé dans un solide dossier de presse.

— Mais si, René : vous le méritez ! Et notre établissement aussi ! Nos chargés de com' ont écrit l'histoire. Jetez-y un œil pour éliminer toute inexactitude. Ah, oui, aussi : le service juridique a relevé que, pour effectuer la partie de votre intervention qui touche au vasculaire, il fallait une certaine qualification certifiée… Vous l'avez, bien entendu ?

— Bien entendu, puisque j'ai opéré !

— Parfait… Il se trouve juste que vous ne nous aviez pas communiqué le certificat… Il est vrai qu'avec votre curriculum vitae, on n'était pas à un papier près ! Mais là, avec tous ces fouille-merde à l'affût du moindre grain de sable… Il nous le faudrait.

— Hmm… Je crois bien que j'ai perdu l'original dans un dispensaire africain !

— Ah, les baroudeurs ! Vous et l'administratif, ça fait deux !

— Vous savez, les poseurs de bombes, les snipers et la famine ne nous demandent pas de paperasses !

— Faites-en tirer une copie par l'Académie d'origine, de ce certificat. Ce sera suffisant.

— Pffff… Ça ne va pas être évident : je l'ai obtenu en suivant un séminaire en Allemagne de l'Est, avant la chute du Mur. Depuis, leurs archives ont plus ou moins été dispersées. Si vous croyez que j'ai le temps de…

— Je ne vais pas vous casser les pieds, René ! On s'en occupe pour vous ! Notre secrétaire, Daisy, est une championne pour reconstituer les dossiers compliqués ! *No problemo* !

Eh bien, si : un tout petit problème quand même… Lorsque Daisy se met sur la piste du certificat manquant, non seulement elle n'en trouve pas la moindre trace, mais il s'avère que le séminaire médical en Allemagne n'a jamais eu lieu !

En allant un peu plus loin, Daisy va découvrir que les références, TOUTES les références fournies par le docteur Delignac sont fabriquées, avec des erreurs qu'un œil un tant soit peu averti des études médicales aurait pu déceler ! Les diplômes sont des faux. Certains ont été peaufinés avec soin, d'autres bâclés à l'emporte-pièce !

Mieux encore... ou pire : le docteur Delignac n'existe pas !

Qui est-il vraiment ? Le mieux serait de le lui demander personnellement. Cela sera difficile : dès qu'il a compris que cet insignifiant détail administratif allait dévoiler le pot aux roses, il a disparu, en quelques heures. Volatilisé.

Vu qu'il a franchi la frontière de plusieurs États, l'affaire se complique : elle devient du ressort du FBI. Les agents fédéraux ne le retrouveront que deux ans plus tard. À cause d'une nouvelle petite erreur : il a repris une identité française, à consonance du Sud-Ouest, son péché mignon. Elle ressemble d'un peu trop près à celle sous laquelle il est recherché : « Robert Malinac ».

En fait, le « docteur René Delignac » se nommait à l'origine Béchir Yared, de nationalité tunisienne. Seule sa mère était française.

Au moment de son arrestation, le pseudo Malinac est mécanicien dans un garage pour motos de collection. Un *excellent* mécanicien.

Tout comme il avait été pâtissier chez un grand traiteur. Un *excellent* pâtissier.

Auparavant, il avait été un *excellent* agent d'assurances.

On l'a apprécié comme *excellent* conducteur d'engins sur des chantiers.

Et même vénéré comme un excellent médium dans le carré français de La Nouvelle-Orléans...

Les enquêteurs devront d'ailleurs renoncer à déterminer exactement le nombre d'identités que Yared a pu usurper, aussi bien que le nombre de métiers qu'il a exercés, toujours à la plus grande satisfaction de ses employeurs et de ses clients.

Quant aux psychologues, ils commencent, bien sûr, à se jeter avec délectation sur ce cas d'exception. Puis ils se grattent la tête avec embarras : ils sont effectivement assez d'accord pour étiqueter Yared comme mythomane. Mais, au fond, pas plus que bien des gens que vous croisez dans l'autobus. Et sûrement moins que certains qui roulent en limousine et tirent les ficelles de l'État…

Pour le reste, perplexité chez les explorateurs de cerveaux : Yared ne semble avoir aucune tendance particulièrement perverse. Profit, pouvoir, satisfaction de son ego ? Oui, bien sûr : il faut bien une motivation, pour avancer dans l'existence. Surtout quand on réalise des parcours difficiles. Il en convient d'ailleurs volontiers, mais là encore : il n'en est pas plus dévoré que vous et nous, ou n'importe quelle personne dite « normale ». Et sûrement beaucoup moins que bien des véritables mandarins de la médecine.

Il reconnaît simplement qu'il vit de cette manière, qu'il a toujours vécu ainsi, et qu'il n'a jamais eu l'intention de nuire à qui que ce soit.

— Il me semble même que j'ai plutôt fait du bien à mes semblables, ne croyez-vous pas ? Et même davantage de bien que des tas de gens que vous ne traînez pas devant la justice !

Les poursuites contre lui ont d'ailleurs été assez restreintes : un arrangement a été passé avec le procureur par un important cabinet d'avocats qui défendait les intérêts de Yared. Le marché concluait que le prévenu avouerait tous les délits reprochés, et ferait des excuses écrites à toute victime qui en ferait la demande, en échange d'un arrêt des poursuites et d'un internement psychiatrique d'une durée « adéquate ».

L'important cabinet d'avocats précisait que, en cas de demande d'indemnisation, il était aussi mandaté pour accepter, à hauteur de quelques millions de dollars.

Vous devinez QUI a payé les avocats ? L'hôpital St Paul, évidemment. L'établissement ne tenait pas à ce qu'un procès soit tenu, où l'on poserait clairement la question : « Qui a engagé ce médecin sur la base de diplômes bidon ? »…

Reste aussi une réalité indéniable : les postes que Béchir Yared a occupés nécessitaient, pour la plupart, des compétences élevées. Par exemple, les actes médicaux du « docteur Delignac ». Ils ont bel et bien sauvé des dizaines de patients.

Lorsque les « vrais » médecins ont demandé à ce curieux escroc d'où il tenait ces connaissances si diverses, il a vaguement parlé d'une sorte de « visitation » : une voix, différente à chaque fois, venait lui « chanter dans la tête » ce qu'il devait savoir. Il a aussi mentionné « un souffle qui guidait sa main ».

Cependant, en affirmant cela, il laissait percer un sourire si ambigu au milieu de sa barbe bleue, que les experts se sont demandé si Yared croyait vraiment ce qu'il racontait, ou s'il était encore en train de rouler dans la farine tout ce beau monde, assoiffé d'explications.

D'ailleurs, aux dernières nouvelles, il serait bien possible que le ressortissant tunisien Béchir Yared, dit Delignac, dit Malinac, excellent médecin, mécanicien, médium, agent d'assurances, conducteur d'engins de chantier et pâtissier… n'ait jamais mis les pieds en Tunisie, et qu'il ne se nomme pas non plus Béchir, ni Yared.

17

La saga d'Ascott

Les femmes ont-elles une âme ? Seraient-elles donc humaines ?

En l'an 585, un concile s'est, semble-t-il, tenu à Mâcon (France), afin de débattre sur ce sujet. À l'époque, il devait encore présenter un intérêt.

Aujourd'hui, la question ne se pose plus : depuis longtemps, la science et le bon sens y ont répondu.

Par la négative.

MAIS NON !!! On rigooooooooole !

Toute plaisanterie mise à part, une interrogation semblable revient perpétuellement agiter l'esprit des philosophes : à partir de quel stade, et sur quelles données, peut-on déterminer qu'une créature vivante a droit au titre d'Être humain ?

Moins entachée de légende que le supposé concile de Mâcon, la controverse de Valladolid opposa essentiellement le dominicain Bartolomé de Las Casas et le théologien Juan Ginés de Sepúlveda, en 1550 et 1551, au collège San Gregorio de Valladolid (Espagne). Ce débat réunissait théologiens, juristes et administrateurs.

Reprise dans une formidable pièce de théâtre par Jean-Claude Carrière, cette « dispute » visait à déterminer si des êtres humanoïdes (les Indiens, en l'occurrence) devaient être considérés comme humains, c'est-à-dire possédant une âme.

L'enjeu colonial rejoignait le souci philosophique : animaux, ils pouvaient être exploités, hommes, ils devaient être évangélisés… et exploités !

Ce même thème sous-tend l'intrigue du roman de Vercors *Les Animaux dénaturés.* Ici, c'est une espèce d'apparence plus simiesque, découverte par un anthropologue au XXe siècle. De tels êtres ont-ils les mêmes droits que n'importe lequel des citoyens de nos nations ?

Le sujet est loin d'être résolu, puisque c'est maintenant au tour des neurosciences de s'interroger sur cette limite floue entre l'animal et vous (pour autant que *vous* qui lisez ces lignes soyez un humain et non un robot, bien entendu…).

L'une des théories actuelles propose la distinction suivante :

— Il est maintenant avéré que certains animaux ont conscience du passage à la mort, en tant que comportement différent du vivant. Pour autant, ils restent du côté de l'animal.

— En revanche, on est au stade de l'humain dès que l'on reconnaît un mort comme une entité, digne de respect, en lui dédiant un rituel funéraire.

Une créature qui a conscience de l'humanité… est humaine ?

Alors, si un être vivant pressent l'existence de l'âme, c'est qu'il en possède une ?

Réponse impossible ? Et pourtant…

Karl Stutz, dit Karli est autrichien et prothésiste. Champion dans sa spécialité, qui plus est. À tour de bistouri, il rénove des rotules, remplace des hanches et revisse les cols de fémur de la meilleure société viennoise, ainsi que ceux de notables arrivant de toutes sortes d'émirats ou d'improbables républiques bananières, sur le témoignage de leurs pairs, vers ce demi-dieu de l'alliage sans rejet. On ne compte plus les guiboles milliardaires, usées par l'âge et les parcours de golf, qui lui doivent d'être reparties pour quelques tours de valse, au bal de l'Empereur, sous les lustres excessifs du palais Hofburg… Karl Stutz est donc un riche prothésiste.

Il le reste jusqu'à ce qu'une nuit, en panne de sommeil, il allume la télé sur une chaîne anglaise d'actualités. C'en est fini de sa tranquillité d'esprit, qu'il préservait moyennant une hyperactivité auprès de sa clientèle et dans des séminaires de perfectionnement, entre le sommet d'un palace de Tokyo et une salle de conférences sous-marine aux Bahamas.

Les documents qui tournent en boucle cette nuit-là ne vont plus lui laisser la conscience en repos. Derrière un caméraman, il plonge en immersion totale dans l'horreur des mines antipersonnel et de leurs ignobles ravages sur la chair humaine.

Il n'ignorait pas leur existence, bien entendu. Il estimait même avoir agi contre ce fléau : il avait exposé son avis lors de congrès. Il avait aussi donné, par téléphone satellite, des conseils à un confrère allemand qui opérait en zone de guerre, dans l'hôpital volant d'une ONG.

Mais les images rapportées par le journaliste-reporter de la BBC, si justes et sans commentaire, touchent Karli au plus profond de son humanité.

Dans les mois qui suivent, il va cautionner de sa réputation une récolte de fonds et de matériel contre ce fléau. Au milieu du semestre suivant, il se met en congé impromptu pour accompagner un charter contenant quelques tonnes de médicaments et d'instruments d'urgence.

Son associé et leurs investisseurs dans la nouvelle clinique tiquent un peu, mais mettent cette lubie sur le compte de la fatigue. Un virtuose de cette envergure, qui trime aussi dur depuis des années, peut se permettre une petite récré.

Mais quand cette amusette se reproduit deux, puis trois fois dans l'année, lorsque ces absences en salle d'opération se traduisent par une baisse mesurable du chiffre d'affaires, on devient beaucoup moins indulgent.

Résumons : après avoir été gentiment rappelé à ses obligations, puis admonesté officiellement, Karl Stutz est mis en minorité dans la structure qu'il a fondée.

Comme il s'entête à faire fi des mises en demeure et qu'il a toujours été nul en affaires, il s'enfonce jusqu'à n'avoir plus d'autre possibilité que de se faire racheter ses parts à un prix symbolique.

Sur quoi sa femme, humiliée sûrement par cette démonstration publique d'infériorité, le plaque. Au profit de qui, ne vous le demandez pas : de celui qui a déjà récupéré la clinique, l'ami de trente ans.

Elle va aussi obtenir devant la justice le grand appartement, une villa (celle de Cadaquès) et le voilier de 16 mètres. Le bateau, elle le revend, vu que son nouvel élu possède déjà un engin à moteur, moins sportif, mais plus prestigieux.

Les relations mondaines désertent, évidemment. Rien là que du très grand classique dans la déconfiture.

Karl Stutz, hier au pinacle de la société viennoise, glisse donc très vite vers la liste grisâtre des infréquentables.

Il n'est pas à la rue, rassurons-nous : la décadence des gens riches est souvent, et heureusement, toute relative. Il lui reste un deux-pièces dans un quartier bourgeois et, sur un compte en banque, de quoi plonger dans la dépression sans entendre des huissiers tambouriner à sa porte.

Il garde aussi le soutien affectueux et inquiet de l'un de ses fils, qui termine son internat de gastro-entérologie à l'hôpital universitaire de Genève.

Un ami indéfectible veille également à ses côtés : Ascott. Il est même un peu plus qu'un ami : Karli et cette brute poilue aiment se rouler sans vergogne l'un sur l'autre, se mordre l'oreille et se lécher le nez.

Oui, Ascott est un chien.

Malgré son nom à consonance britannique, l'animal est mi-suisse, mi-japonais. Un gros machin blanc écru, qui tient du berger et du chien de steppe. Le museau allongé, le poil ras et dru, l'œil bleu et or.

Ses ancêtres de la branche nippone, les Kishu, chassaient au sanglier et au cerf. Comme s'il avait le devoir, dans cette vie, de faire pardonner les multiples carnages qui pèsent sur leur karma, Ascott manifeste, envers tout ce qui vit, une tendresse digne d'un moine tibétain. Exception faite des puces, mais qui pourrait lui en tenir rigueur ? Encore leur laisse-t-il une chance, pour peu qu'elles sachent nager : il s'en débarrasse par la technique dite « du renard », que nous vous exposerons d'ici quelques paragraphes. Une attraction fort applaudie par les randonneurs qui fréquentent les lacs d'altitude dans les Alpes suisses. C'est là qu'Ascott a repéré Karli et lui a mis le grappin dessus.

Le chirurgien aimait se détendre à Zermatt. Tout enfant, il y accompagnait déjà son père, qui retrouvait d'autres alpinistes chevronnés pour escalader, sous toutes leurs faces, le Cervin et les sommets alentour. Bien avant que le site ne devienne la coqueluche des nouveaux riches japonais ou russes, Karl s'était senti chez lui dans ce charmant village, où les voitures n'ont pas droit de cité.

Il s'y était lié d'amitié avec trois gamins du cru. Ce lien avait perduré jusqu'à l'âge adulte, renforcé par le fait que deux des frères valaisans menaient aussi des études de médecine.

Maintenant installés à Lucerne et Berne, ils avaient fait construire un immeuble d'appartements pour location de luxe. Ils en mettaient volontiers un à la disposition de leur copain, hors saison touristique. Ce qui arrangeait tout à fait Karli : en matière de neige, il n'était pas privé, en Autriche. Mais les défilés de glisseurs sur skis olympiques et de sportives en combinaisons doublées de vison n'étaient pas sa tasse de thé. De beaucoup, il préférait les longues marches en solitaire, au grand soleil de fin de printemps, entre alpages et glaciers.

Un jour qu'il se restaure d'un quignon de pain noir et de quelques tranches de viande séchée, assis sur un rocher, il entend des exclamations en contrebas. Cela provient d'un creux dénommé « le lac noir », à cause de la couleur qu'il adopte en hiver. De sa position, Karli n'en aperçoit qu'une partie, qui, à ce moment, reflète plutôt un ciel bleu de cérule. Plusieurs personnes convergent en hâte vers la partie cachée. Un accident ? Prêt à secourir un éventuel blessé, l'Autrichien dévale le pierrier.

D'accident, point. Ni de blessé : un rassemblement de curieux qui photographient un étonnant numéro : dans l'eau glacée, un grand chien blanc entre lentement, à reculons. Un connaisseur, caméra en main, commente :

— C'est la technique du renard… Les puces vont refluer vers son cou, puis jusqu'à son museau… Et regardez la fin !

Effectivement, après cinq bonnes minutes de cette stratégie, seule émerge la truffe, qui produit quelques bulles à la surface, puis… Plouf ! Elle plonge aussi. Et le chien reparaît trois mètres plus loin, pour ne pas se récupérer les parasites qui flottent encore ! Les spectateurs applaudissent la prestation. L'artiste, blasé, semble chercher dans le petit groupe. Son maître, sûrement, pense Karli ? On constatera que c'était assez juste…

Alors que les promeneurs se dispersent déjà, le bestiau se campe à cinquante centimètres de Karl Stutz. D'une ample ondulation, il répand dans le soleil une bonne cinquantaine de litres d'eau. Magnifique spectacle irisé, dont Karli est le bénéficiaire privilégié.

— Merci pour le jus de chien !

L'essorage terminé, ayant ainsi marqué de son parfum sa victime choisie, le rustre, sans gêne aucune, introduit un museau ruisselant dans le rucksack que le randonneur avait posé par terre. Il y mâchouille le restant de viande séchée, emballage compris. Puis il s'assied comme un bon toutou, langue sur le côté. Malgré le bout de papier qui dépasse encore de sa babine, il lève vers l'homme les yeux de l'innocence. Du même bleu que le lac et le ciel. Avec, en plus, des paillettes d'or, remarque Karli. Aussitôt, une alerte clignote dans un recoin du bon sens :

— Regarde ailleurs ! Ne te laisse pas avoir !

Trop tard. Il est *déjà* eu ! Cela commence par une gambade joyeuse, style « Bon, on s'en va, maintenant ? ». Et l'homme le suit. Alors, on va lui montrer les bons coins ? Karli pense connaître tous les vallons, depuis autant d'années : il en découvre au moins deux, ce jour-là. À l'heure où le soleil commence à décliner, Stutz se penche vers le chien blanc :

— Bon. On a passé un bon moment ensemble. Je concède que tu as su mériter ta viande séchée. Mais maintenant, on va se quitter, hein ? Toi, tu retournes dans ta maison, d'accord ?

Il s'attend, comme dans toutes les histoires de ce genre, à voir l'autre jouer les pots de colle, mais pas du tout : un clin d'œil bleu en parfaite connivence, un sourire jusqu'aux oreilles, un tour sur soi-même et, en trois bonds, voilà le copain qui disparaît derrière une butte. Karli en fait le tour, parce qu'il a cru comprendre qu'il avait affaire à un futé, mais il ne voit plus personne.

Il redescend jusqu'à Zermatt. Pendant les deux heures du chemin, il se remémore cette curieuse journée, presque déçu que « Machin » ait cédé aussi vite.

Il le retrouve, installé en sphinx, sur un muret, devant sa porte !

Comment ce chien, que personne n'avait vu dans le village auparavant, a-t-il trouvé la résidence de son compagnon de randonnée ? Télépathie ? Flair ? Hasard pur ? C'est en tout cas sur ce muret qu'il va passer la nuit. Pour la nourriture, il est à bon poste, puisque le rez-de-chaussée de l'immeuble est occupé par un restaurant. Et, dans les cuisines d'un resto, on trouve toujours une bonne poire que des yeux si bleus savent émouvoir…

— Il est à vous, ce beau chien, monsieur Stutz ?

Karli descend chercher ses croissants du petit déjeuner, la question fuse : le chien blanc, qui était sur ses talons, s'est arrêté à la porte.

— Tenez : donnez-lui un biscuit, il le mérite.

Et lorsqu'il va lire son journal au buffet de la gare :

— Chapeau, dis donc, Karl !

— Qu'est-ce que j'ai fait ?

— Toi, rien. Mais ton chien ; il est drôlement bien dressé !

Là encore : le bon toutou siège à l'extérieur, sans bouger une moustache, malgré le va-et-vient des chevaux, attelés aux calèches qui amènent les clients des grands hôtels.

À la boucherie, c'est le pompon : on ne précise même pas à qui est destiné le cervelas que l'on ajoute gratuitement au-dessus du paquet.

En quarante-huit heures, Karl Stutz est devenu, à son corps défendant et de notoriété publique, la « chose » de cette magnifique créature « si bien élevée ». Il voudrait bien se sentir ulcéré : il ne parvient même pas à s'agacer ! Dès qu'il essaie, l'humour prend le dessus, avec un sourire d'autodérision.

Ce qui ne lui ôte pas sa lucidité : il n'est à Zermatt que le temps d'un week-end prolongé. À ce moment, il est encore le prestigieux chirurgien, tenu par un emploi du temps d'acier, entre la clinique, le cabinet et les congrès. Il est aussi encore marié, et son plus jeune fils termine son cursus universitaire avec une remarquable avance : on lui assure la tranquillité requise, dans l'appartement familial. Pas question de revenir à Vienne avec « Machin » dans les bagages. Rien qu'à imaginer l'intransigeante madame Lydia Stutz en train de monter aux rideaux, Karl en frémit !

Il se renseigne : le chien est inconnu des autochtones, même des concierges des palaces, réputés tout savoir de la vie du lieu. Aucun collier ne désigne le propriétaire légal. Karl fait scanner l'animal par les policiers, qui possèdent le détecteur *ad hoc* : pas de puce électronique non plus. L'un des agents suggère :

— Vu l'endroit où il t'a trouvé… Pardon : où *tu l'as* trouvé, en pleine montagne, il a peut-être traversé depuis le versant italien ?

— Tu vas lancer Interpol à la recherche de sa famille ? Moi, je n'ai pas le temps !

— Écoute, Karli, le choix est entre tes mains : ou bien nous on n'a rien vu, et tu le remmènes avec toi mardi. Ou alors…

En Suisse, la loi est stricte : ni puce ni médaille, le chien ne paie pas l'impôt, ne possède pas de carnet de vaccination, c'est un immigrant clandestin. Sa vie ne tient qu'à un coup de fil à la fourrière. Le choix est vite fait : « Machin » est adopté. Karli, pressentant la scène qui l'attend à Vienne, se rassure en rassurant le chien :

— À propos de Lydia, ne t'inquiète pas ! On la mettra devant le fait accompli : si on reste solidaires, elle ne va tout de même pas nous jeter sur le palier tous les deux !

Pour la première fois, ils traversent le village officiellement ensemble. Devinez qui est le plus souriant des deux ? Sur le trajet, Stutz entend une bonne centaine de fois :

— Tiens : le chien de l'Ascott ! Vous avez vu comme il est beau le chien de l'Ascott ! Maman, c'est quoi, comme race, le chien de l'Ascott ?

Ascott est le nom de l'immeuble où séjourne Karl devant lequel tout un chacun a vu, ces derniers jours, siéger « le beau chien blanc si bien dressé ».

— Eh bien, « Machin », je crois bien qu'on t'a trouvé un vrai prénom ? Qu'est-ce que tu en penses ? Ascott, assis !

Cette fois, au lieu de prendre l'initiative, le chien obéit : il stoppe au milieu des passants et pose son postérieur sur le pavé. Il répondra ainsi toute sa vie aux ordres de son maître. Qu'ils soient énoncés en français, en allemand, en italien ou en anglais.

À Vienne, le chien de Zermatt est accueilli dès la première minute dans la chambre du fils de Karli. L'étudiant, qui a parfois un peu de mal à se tirer du lit, insiste pour l'emmener à sa première sortie hygiénique :

— C'est bon, de respirer l'air du matin. Et puis, ça va m'aider à faire mon jogging !

Ascott va mettre un peu plus longtemps à se faire accepter par madame Stutz. Quatre jours. Le premier, elle râle, hausse les épaules le second. Le troisième, elle est absente pour cause de leçon de tennis, hammam et coiffure.

Dans l'après-midi du quatrième jour, au bord de la piscine, Lydia et ses riches amies, alanguies dans les transats, lunettes noires sur le bout du nez, sirotent des Margarita en racontant des médisances sur celles qui ne sont pas là. Soudain, Ascott surgit du salon et, d'un élan gracieux, plonge en faisant la bombe. Le raz-de-marée inonde les verres de ces dames. Ulcérées par la douche non programmée, elles sont déjà en train de se récrier, quand elles voient le grand chien blanc jaillir du remous et venir déposer, sur les genoux de l'une d'elles, un paquet humide qui gigote.

Cette sorte de saucisse tremblante, crachante et furibarde, c'est Miss Flora (Floflo pour les intimes), le détestable chihuahua chauve appartenant à l'épouse du directeur de la banque Weil. Les distinguées buveuses de cocktails, derrière leurs lunettes noires, n'avaient pas vu Miss Flora choir dans le grand bain.

Modeste comme tous les héros, Ascott s'éloigne pour s'éponger dans le gazon, sans attendre de remerciements.

Toute la belle société viennoise est au courant de l'exploit avant les cocktails du soir. Lydia Stutz reçoit félicitations et compliments pour le magnifique geste de « son » chien.

Karli les trouve regardant la télé côte à côte. L'une grignote des tiges de céleri sans sauce, vautrée sur le tapis. L'autre, élégamment assis sur le canapé de buffle, picore des croquettes de luxe, offertes par madame Weil. Entre ses pattes, Floflo Weil s'est endormie, épuisée par ces émotions.

L'épisode vaut la peine d'être noté pour une deuxième raison : Miss Flora est un roquet de sac à main particulièrement odieux, plus laid qu'un gremlin et puant de la gueule autant qu'un alligator. La sauver de la noyade et l'accepter comme amie révèle qu'Ascott, en plus de l'intelligence pure, possède aussi celle du cœur. Le don d'aimer toute créature vivante et de fréquenter sans frémir les plus rebutantes. Pour Karl, ce détail prendra toute son importance dans la suite des événements.

Il adopte légalement l'immigrant, qui acquiert ainsi une identité stable : Ascott Stutz devient citoyen canin d'Autriche. Selon le vétérinaire, ce mâle de 37 kilos, en pleine forme, est âgé d'un peu plus de deux ans, à son arrivée dans la famille.

Il a donc sept ans lorsque son univers bascule à nouveau et que commence l'impossible aventure.

La déconfiture sociale de Karli navre son fils, Johann, mais ne le surprend pas vraiment. Il a toujours admiré son père, comme homme généreux et comme chirurgien passionné par son art. Ce qui ne l'empêchait pas de le savoir nul en affaires et… plus que médiocre en diplomatie.

Cependant, s'entêter à ne tenir aucun compte des avertissements de ses actionnaires, persister dans ses investissements purement désintéressés, accompagnés d'absences multiples pour causes caritatives… Cela ressemble à une sorte de « désertion ». Sans vouloir tomber dans la psychologie de bazar, faut-il y voir l'expression du ras-le-bol d'un homme dépassé par son succès, un « suicide social » pour se contraindre à la remise en question ?

Si c'est cela, c'est réussi ! À la cinquantaine, se retrouver avec un compte en banque à la limite du découvert, célibataire dans un deux-pièces avec son clebs, pendant que son ex-femme se bronze à Saint-Barth' dans le même hamac que son ex-associé… Il a fait fort, le papa ! Aussi Johann prend-il comme un signe du destin, enfin positif, l'appel que lui lance le Comité international de la Croix-Rouge.

Johann termine son internat au CHU de Genève, dans une spécialité proche de celle de Karl. Il est déjà repéré comme un praticien prometteur et l'un de ses amis, chef de projet au CICR, lui lance un jour :

— Tu es au courant de ce qui se passe dans le conflit entre l'Éthiopie et l'Érythrée ? Les affrontements directs, l'utilisation des mines… Stratégie classique : plus on laisse de handicapés, plus leur présence démoralise le camp adverse. Et surtout, plus leur entretien va peser sur une population civile, qui ne parvient déjà pas à subvenir aux besoins des personnes valides. Autant de ressources en moins pour financer et nourrir les troupes… On a besoin de quelqu'un sur le terrain… Vite. Tu seras le patron du projet : tu vas sur place, sous la protection de l'ONU… Tu évalues les besoins et on te construit un hôpital sur mesure, pour la réhabilitation des mutilés. Et… Ce n'est pas un coup de main de quelques semaines que je te demande. Ni même de quelques mois. Je te propose un poste rémunéré, à temps plein !

C'est une invitation sûrement irrésistible pour un jeune chirurgien pas encore installé, que la découverte d'horizons nouveaux peut tenter. De plus, la cause et les moyens proposés ont de quoi emporter une adhésion immédiate. Pourtant, la pensée du jeune interne semble flotter.

— Johann ? Tu ne peux pas refuser ?

— Eh bien si, pourtant ! Ton offre est magnifique, et je vais la décliner.

— Tu as une raison majeure ?

— Oui : je peux vous avoir beaucoup mieux que moi !

— Ça m'étonnerait !

— Le *nec plus ultra*, je te dis !

— Je ne vois pas qui ? À part ton… Non ! Ne me dis pas que tu me suggères sérieusement de m'adresser à ton pater ?

— Si. Tu sais qu'il a déjà effectué des missions pour des ONG ?

— Oui, il avait même surpris tout le monde, dans sa position ! Mais là, il s'agit d'un plein-temps ! Et tu connais les fiches de paie chez nous, même pour un patron ? Demander au Boss en personne de tout lâcher pour aller risquer sa peau ? Tu veux que je me prenne le râteau du siècle, c'est ça ?

— Essaie toujours, mon vieux ! Laisse-moi juste lui en toucher un mot d'abord… Tu pourrais bien être surpris !

La surprise est de taille lorsque, effectivement, la réponse revient au siège du CICR. Johann a eu le courage de secouer son père dans la somnolence où il s'enlisait. Il lui a communiqué cette opportunité, non comme une chance à saisir pour sortir du caniveau, mais comme un défi à relever : l'occasion de réaliser tout ce que l'idéaliste en lui avait à peine osé esquisser. Et il a touché juste : Karl Stutz se dit « fier d'avoir été pressenti pour ce poste et heureux de l'accepter ». Il sera prêt à partir dans la quinzaine. Il ne pose qu'une condition : il emmènera son ami des bons et surtout des mauvais jours, Ascott. Des membres de l'organisation le lui déconseillent vivement :

— Vous savez, les conditions de vie, là-bas, c'est vraiment…

— Il n'y a pas de chien, dans cette contrée ?

— Si, mais tellement maltraités…

— Je parle de ceux des troupes ?

— Pratiquement pas. Et ils sont entraînés pour des missions bien spécifiques. Des recherches de personnes dans les ruines, la détection d'explosifs… Quand ils s'en sortent, ils sont renvoyés à l'arrière. On les use très vite !

N'empêche : Karl ne sait pas pour quelle durée il s'expatrie, mais c'est pour un bon bout de temps. Et Ascott atteint un âge bien mûr, pour un chien de sa taille : rien ne dit qu'il vivrait assez longtemps pour revoir son maître. Karli a bien conscience, aussi, que c'est lui qui supporterait le plus mal une séparation à l'issue incertaine.

— J'ai bien réfléchi : je l'emmène.

Le Boss a parlé. Mais il a beau être une sommité, le CICR n'en reste pas moins la Croix-Rouge : les caprices de stars… restent à la charge des stars. Dérogations, passe-droits, bakchichs et, enfin, billet d'avion : Karli sacrifie ses dernières économies et parvient à faire franchir à 39 kilos de mastard blanc tous les blocages administratifs, limites territoriales, barrières douanières, quarantaines et interdictions. Ascott, sans le savoir, laisse pour toujours derrière lui l'univers où il a grandi.

Et il débarque sur une autre planète.

L'Érythrée doit son nom au grec *eruthros* signifiant « rouge » : vous avez aussitôt une idée de l'aspect de ses roches et de ses sables. Située dans la Corne de l'Afrique, entre le Soudan, à l'ouest, et Djibouti, à l'est, c'était une province de l'Éthiopie. En 1993, elle est devenue une nation indépendante, sous le nom de « État d'Érythrée ». Depuis, un climat de guerre semi-permanente règne entre les deux pays. Sa capitale est Asmara, dont la région est appelée Maekel.

La deuxième région la plus peuplée, avec plus d'un million d'habitants, est Debub, qui signifie « sud ». Sa superficie équivaut à celle de la Corse. Vous aurez sûrement entendu aux informations le nom de villes comme Mendefera, Senafe ou Adi Quala.

Vous aurez moins souvent eu l'occasion d'entendre parler de Tsorona-Zalambessa. Cet endroit a pourtant été le sujet de la guerre ouverte, de 1998 à 2000. L'Éthiopie estimait qu'il appartenait à la *Misraqawi Zone* du Tigray, l'une de ses neuf régions. L'Érythrée le revendiquait en tant que partie de sa *Debub Zone*.

70 000 morts, c'est l'estimation donnée par la plupart des rapports indépendants.

Près de 7 500 Éthiopiens établis en Érythrée ont été emprisonnés. D'autres sont restés par force. Ils ne pouvaient pas payer la taxe que l'Éthiopie exigeait pour les reloger : 1 000 birrs, environ 35 euros. Les déportés se comptent par milliers. Les prisonniers des deux parties auraient subi des tortures, des viols et d'autres traitements dégradants.

Après un difficile accord de cessation des hostilités, le Conseil de sécurité de l'ONU a créé une force spéciale, la Mission des Nations unies en Éthiopie et en Érythrée (MINUEE). Elle tente de s'interposer entre les belligérants. Mais les agressions et les provocations continuent entre les frères ennemis. Les Casques bleus circulent même à dos de dromadaire, afin d'assurer une présence la plus adaptée possible à ce terrain complexe. Les populations civiles sont harcelées, exsangues.

Les plus exposés sont toujours les plus vulnérables : les femmes, notamment. Les points d'eau, déjà rares, ont souvent été pollués. Comme au sujet des pillages, des destructions et des champs de mines non répertoriés, il est difficile de démêler s'il s'agit de dégâts collatéraux inhérents à toute guerre, ou d'une stratégie d'ignominie destinée à démoraliser « ceux d'en face ». Peu importe, le résultat est là : pour approvisionner les familles, pour l'alimentation et le strict minimum d'hygiène, les femmes doivent s'éloigner des habitations, cheminer sur plusieurs kilomètres, patienter dans des files interminables pour accéder à un tuyau rouillé d'où coule une eau supposée encore potable. Puis elles reviennent en portant outres et récipients, jusqu'à leur abri, où les enfants ont été laissés à eux-mêmes et à la violence des plus forts.

Certaines femmes, plus faibles ou malades, se font accompagner par un ou deux des enfants, qui les aideront à rapporter un peu plus d'eau. C'est un danger de plus : les abords des routes menant aux robinets ou aux puits sont semés de mines, dont le déclencheur est parfois dissimulé dans des emballages de produits alimentaires ou de petits objets de couleur attractive. Les enfants privés de tout ne résistent pas...

Lorsque Karl Stutz arrive dans le camp où il va travailler, son premier contact est violent : une patrouille de méharis entre en même temps que son 4X4. L'agitation qui l'entoure, les hurlements de douleur, n'annoncent rien de bon.

Deux hommes de la troupe ont été blessés dans une explosion. Leur entraînement leur permet de supporter leur propre douleur. Ce qu'ils gèrent plus mal, c'est l'état des personnes qu'ils ont récupérées. Quelqu'un crie, à la cantonade :

— Le toubib ? Où il est ?

— En ville ! Un accouchement qui se passe mal !

— Et l'infirmier ? Au moins un infirmier, merde !

— Il est avec lui ! Les vaccinations !

Un sergent sanglote, essuyant son visage dans ses mains pleines de sang. Il doit être scandinave et sa plainte fuse dans sa langue maternelle. Karl s'adresse à un Français :

— Il veut être soigné ? Où a-t-il mal ?

— Ce n'est pas son sang ! Il demande ce qu'on peut faire pour le gosse, là-bas !

Il désigne un tas de linges rouges, qui bouge à peine et que deux camarades essaient de déposer sur un brancard, sans trop savoir comment le prendre. Karl s'approche. Autorité naturelle, ou besoin des soldats de laisser le relais à quelqu'un de compétent ? Nul ne doute une seconde que le nouvel arrivant soit médecin. Il soulève un coin des chiffons. L'enfant, pour ce que l'on peut en voir, doit être âgé de six ou sept ans. « Devait », car, à l'instant, il vient de mourir. Et c'est tant mieux.

Plus loin, une femme est encore en vie, ainsi qu'un adolescent. Ou peut-être est-ce un homme mince ? On ne peut juger ni à son visage ni à ses mains, qui n'existent presque plus. Karli interroge :

— Vous avez un matériel d'anesthésie ? Une salle stérile ?

C'est là qu'il se rend compte qu'il n'y a ici aucun bâtiment en dur. Juste des tentes, beiges, plus ou moins vastes, et des camions blancs, frappés des lettres UN, qui contiennent les équipements comme les groupes électrogènes, les communications, l'arsenal.

— On a l'infirmerie, monsieur. Mais je crains que ça ne convienne pas pour...

Effectivement : la troupe a érigé ce campement voici quelques jours à peine, pour parer au plus pressé sur ce coin frontalier où les incursions sont constantes. Le site a été choisi assez loin du village, afin de ne pas mettre davantage en danger les autochtones. Et aussi pour ne pas les inciter à la violence envers leurs protecteurs : c'est l'effet pervers produit souvent, hélas, par la présence de denrées consommables et d'armes. Le poste militaire ne devrait rester à cet emplacement que le temps de choisir un site vraiment adapté à une mission de plus longue durée. L'infirmerie n'est donc pas prévue pour du « lourd ». C'est pourtant là que Karl Stutz commence à opérer, une demi-heure après son arrivée, entouré de militaires déjà submergés, que cette présence réconforte.

L'ingéniosité des hommes pour faire souffrir leurs semblables reste un sujet de perplexité. Perpétrer des embuscades pour surprendre les individus au moment où ils ne peuvent pas se protéger, perfectionner des dispositifs vicieux pour déchirer la chair… L'intelligence du mal laisse pantois. Le professeur Stutz, ne l'oublions pas, a été pressenti comme prothésiste. Son lieu de travail nécessite des dispositifs et des collaborateurs spécifiques. Il ne devait que passer, dans un premier temps. Évaluer ses besoins, laisser des consignes et revenir prendre « son » hôpital clef en mains. L'horreur du quotidien le cloue sur place. Il va rester là, faire de son mieux, comme n'importe quel bricoleur de champ de bataille.

Il accomplit aussi des va-et-vient entre l'infirmerie de campagne et le lieu, à une trentaine de kilomètres de là où, parallèlement, selon ses indications, le CICR bâtit un véritable lieu de soins, doté des installations requises. C'est au cours de ces déplacements qu'il remarque, au loin sur le désert rouge, un plateau dont les reliefs dansent comme un mirage. Il demande au militaire qui le conduit :

— C'est toujours l'Érythrée, ces sommets, ou c'est déjà l'Éthiopie ?

— On n'a pas vraiment de certitude, monsieur. En fait, c'est l'une des causes de la persistance des conflits : les deux pays refusent de participer aux conférences de paix qu'on leur propose à La Haye, tant qu'il n'y aura pas de démarcation physique de la frontière.

— Dans ce chaos de rochers, sur des centaines de kilomètres ?

— Justement : ils savent bien que c'est impossible, c'est pourquoi ils l'exigent en préalable à un traité, dont personne ne veut et que personne ne respecterait…

Le randonneur, amoureux des grands espaces solitaires, est frappé par l'aspect de ces hauteurs, très australien, du moins selon les clichés qu'il s'est forgés dans son imaginaire. L'Australie est le seul des cinq continents qu'il n'a pas eu l'occasion de parcourir, faute de temps. Mais il range ces paysages dans un coin de ses regrets : un vrai bloc opératoire vient de lui être installé, ainsi qu'un atelier de fabrication et d'adaptation des prothèses. La mise en route effective de son centre va l'occuper à cent vingt pour cent.

Pendant ce temps, que devient Ascott ? Serez-vous surpris si l'on vous dit qu'il s'est fait adopter par tout le personnel du camp ? D'abord pour sa discrétion et sa capacité à sentir qui a besoin d'une présence et qui préfère s'isoler. Nombre de ces soldats surentraînés sont de grands gamins qu'un câlin de trop fait craquer. Il est auprès de ceux auxquels la présence d'une masse affectueuse remonte le moral, et il ne s'impose pas aux autres, notamment à ceux chez qui la présence d'un chien ne ferait que remuer la nostalgie de leur propre animal et de leur foyer.

La deuxième raison de cette estime unanime, c'est que ce camp des Casques bleus est vraiment celui d'une force internationale : il y passe des Américains, des Canadiens, des Européens d'au moins cinq nations, des Russes. Sans compter les ressortissants locaux, volontaires pour coopérer comme guides ou interprètes. Et le grand amusement, dans cette tour de Babel, c'est de jouer avec Ascott, l'Autrichien.

Il répond aux appels, aux ordres, aux incitations au chahut dans toutes les langues. Il n'a besoin, de temps à autre, que d'une précision, qu'il demande en inclinant la tête de droite et de gauche, avec un air de profonde concentration. Ensuite de quoi il exécute ce qu'il pense avoir saisi. Si vous lui dites « Bravo ! », il retient une fois pour toutes ! Un Français n'a pas mis longtemps à lui trouver la facile appellation de « Ascott-la-Mascotte » reprise par tous, avec tous leurs accents.

Celui qui est devenu son meilleur pote est un sapeur. Un Québécois nommé Théo Bolduc. Un géant, à la voix de tonneau et au cœur fondant. Ses propres chiens, des huskies, il les a laissés à la garde de sa maman, qui les fait travailler au traîneau, quelque part entre Chibougamau et Waswanipi. Ce n'est pas la porte à côté de l'Érythrée. Bolduc se languit d'eux et reporte son affection sur Ascott. Il passe le plus clair de son temps libre à lui enseigner des tours. On entend :

— Pan, t'es mort !

Et le chien, comme fauché par une balle, se catapulte sur le flanc et y demeure jusqu'à ce que la grosse voix clame :

— Debout les morts !

« Roulé-boulé » aussi, il sait le faire, ainsi que « Rampé-rampé ». Mais l'ordre qui remporte les suffrages de tous les spectateurs, c'est :

— Fais la saucisse !

Il se couche sur le dos et enchaîne toutes les contorsions imaginables. Et d'autres, que l'on n'imagine pas ! Les soldats lui marquent le rythme en frappant des mains et des bottes. Comme ce cabot aime toujours les applaudissements, ça peut durer !

En dehors de jouer à la peluche vivante, il reste un chien, avec des instincts de chien. Il s'est trouvé une occupation très prenante : la chasse à l'*heterocephalus glaber.*

C'est le nom savant d'un rongeur singulier qui hante cette région. Plus communément, on l'appelle le « rat-taupe nu ». Une bestiole impressionnante de par sa peau rose, dépourvue de poils, sauf entre les orteils griffus. Ses yeux décolorés par la vie souterraine lui confèrent une vision limitée, compensée par une ouïe et un odorat très développés. Il peut obturer ses orifices nasaux et auditifs, pour empêcher le sable de les envahir. Ses incisives surdimensionnées lui servent à creuser des galeries dans des sols très durs. Il vit en colonies dont l'organisation sociale fait songer à celle des fourmis ou des abeilles. Particularité : il ne ressent absolument pas la douleur. Sa longévité serait de cinquante ans, essentiellement due au fait qu'il ne développe jamais de cancer !

Lorsque *heterocephalus glaber* vient miner les sous-sols des installations, les sapeurs eux-mêmes perdent leur latin et leur patience contre un tel adversaire, qui joint l'invisible constance de la taupe à l'acharnement roublard du rat. Les militaires de l'intendance, voyant les sacs et les caisses percés par les rongeurs curieux, s'arrachent ce qu'il leur reste de cheveux (après leur passage sous la tondeuse réglementaire).

Ascott a été sensible à l'agacement exprimé par Théo. Ordinairement, le Québécois ne s'énervait jamais, Il était le recours de ses camarades, lorsqu'ils s'effondraient au retour d'une mission : il leur communiquait sa quiétude. Mais les rats-taupes ont eu raison de son calme. C'est lui qui a craqué :

— Hostie toastée de *tabarnak de criss* ! Ces *mautadits* morpions de fucking rats ! Si tu pouvais nous en débarrasser, Ascott-la-mascotte… Par le saint *Ciboère* à deux étages, tu gagnerais ta ration de corned-beef ici-bas pour le restant de ta vie de chien !

Ce qui ne tombe pas dans l'oreille poilue d'un sourd. Ascott tente d'abord de creuser. Efforts dérisoires, car *heterocephalus* est là dans son élément : dès les premiers bruits suspects, il disparaît vers d'inatteignables profondeurs, avec une promptitude imbattable.

Après une courte déception, Ascott, chasseur-né, remarque très vite que le rat-taupe, pour aussi invisible qu'il demeure, dégage une odeur *sui generis* parfaitement identifiable. Elle permet, avec un peu d'entraînement, de déterminer le parcours de ses galeries, au fur et à mesure qu'il les creuse. L'une de leurs multiples issues (pour une raison peut-être de survie, pour leurrer des prédateurs ?) est toujours signalée par un monticule. Le rat-taupe est décidément bien nommé… C'est au moment où il érige cette taupinière, que le rat est le plus près de la surface du sol. Il faut faire vite, sinon il replonge vers son dix-huitième sous-sol.

Ascott a suivi l'avancée des tunnels depuis la surface, au flair. Il attend patiemment l'apparition du soulèvement révélateur. Un plongeon, un moulinage frénétique des pattes avant pour évacuer l'ultime pellicule de terre et…

Non, rien de brutal : il se débrouille pour alpaguer le rat nu juste à l'arrière du crâne, à l'endroit du collet que ne peuvent toucher les gigantesques incisives en forme de burin, et hors d'atteinte des griffes. Il maintient fermement sa prise : rappelons-nous que le système nerveux du rat-taupe nu ne ressent aucune douleur. Donc, sans se laisser démonter par les gesticulations, Ascott l'emporte. Il le relâche à bonne distance du camp, toujours dans la même zone. Par souci de ne pas disperser les familles ? Allez savoir… Ça, c'est fait. Ensuite, tel Sisyphe hissant son rocher, il recommence, inlassable, avec les autres membres du groupe.

Les militaires ont souhaité qu'il « débarrasse » le campement des rats ? Ça, c'est d'accord. Mais tuer ? Non, Ascott n'est pas comme les hommes : ce n'est pas son truc, surtout lorsque c'est inutile

La preuve : cette stratégie d'expulsion porte ses fruits. Un *heterocephalus* plus intelligent que les autres a dû finir par comprendre que, dans le périmètre du camp, on était vite repéré, puis poliment mais fermement éjecté. Tout nouvel effort pour creuser serait de l'énergie gaspillée. Le système social évolué a joué son rôle : l'information a été transmise, intégrée par l'engeance locale. Peu à peu, les monticules se raréfient, puis disparaissent.

Théo Bolduc tient parole : Ascott sera dorénavant approvisionné chaque matin, non seulement en corned-beef, mais en nourriture fraîche et attrayante.

En revanche, si vous passez dans le Debub, près du village nommé Mai Izghi, auriez-vous l'obligeance de vérifier pour nous ceci : une rumeur persistante affirmerait qu'à un kilomètre environ de l'emplacement où, voici quelques années, fut implanté un camp des Nations unies, une *très* importante colonie de rongeurs se serait établie, sur un site que les autochtones ont d'ailleurs baptisé « le Champ-aux-Rats ».

En fait, si Ascott mène tant de besognes personnelles, c'est qu'il lui faut bien s'occuper. Son bon maître, pleinement investi dans un emploi du temps saturé, le laisse quelque peu livré à lui-même. Karl Stutz ne s'accorde aucun repos, enchaînant soins et visites de chantier. Il y met tant d'énergie que son corps, pourtant bien entraîné, commence à donner des signes visibles de surmenage. Au point qu'un jour, le militaire qui le voiture souvent se permet de lui en faire la remarque. Avec une diplomatie… de militaire :

— Vous savez que vous avez une sale bobine, monsieur ?

— Pardon ? Qu'est-ce que vous disiez ? J'étais un peu ailleurs…

— Non seulement vous devenez transparent comme une endive, mais votre vigilance s'émousse, elle aussi !

— C'est si apparent ?

— Je puis me permettre de vous parler franchement, monsieur ? Si demain, je me faisais hacher menu par une mine… je n'aimerais pas du tout me retrouver entre les mains d'un toubib qui a la tête en l'air et le bistouri qui voit double !

— Vous avez raison… Je le sais, mais…

— Vous êtes le meilleur, dans votre spécialité, à ce que l'on m'a dit ?

— J'essaie.

— Vous voulez le rester ? Il faut vous en donner les moyens. Aérez-vous, prenez un peu de recul… Si vous ne le faites pas pour vous, pensez à vos patients ! Tenez : est-ce que ça vous tenterait, de voir de près ces montagnes ? Vous savez : celles qui vous évoquaient l'Australie ?

— Bien entendu… Mais je croyais que c'était un secteur fermé ?

— Plus maintenant ! Les Américains ont communiqué les vues par satellite, les cartographes sont passés, les diplomates se sont concertés à Genève… Bref : « vos » montagnes font officiellement partie du territoire de l'Érythrée. Néanmoins, l'état-major n'approuve pas à cent pour cent le tourisme aussi près de la frontière. Si on demande l'autorisation, ils diront non. Mais il n'y en a plus besoin, tant qu'on ne franchit pas la ligne. Si on se montre discret... Voulez-vous que je vous y accompagne ?

— D'accord ! Disons, mercredi prochain ? Discrètement...

Mais la vie militaire impose ses imprévus : dans les jours qui suivent, le prévenant soldat est affecté dans la capitale, Asmara. Pour autant, ses conseils ont porté : le docteur a fini par admettre que son travail acharné pourrait être contreproductif, voire nuisible pour les blessés dont il a la charge. Il s'est donc, fort judicieusement, ménagé des créneaux de détente « obligatoire », ainsi qu'il l'avait institué à Vienne, comme une discipline nécessaire : quand on veut rester le meilleur, il faut s'en donner les moyens. Et cette nouveauté dans son programme commence le mercredi suivant. Discrètement.

Il a gardé l'envie de découvrir ces montagnes rouges. Et il a bien noté la diplomatique suggestion de son chauffeur : pour ne pas se heurter à un refus de principe, le mieux est de ne pas solliciter une autorisation. Vu l'importance de son poste, personne ne lui a jamais demandé de justifier ses déplacements. Il sort donc du camp, au volant de son 4X4, avec un amical signe de la main vers les gardes. Trônant sur le siège arrière, Ascott arbore le sourire des grands jours. Une escapade avec son maître pour lui tout seul et une glacière pleine de provisions dans le coffre : elle est pas belle la vie ? !

Lorsque le camp disparaît enfin derrière une dune, Karl constate pourquoi cette zone frontière a suscité tant de contestations, des deux côtés : elle n'offre aucun repère.

La route s'est perdue dans des pierriers. Effacée. Pourtant, selon le GPS, elle se poursuit sur des kilomètres encore. La direction est bonne, mais il dû rebrousser chemin pour retrouver un terrain praticable.

Il roule maintenant sur un erg de cailloux rouges, dont l'ombre est vert foncé. C'est tellement reposant, ce rien éclaboussé de couleurs, dans de la vraie lumière, après des semaines d'un horizon limité à des toiles blanches et à l'éclairage cisaillant des Scialytiques.

La vision aussi est faussée par ces perspectives uniformes : plus il avance vers les montagnes, plus elles reculent. Il les imaginait hautes, elles rétrécissent comme une maquette, un décor de train miniature. Alors qu'il escalade une colline, pas grande, pourtant, elles sont même totalement masquées. Et soudain, elles sont là !

Depuis le sommet de ce tertre, elles paraissent à portée de main. Comme si elles avaient joué à « Un, deux, trois, soleil » : elles ont avancé pendant qu'il ne pouvait pas les voir !

Karli sourit de bonheur : elles sont encore plus belles qu'il ne l'espérait. En fait, c'est une falaise, verticale, occupant la vue à 180 degrés, droit devant. Le haut, invisible d'ici, semble plat, telle l'étendue alentour. Une cassure ? La plaine qui s'est effondrée dans les temps anciens ? Ou est-ce le plateau qui a surgi, poussé des profondeurs ?

La voiture descend sur un terrain facile. Du gravier rouge, puis presque du sable tassé. De la cendre volcanique compactée ? De la latérite ? Karli s'offre le plaisir enfantin de couper le contact, pour voir jusqu'où la Jeep va arriver, en roue libre. Il passe aussi sur *mute* le haut-parleur de la radio qui le relie au camp. Lorsque les grésillements cessent, il ouvre la vitre.

Il est sur un tapis volant : l'avancée sans heurt, le chuintement des pneus et le sifflement de l'air fendu par le rétroviseur. Devant, dans la transparence mobile de l'air brûlant, ce mur où se mêlent, en couches tourmentées, toutes les nuances, du brun-noir à l'orangé, de la terre ocrée au rose. Derrière, les pneus projettent un panache de particules scintillantes. Karli laisse la voiture s'arrêter d'elle-même. Il se donne quelques secondes pour entendre le silence, puis déclare :

— Terminus, Ascott ! On continue à pattes !

Curieusement, le chien ne se précipite pas dehors. Il pose deux pattes sur le bord de la portière, pointe la truffe vers le ciel, renifle par petits coups... Puis il se tourne vers son maître, comme en attente d'une autorisation.

— Eh bien quoi ? Je viens de te dire que tu peux ! Toujours pas décidé ? Ah, je vois : Mister Dog a soif ! Faim, aussi ?

OK. On déjeune tout de suite, ça m'évitera de transporter la glacière !

Le pique-nique terminé, Stutz signale quand même sa position au nodal du camp : l'indépendance ne doit pas tourner à l'imprudence. Coiffé d'un chapeau à bords larges et couvre-nuque, muni d'une gourde de belle contenance, il se met en route, le corps en joie de retrouver son pas de randonneur. Mais quelque chose cloche, dans ce moment idéal : Ascott renâcle. Pourtant, il n'est pas timide. Il ne craint pas les explorations en solitaire (à preuve : les escapades avec un rat-taupe entre les dents !). Il connaît aussi parfaitement la règle en vigueur pour les marches en duo, les distances d'éloignement autorisées, différentes pour la promenade en lieu connu et pour la découverte d'un endroit neuf… Là, il reste à la traîne, comme si un élastique le retenait à la Jeep. Et lorsque, après trois injonctions, il consent à rejoindre son maître, c'est pour se coller contre sa jambe, comme un trouillard de chien de salon. Karli lui lance quelques plaisanteries et continue vers le pied de la falaise. Mais ses moqueries lui restent en travers du gosier, à l'instant où, sans avoir rien entendu venir, il se trouve à moins de cinq mètres de son premier gelada.

D'après ce qu'on lui avait dit, ces bandes vivaient beaucoup plus à l'est. Elles restent retirées, dans des zones où elles risquent moins les contacts avec les Érythréens : depuis des siècles, en effet, ceux-ci organisent des expéditions anti-geladas, pour massacrer la population mâle et, aussi impensable qu'un tel traitement paraisse à notre époque… ils n'hésitent pas à scalper leurs victimes ! Les autochtones de certaines tribus, aujourd'hui encore, se livrent à des cérémonies traditionnelles de passage à l'âge adulte, où leurs jeunes mâles affichent leur bravoure en se parant des scalps pris sur les cadavres !

Les geladas, largement minoritaires et défavorisés dans ces combats, se constituent donc en groupes mobiles, rassemblant plusieurs familles, solidaires pour ce qui est des moyens de subsistance et de la vigilance face aux dangers extérieurs. Mais entre eux, la compétition est permanente : la virilité est la marque de suprématie principale et la préoccupation de chaque chef de famille est d'agrandir son harem et de le protéger contre les désirs de conquête des chefs rivaux, afin de parvenir à être le plus puissant et reconnu comme leader de la bande, qui peut, atteindre 350 individus. Les défis et les batailles sont quotidiens et leur violence, sauvage.

D'après ce que l'on avait également dit à Karli, les geladas se signalent toujours lorsqu'on approche du territoire qu'ils ont choisi : des guetteurs veillent en permanence, se montrent ostensiblement et lancent des appels sonores, valables aussi bien pour leur groupe que pour l'étranger. Si celui-ci a la sagesse de tenir compte de l'avertissement et de ne pas empiéter, tout se passera bien : on le laissera poursuivre son chemin sans accrochage. Il n'aura vu que les guetteurs, n'apercevra même pas le reste de la tribu. Surtout pas les guerriers. Et c'est tant mieux pour lui : leur réputation de sauvagerie n'est pas une légende !

Là, c'est plutôt loupé ! D'après l'abondance des attributs qu'il arbore, leurs couleurs soutenues marquant les pectoraux, les sillons symétriques, entaillant la peau des pommettes jusqu'aux lèvres, celui qui se tient sur le chemin de Karli est un guerrier, visiblement ! Et pas un jeunot : un individu dans la pleine force de l'âge.

Toute son attitude marque qu'il est chez lui : à la cime d'une boule de roche de trois mètres, dominant le passage, il est accroupi, les genoux ramenés sous le ventre, les bras posés dessus.

Karli stoppe net.

— Ça, c'est bien ma veine ! Qu'est-ce qu'il me veut, ce macaque ?

Là, nous partageons votre étonnement ? Disons même : votre indignation.

Comment ce Karl Stutz, que nous nous sommes ingéniés à vous rendre si sympathique, se permet-il (même en pensée !) de traiter ce représentant du peuple gelada de « macaque » ?

De mangabey, à la rigueur ? Le terme qu'on leur attribue le plus spontanément est « babouin ».

Mais nous sommes d'accord avec vous : ni macaques, ni babouins, ni mangabeys ne sont appropriés : les geladas sont une espèce à part. La seule du genre *theropithecus*.

Eh bien, oui, quoi ! Des primates, des singes ! *What did you expect ?*, comme le demande la splendide Uma Thurman, dans un spot de pub pour boisson gazeuse. À quoi vous attendiez-vous ? Le gelada, ou singe-lion (*theropithecus gelada)* fait partie de la famille des cercopithécidés.

Il y a plus de cent mille ans, on en rencontrait dans toutes les savanes. Mais, comme les humains utilisent la toison des mâles en guise d'ornement lors de cérémonies rituelles, on les a massacrés en masse. Le *theropithecus gelada* ne survit plus que sur certains plateaux éthiopiens ou érythréens.

Singe-lion, dit-on ? C'est très parlant : bien que se nourrissant de végétaux, il présente l'allure d'un carnassier. Sous la crinière fournie, sa face est profonde, ses mâchoires massives, son nez légèrement camus est situé sur le haut de son épais museau carré, souligné, de chaque côté, par des sillons. Sa fourrure varie entre le jaune et le brun. Pour compléter l'allure guerrière, la peau nue forme des plaques pectorales d'un rose virant au rouge.

Sur le rocher en boule, le gelada se dresse, déployant sa stature : la moitié d'un homme. Il écarte les bras, exhibe ses attributs virils, se bat la poitrine, retrousse les babines sur des crocs capables de transpercer une jambe. Le souffle bruyant ressemble vraiment à un feulement. Toute la panoplie des signes d'une attaque imminente. Et puis, le son menaçant tourne court.

Le fauve en furie détourne la tête. Ses yeux jaunes s'écarquillent. Il émet un grommellement interrogatif, genre « c'est quoi, ça ? ». Il avise quelque chose par-dessus l'épaule de Karli.

Que fait l'homme ? Il regarde dans la même direction. C'est-à-dire vers une grosse pierre, sur sa gauche. Et il comprend le saisissement du *theropithecus* : une sorte de carpette de fourrure blanche sort de derrière cet abri, collée au sol. Aplatie. Rampant, le museau entre les papattes, Ascott avance, millimètre par millimètre. Les paupières serrées, pour que le moindre éclat de regard ne risque pas d'offenser le « guerrier ». Ce qui émane de la gorge du chien est un sifflement plaintif, à peine audible, confinant aux ultrasons.

Le chien continue ainsi, passe à côté de Karli sans rien changer, le dépasse. Un centimètre après l'autre, il se rapproche du rocher. Il arrive si près, que le singe doit se pencher pour le voir.

Or, il n'y a plus grand-chose à voir : un tas de poils qui a servi de serpillère à toute la latérite du désert. Silencieux. Immobile. Et cela dure. Manifestement, le primate se trouve devant une nouveauté absolue. Il ne prête plus aucune attention à l'homme.

Au bout d'un temps qui paraît très long, le gelada donne quelques sons de gorge cadencés, qui reçoivent un écho : de partout, dans la paroi verticale, des sons semblables répondent, avec des modulations différentes. Là où on ne voyait que de la roche ocrée, des silhouettes se précisent, changent de place. D'autres geladas, des mâles aussi, moins imposants que le premier. Circonspects, quelques-uns osent le rejoindre sur son observatoire.

Les mufles s'élargissent. On hume les effluves. Conciliabule au sommet.

— « Ça sent quoi ? Tu connais ça, toi ? Jamais vu, jamais senti ! Et si c'était mort ? Mais non : ça sent le vivant ! Alors, pourquoi ça bouge plus ? »

En se penchant, l'un des babouins est bousculé par un congénère. Il se rattrape de justesse au bord. Quelques cailloux se détachent et tombent sur Ascott. On a beau faire semblant d'être mort, on se laisse surprendre : la carpette bouge une oreille. La réaction stimule les autres singes, qui caquettent et, à leur tour, font chuter des gravillons. Ascott éternue. On lui lance des petits cailloux. Lorsque celui qui l'atteint sur le dessus du crâne est assez gros, Ascott se retourne, le happe et commence une course de fou, le long de la falaise. Les geladas le suivent, agrippés à la paroi, sautant de creux en aspérités. Leurs ricanements ne laissent aucun doute : ils s'amusent !

Après une centaine de mètres de cavalcade, Ascott s'arrête, pose le caillou baveux, attend en haletant, la queue battante. Les primates suspendent la poursuite, réfléchissent. Puis le chef est saisi d'une inspiration : il expédie une autre pierre. Celle-là, Ascott la rattrape au vol, et repart d'où il est venu. Explosion dans la tribu : on a compris la règle, on repart aussi !

Le jeu va durer pendant près d'une heure. Karl en est totalement exclu. Tout juste si on lui lance un coup d'œil, chaque fois que le parcours passe au-dessus de lui. Histoire de vérifier qu'il ne fait pas de sottises : le visiteur important, c'est Ascott, et l'humain est sa « chose » ! Au moment où le duo retourne vers la voiture, les singes protestent par leur agitation : ils n'en ont pas eu assez !

De retour à la base, Stutz raconte ce moment inouï à Théo Bolduc. Réaction mitigée :

— Moi je dis que vous avez eu chaud ! Parce qu'ils ne sont pas commodes, quand ils sont en groupe et dérangés sur leur territoire !

— C'est vrai que je n'aimerais pas tomber entre leurs mâchoires…

— Moi je dis que, si j'étais toi, je n'y retournerais pas ! Vous ne vous en sortirez pas deux fois à si bon compte !

Le médecin est bien d'accord. Il tire de cette journée une double leçon : il doit s'occuper davantage de son compagnon et lui procurer de l'exercice, quant au trekking en montagne, mieux vaut le réserver au Tyrol ! La prochaine sortie se fera sur une zone vraiment sécurisée : ce n'est pas la place qui manque dans le désert, entre le camp et le village.

Trois jours plus tard, il a préparé son sac à dos et il siffle :

— Allez ! Promenade !

Mais au lieu de lui emboîter le pas, Ascott saute dans la Jeep.

— OK, je vois : les balades pépères dans le quartier ne te suffisent pas ?

Karli cède, évidemment. Il sort du camp et met le cap sur une étendue parsemée de dunes, où, paraît-il, on trouve des plantes à fleurs, malgré la sécheresse. Ce qui n'a pas du tout l'heur de convenir au « patron » : il aboie furieusement, s'agite, laboure le tableau de bord. Il ne consent à se calmer que lorsque son chauffeur, après avoir essayé plusieurs tromperies enfantines pour l'égarer, prend franchement la direction des montagnes.

Cette fois, plus besoin de manœuvres d'approche : dès que la Jeep ralentit, Ascott saute par-dessus la portière et galope avec des aboiements retentissants. Lorsqu'il arrive au rocher en boule, il est attendu par une douzaine de geladas, toujours des mâles, mais quelques-uns sont plus jeunes. La course au caillou est reprise. D'autres jeunes se joignent à la troupe et la séance se termine avec une quarantaine de participants. Mais la répartition des rôles reste semblable : le chien accomplit ses cavalcades et attrape les pierres au rez-de-chaussée, les lanceurs se cantonnent aux étages. Prudence oblige.

À la troisième visite, Ascott prend une initiative : après avoir entraîné ses partenaires à l'extrémité d'un mur, il marque un arrêt, attend d'être atteint par un projectile (Pan, t'es mort !) et bascule sur le flanc. Silence étonné sur la falaise. Et lorsque le premier cri retentit, Ascott-la-mascotte se ranime, enchaîne avec une cabriole et termine par son chef-d'œuvre : LA SAUCISSE ! Ventre rose en l'air, il se trémousse comme jamais, se dévisse le cou, tortille des hanches, se contorsionne, se tire-bouchonne. On ne peut pas qualifier le résultat de « succès » : c'est le triomphe !

Karl Stutz, qui a renoncé à s'étonner, note cependant un considérable changement : dans le public haut perché, on compte maintenant des femelles. On les reconnaît à une sorte de collier naturel de protubérances colorées, appelé « cœur-de-Jeannette ». On entend aussi des couinements qui transpercent les tympans : certaines guenons sont accompagnées de leurs petits.

La fois suivante, lorsque Ascott se présente devant le rocher, il tient dans la gueule autre chose qu'un caillou. Quelque chose qu'il a apporté, et qu'il s'était débrouillé pour planquer dans la voiture : l'un de ses joujoux favoris. C'est une grosse lentille de caoutchouc jaune, de vingt centimètres de diamètre, représentant une face de lune grimaçante, comme celle que l'on voit dans un célèbre film de Georges Méliès.

Ascott dépose l'objet, s'en écarte, laisse aux singes le loisir de l'observer, puis il y revient et, avec la patte d'abord, puis en le mordant, il le fait couiner. Encore, et encore ! Le premier réflexe de Karl serait d'intervenir : ce bruit strident va affoler les autres sauvages, là-haut ! Ils vont nous… Mais non : ils sautent sur place, battent des mains. Les couinements stridents du jouet rappellent assez exactement… ceux des bébés geladas !

Puis le chien prend de la distance, quelques mètres… Il s'aplatit au sol, le museau sur les pattes, mais sans se cacher, ni fermer les yeux. Juste humble et calme. Karli a le bon sens de calquer son attitude : il s'étend, respire tranquillement. Il faudra dix minutes pour qu'un des primates se risque, pour la première fois, au même niveau. C'est une femelle. Elle s'approche avec circonspection du disque de caoutchouc, le teste d'un doigt. N'obtenant pas de réponse, elle enfonce plus fort. Le jouet crie, et toute la tribu lui répond. Comme s'il avait reçu un signal, Ascott se catapulte et c'est la première course véritable : au même niveau, sur le plat, avec virages, voltes, changements brusques de trajectoire. On se dispute le jouet. Celui qui le détient part en avant, et c'est aux autres de le poursuivre. À *tous les autres* : Ascott fait partie de la meute !

Il y aura quatorze visites. Pas plus. Karl Stutz s'en souvient. Il n'avait pas pensé à en tenir le décompte, mais il l'a fait, de mémoire, après la dernière.

Celle-ci sera marquée par une image qu'il aurait bien aimé photographier. Mais c'était interdit : il y a quelques années, les équipements étaient encore assez voyants, et, à chaque fois qu'il avait essayé de venir avec son appareil ou une caméra, les geladas ne s'étaient pas montrés, ou s'étaient réfugiés dans les anfractuosités.

Maintenant, si les singes n'approchent toujours pas l'homme, ils le tolèrent. À distance de sécurité, bien sûr. Mais Ascott ils le côtoient comme un des leurs. Ils le touchent, aussi, comme un congénère. Et Karli se souviendra toujours de ce moment : le grand chien blanc, ventre tourné vers le soleil, deux femelles et un petit procédant sur lui à une séance d'épouillage en règle. Symbolique, bien sûr : il va de soi que le noble Ascott de Zermatt n'a *aucun* parasite ! Néanmoins, il se laisse papouiller, affichant un sourire béat, la langue dégoulinante au coin des babines. À une longueur de bras, le mâle dominant couve la scène de son regard jaune, en croquant des graines au creux de sa main.

Dernier moment, moment précieux. Mais on ne sait jamais la valeur des instants. Sauf après…

Un regain de tension avec la nation voisine, un énième échec de conférence à Genève : le gouvernement érythréen décide de restreindre l'accès à son espace aérien, et, plus spécialement, d'interdire le survol des zones frontalières par les hélicoptères. Conséquence : le transport par voie terrestre des personnes blessées ou mutilées entraîne souvent leur décès pendant le trajet. Le centre opératoire perd beaucoup de son utilité. De toute façon, le CICR est bientôt prié de cesser ses activités de santé, et de se limiter à l'approvisionnement en eau des villages en pénurie.

Quelques jours plus tard, la présence de la Mission internationale n'est plus acceptée sur le territoire : elle est sommée de se retirer. Elle commence aussitôt à démonter ses installations, et à les déménager intégralement : il ne faut pas laisser des dispositifs militaires utilisables par des belligérants. Des convois entourent le camp de navettes incessantes.

Karli attend de savoir dans quel coin du monde il va être affecté : les lieux de souffrance ne manquent jamais. Mais son bloc sanitaire sera, forcément, la dernière installation démontée. Tant qu'il est opérationnel, le médecin assure les soins et le suivi de ses patients. Il est au beau milieu d'un ajustage de prothèse sur la jambe d'une jeune mère de famille, lorsque le rideau de la tente s'écarte. Théo Bolduc, blême, luisant de sueur grasse sous le casque bleu.

— Toubib… Je ne voudrais pas *achaler*, mais…

— Si, Théo, tu me déranges, là !

— Moi, je dis que ç'est point le temps de jaser ! Viens-t'en sans niaiser !

Il entraîne le chirurgien vers un pick-up poussiéreux, garé en travers sur le parking.

— Je m'en vas te le dire *net fret sec*, mon ami : attends-toi à du pas beau. À du pas beau du tout…

Sur le plateau, une bâche maculée de sang séché recouvre une forme. Karl en a tant vu, de ces bâches, qu'il devrait être endurci. Bizarrement, il revit les premières minutes de son arrivée au camp. Il sait aussi, avant que le Québécois ne soulève le tissu raide, ce qu'il y a dessous.

À la demande expresse du docteur Karl Stutz lui-même, nous ne nous appesantirons pas sur les détails pénibles. Allons le plus rapidement possible vers le dénouement, tellement étrange.

Les militaires ont reçu pour consigne de laisser un périmètre impeccable. Ils évacuent donc les déchets. Ceux qui ne peuvent pas être détruits doivent être enfouis. Le lieu choisi se trouve en bordure du secteur officiellement désigné sur la carte, « cote 307 ». Dans le langage quotidien, on dit plutôt « le Champ-aux-Rats ».

Selon les témoins, une pelleteuse avait entamé une tranchée. Le type aux commandes était un jeune Polonais, arrivé vingt-quatre heures plus tôt : son contingent en Érythrée était si minoritaire, qu'on ne savait trop où l'affecter. On le mutait donc au petit bonheur, là où il manquait du personnel. Il était le seul à parler sa langue et, en anglais, ne connaissait que les ordres principaux. On lui avait dit de creuser, il creusait.

Il a trouvé curieux ces monticules qui parsemaient le terrain. Du genre de ceux qui lui gâchent son gazon, dans la campagne de Cracovie, mais en plus gros. Il a planté la lame de son engin dans le tas le plus proche et l'a retourné : des espèces de monstres en ont jailli. Affreux. Sans poils. Énormes, en plus ! Le Polonais n'avait aucune idée de ce qu'était un rat-taupe, pour la bonne raison que le camp en avait été débarrassé.

Il ne savait pas non plus qui était ce grand chien blanc, qui a déboulé et s'est mis à aboyer comme un damné devant le monticule voisin. Le soldat a pensé que ce clébard avait vu fuir les rongeurs et qu'il était frustré.

— T'aimerais bien t'en faire un casse-croûte, Médor ! T'as raison : c'est des horreurs ! Bouge pas : je vais t'aider !

Et il s'est mis à saccager les autres taupinières. Et leurs habitants. Plus il les démolissait, plus le chien s'excitait.

— Ça te plaît, qu'on leur mette la pétoche, hein ? Tiens, regarde : boum, encore un !

D'autres soldats sont accourus, faisant des moulinets avec leurs bras, hurlant des phrases incompréhensibles. Le Polonais y a vu l'encouragement sanguinaire au meurtre. Comment aurait-il pu imaginer, surtout de la part d'un chien, que l'on puisse avoir une autre envie que de détruire des créatures aussi répugnantes ? Alors, tout le stress refoulé depuis son envoi sur le terrain s'est déversé en un irrépressible flot d'adrénaline. Il a « mis la gomme » et foncé dans l'excavation. C'est ainsi qu'Ascott a reçu la blessure fatale, en protégeant des êtres vivants.

Sous la bâche, il respire encore. Mais Théo n'a pas exagéré : ce n'est pas beau. La lame de la pelleteuse a entamé les pattes arrière. Par le sillon dans la chair, on voit saillir l'os brisé.

Émietté. Comme le maître d'Ascott n'était pas joignable en salle d'opération, c'est Bolduc que l'on a alerté. Il travaillait à peu de distance du drame. Dans sa pharmacie de bord, il a trouvé la morphine et a pris sur lui d'en injecter, pour rendre la douleur supportable, pendant le transport.

— Tu vas l'opérer, Toubib, hein ?

Malheureusement, un examen rapide suffit au diagnostic :

— Désolé. Il a perdu trop de sang.

— Prends le mien : je suis donneur universel !

— Merci, Théo. Mais on ne peut pas transfuser un chien avec du sang humain !

— Je vais trouver un chien en ville, alors ! *Des* chiens ! Je t'en prie ! Je t'ai vu faire des miracles sur des hommes !

Le colosse est en larmes. C'est le propre maître d'Ascott qui doit mobiliser toute la fermeté dont un médecin est capable, pour le placer devant un refus difficile, mais réaliste :

— Multiples fractures ouvertes. Retrait profond des tendons. Circulation nulle dans les couches supérieures des tissus. La nécrose est déjà commencée. Sous ce climat, c'est la gangrène dans quelques heures. Si nous l'aimons, nous lui devons une fin rapide.

Quelques minutes plus tard, c'est fait. Karli a voulu tenir lui-même la seringue. Il a pu voir s'éteindre les dernières étincelles bleu et or entre les paupières déjà lourdes.

Pour le dénouement, nous ne disposons que du témoignage de Karl Stutz. Avec pudeur, il ne nous a livré que le strict nécessaire.

Il décide d'aller seul inhumer son compagnon.

— Bien sûr, je ne vais pas vous faire un dessin ; je ne pouvais songer qu'à un endroit. Au pied des montagnes où il retrouvait ses « copains ».

Lorsqu'il nous raconte, avec le recul du temps, Karl en convient :

— En plein sur le territoire de ces bêtes fauves ! C'était une idée idiote d'humain qui se veut civilisé… Raisonnablement, mon pauvre Ascott n'en avait plus rien à faire, de ce romantisme. Raisonnablement... Mais ma raison ne faisait pas le poids, face à mon désarroi et à mon chagrin... Je me suis laissé guider par cette redoutable sensiblerie !

Idée réellement dangereuse : en voyant approcher, seul, l'homme qui porte un paquet pesant, les geladas se rassemblent sur la crête, émettent des grognements sourds, des rugissements, au lieu de leurs glapissements sonores habituels.

— Le corps était recouvert d'un drap. Cependant, à cause de la chaleur, j'avais enveloppé le tout dans une de ces sinistres housses zippées, que l'on utilise pour remiser nos morts à la morgue. Mais je comptais évidemment remettre Ascott à la terre, avec juste son linceul, pour que le cycle de la nature s'effectue sans obstacle.

Seulement, l'odorat des singes ne peut pas être trompé par une pellicule de plastique et une fermeture à glissière. Leurs museaux surdimensionnés se tendent : ça sent la mort. Cet homme apporte la mort sur leur territoire !

— Je ne me rendais pas compte du défi que je leur lançais. Je ne me suis pas arrêté au rocher en boule. J'ai continué encore sur une centaine de mètres. J'avais choisi un endroit précis : le petit cirque en demi-cercle, où Ascott et la famille du chef de clan avaient pris ensemble leur merveilleux bain de soleil.

Les primates se sont alertés les uns, les autres. Ils sont vraiment nombreux, maintenant. Probablement plusieurs dizaines. Ils surveillent chaque mouvement de Karli.

— J'avais oublié de prendre des outils. Je ne disposais que de la pelle pliante qui fait partie de l'équipement du 4X4. Dans le cirque, la latérite était encore plus compacte que dans la plaine. Je creusais comme un forcené. C'est en sentant mes mains commencer à saigner que j'ai repris contact avec la réalité.

La réalité, c'est plusieurs dizaines de singes-lions, guetteurs et guerriers, rassemblés sur la falaise, occupant chaque creux de la paroi. Maintenant, ils ne crient plus. On n'entend plus que leurs respirations, profondes comme des soufflets de forge.

Juste leurs respirations qui s'accélèrent et se répercutent dans le cirque. Et c'est beaucoup, beaucoup plus inquiétant.

— Là, je me suis senti tout petit. Et tout seul. J'ai perçu le danger. J'ai cessé de m'agiter. J'ai essayé d'agir le plus calmement possible. Et surtout sans regarder vers le haut.

Il dépose le cadavre, avec le drap, dans la fosse. Elle est à peine assez profonde. Il la comble succinctement avec la terre rouge, tasse à la va-vite en piétinant, ajoute les rares pierres maniables qui sont sur les quelques mètres alentour. Protection dérisoire.

— Dans mon plan romantique, j'avais préparé un petit rituel. Intérieur, surtout. Mais est-ce que je n'avais pas imaginé une fleur ? Au moins une plante sauvage, sur le tertre ? J'avoue que oui… Eh bien, je n'y ai plus pensé une seconde. Pas même pris le temps de me recueillir. J'ai réussi à ne pas courir. J'ai marché, avec ma pelle et mon sac de plastique souillé, en gardant le regard vers le sol. Je suis retourné à la Jeep. Je crois qu'en mettant le contact, j'ai hurlé de douleur et de soulagement.

Mais, à faible distance, il s'arrête et se retourne : les singes-lions, bien qu'essentiellement végétariens, vont sûrement déterrer quand même le chien, trop accessible, et se repaître de ses restes !

Karli ne supporte pas cette idée. Il a déjà empoigné son fusil. Par la lunette, il voit les premiers geladas descendre de la crête. Les mâles les plus agiles. Les plus grands restent encore en hauteur. Et puis, au sommet du plateau, celui avec la crinière deux fois plus épaisse… rousse. Le chef !

— Je l'avais assez vu pour le reconnaître ! Les autres l'attendaient. C'est lui, forcément, qui allait leur donner le signal de… Je ne voulais pas laisser faire ça !

Karli a le doigt sur la détente, lorsqu'il perçoit les cris des éclaireurs… Des tonalités jamais entendues jusque-là. D'autres leur répondent d'en haut, et c'est un groupe d'une trentaine d'individus, peut-être quarante, qui se retrouve autour de la tombe.

— Croyez-moi, ne me croyez pas, je les ai vus : ils ont entamé une sorte de... défilé, en cercle. Ils savaient que la voiture était là, avec moi dedans. Ils tournaient le dos, sans crainte. Ils ont formé ce cercle. Ils ont accompli un tour complet. Ils se sont immobilisés. Ils ont marqué un silence. Je ne saurais dire combien de temps : je pleurais trop. Et puis ils se sont dispersés vers les hauteurs.

Karli a pu retourner sur la sépulture : elle était intacte. Il sentait des présences dans les rochers, mais n'a pas aperçu, comme il le dit « âme qui vive ».

Avant son retour vers l'Europe, il a demandé un service très personnel à Théo Bolduc. Le sapeur restait plus longtemps que lui, pour les travaux de creusement des puits et d'irrigation. Voulait-il bien « entretenir » le tumulus où reposait son ami ? Bien entendu qu'il le voulait bien.

Mais il ne l'a pas pu : on a pu en voir la raison sur un ancêtre des réseaux sociaux, réservé aux militaires. Les premiers téléphones portables équipés d'une caméra leur ont permis de filmer, de loin, une tentative de Théo. On voit des grappes de geladas furieux dégringoler dans le cirque, et le Casque bleu repartir en courant vers son blindé.

En quittant à son tour l'Érythrée, il a transmis le relais à un indigène de Mai Izghi. Avec le temps, sait-on jamais ?

À ce jour, on sait : aucun « étranger » n'a encore pu approcher la tombe d'Ascott.

Pour en revenir à notre interrogation du début : qui a droit à l'état d'être humain ?

Le singe, capable de discerner en Ascott une entité digne de respect jusque dans la mort ?

Ou ce chien, digne de respect ?

18

Le destin, à la seconde près

Dans l'impossible histoire que voici, vous ne trouverez que du « normal ». Une grande ville, des gens qui y trimballent leurs petites vies, des transports en commun, des emplois du temps de personnes ordinaires.

Cependant, cette banalité toute quotidienne a produit un résultat si extravagant que nous en avons conservé le chronométrage précis.

En effet, à la fraction de seconde près, vous allez assister à un authentique rendez-vous avec le destin…

Situation de départ : Ramiro Menendez vit à Madrid, dans un quartier populaire mais propret, en dessous de la grande gare d'Atocha, dans le sud de la ville.

Il est employé de bureau du ministère de l'Agriculture et de la Pêche, mais dans une annexe, située côté *nord* de l'agglomération.

Il traverse donc la capitale chaque jour, une fois dans un sens, une fois dans l'autre.

Ramiro Menendez est marié, avec Teresia.

Il a aussi une maîtresse, Isabel, bien plus jeune que lui et, surtout, bien plus jeune que son épouse légitime.

Deux ans auparavant, Teresia a sommé son mari d'arrêter cette relation.

— Si tu revois encore cette fille, tu auras ma mort sur la conscience, Ramiro ! Je te le jure : je me tuerai !

Voilà pourquoi, ce matin, Teresia sanglote devant sa tasse de café qui refroidit. Rien qu'à entendre son mari, d'ordinaire si renfrogné, siffloter sous la douche... Rien qu'à sentir l'after-shave dont il s'est aspergé... Rien qu'à le voir enfiler, en pleine semaine, son manteau du dimanche et sa belle écharpe neuve (l'écharpe *qu'elle* lui a offerte pour leur douzième anniversaire !)... Teresia savait que Ramiro, ce menteur, avait « remis ça » avec sa petite traînée !

Alors, au moment où il allait franchir la porte, elle lui a lancé encore une fois son ultimatum, en hurlant, sur le mode suraigu :

— Je t'avais prévenu : si tu y retournes, tu me retrouveras morte !

Il a juste haussé les épaules :

— Toi, te suicider ? Ne me fais pas rire, Teresia ! Avec ton éducation de grenouille de bénitier... Tu aurais bien trop peur de griller pour l'éternité ! Mais, si tu as l'intention de brailler comme ça, ne m'attends pas pour souper : les jérémiades, ça me coupe l'appétit !

En somme, elle lui avait fourni le meilleur prétexte pour découcher. La petite pétasse va encore profiter du meilleur de son mari, alors que pour elle, qui a su rester à ses côtés toutes ces années, il n'y a plus que la paella du dimanche, les grippes à soigner, les économies à récolter sou par sou. Les sacrifices... Décidément, elle a tout raté dans sa vie ! Si on peut appeler ça une vie...

Autant en finir. S'épargner les souffrances inutiles, le spectacle permanent de son propre échec ! Oui : en finir. Et alors, il va voir, ce macho menteur, ce coureur de minettes, si elle n'est pas capable du pire ! Il va voir !

Or, en ce moment même, penché sur sa table de travail, le macho en question se cache le nez dans une pile de dossiers, histoire de se donner une contenance. C'est qu'il a une conscience, cet homme-là. Et aussi de l'amour… Oui : TROP d'amour, même : il est, certes, amoureux de la petite Isabel, qui aurait pourtant l'âge d'être sa fille… Mais il aime aussi Teresia, sincèrement. Solidement. Et il s'en veut d'être incapable de choisir, tiraillé en permanence.

D'un côté, cette jeunesse qu'il croyait à jamais enfuie et qu'il retrouve. La flamme du plaisir qui le consume, tous les fantasmes qui se réalisent sur le lit rond, dans le minuscule studio d'Isabel.

De l'autre, l'onde tranquille de la sérénité conjugale auprès de la fidèle Teresia.

Une excellente personne, Teresia. La meilleure des épouses, on ne peut le nier. À condition de faire une croix sur l'envol au septième ciel. Parce que côté fantasmes, avec elle, ça n'a rien de folichon… Ça ne l'a jamais été, à vrai dire. On ne peut pas vraiment le lui reprocher : l'éducation qu'elle a reçue lui interdit tout ce qui pourrait ressembler à de la sensualité, sous peine de voir saint Pierre lui fermer au nez et à triple tour les portes du paradis. L'idée seule de prendre un brin de plaisir à « la chose » serait se condamner à passer auprès du Grand Cornu l'éternité plus un an ! Alors que la peau d'Isabel… La bouche d'Isabel…

Et zut ! Le voilà qui recommence sa sempiternelle partie de balançoire ! Il faut qu'il cesse de danser d'un pied sur l'autre ! Il va y parvenir, c'est certain. Il lui faut juste du temps. Un peu de temps, voilà tout.

— J'ai été tellement dur, ce matin, avec ma pauvre Resita… Il faudrait lui faire comprendre qu'elle doit être patiente… que JAMAIS je ne la quitterai ! Oui : il ne faut pas qu'elle souffre une journée de plus !

Il saisit le combiné téléphonique, mais le repose aussitôt : ce genre de choses ne se dit pas au téléphone. Surtout avec tous les collègues autour…

Ramiro Menendez prend alors sa décision, et c'est à cette seconde que nous pouvons commencer véritablement le chronométrage de ce rendez-vous… théoriquement impossible. Et pourtant…

11 heures 10, au nord de Madrid, quartier des ministères : d'ordinaire, Ramiro ressent une petite fringale et prend sa pause pour croquer un biscuit.

11 h 10 ce jour-là : il se lève et se dirige vers le bureau de son chef de service. Jouons au jeu des suppositions : si le supérieur hiérarchique n'avait pas été présent, Ramiro serait retourné s'asseoir. Il aurait attendu cinq, voire dix minutes, et rien n'arriverait. Mais le chef est là.

Ramiro formule donc respectueusement sa demande : il se sent patraque et sollicite l'autorisation de rentrer chez lui.

11 h 10, au sud de la ville : d'habitude, Teresia allume la radio pour *Le Jeu des 1 000 questions* dont elle est la fidèle auditrice depuis vingt et un ans.

11 h 10 aujourd'hui : le transistor reste muet.

Teresia est dans la salle de bains, où flotte encore le parfum de l'after-shave de son bien-aimé. Non : de ce saligaud de tombeur de gamines ! Dans le miroir, son reflet lui dit cruellement qu'elle est vieille. Vieille et fanée. Alors, elle insulte son reflet pendant plus de trois minutes. Très exactement pendant trois minutes et trente secondes. Jusqu'à 11 h 13 mn 30 s, donc.

11 h 12, au nord de la ville : le chef de service constate que Menendez a effectivement une mine grisâtre, et il appose un tampon sur un bulletin d'autorisation de sortie anticipée.

11 h 13 : Teresia crache sur le miroir cruel, termine ses invectives au miroir et détourne le regard.

11 h 13 mn 30 s : elle ouvre un tiroir de l'armoire à pharmacie.

11 h 14 : Sur le coin de son bureau, le téléphone sonne. Mais Ramiro est dans l'ascenseur. Il enfile son manteau tout en descendant.

Si le vêtement avait été enfilé près du portemanteau, Ramiro aurait décroché le combiné, serait resté en ligne au moins quelques instants… Et rien n'arriverait.

Mais Ramiro pose le pied sur le trottoir à 11 h 15.

11 h 15 : Teresia fouille dans l'armoire à pharmacie. Elle cherche un tube de somnifères, car elle a décidé que c'est ainsi qu'elle va mourir : une fin douce, apaisée. Elle l'a bien méritée.

11 h 16 : Ramiro Menendez marche en direction de l'arrêt d'autobus. Au bout de l'avenue, il aperçoit le bus qui arrive, et il se met à courir. Son manteau le gêne, et surtout son ventre rond. Mais il s'en fiche de son ventre ; Isabel adore cette petite bedaine : elle la caresse en susurrant « mon nounours »…

11 h 16 mn et 30 s : Teresia referme avec agacement l'armoire à pharmacie. Pas de somnifères.

Elle aurait pu TROUVER le tube et aller en avaler le contenu dans la cuisine, puis s'allonger sur le lit conjugal et attendre le miséricordieux endormissement.

Elle aurait pu avoir à fouiller parmi plus d'emballages et y passer ne serait-ce qu'une minute ou deux de plus… Et tout serait différent.

Mais non : elle fait régulièrement le tri et reporte à la pharmacie tous les médicaments périmés.

Ce qui fait que, à 11 h 16 mn et 30 s, elle claque la porte de l'armoire à pharmacie et se dirige vers le placard de l'entrée.

Non qu'elle compte y trouver des barbituriques. Aucune chance : s'il y en avait, ils seraient forcément là. Chaque chose à sa place, elle le répète assez à son mari ! En revanche, dans le placard de l'entrée, elle remise ce qui ne sert plus et qu'on ne peut pas jeter. Dans un vieux carton à chaussures, elle a le souvenir d'avoir rangé le rasoir de Ramiro, ce redoutable coupe-choux hérité de son père, qu'il maniait avec fierté les premiers temps de leur mariage, avant de passer au rasoir électrique. Et à cet écœurant after-shave de séducteur…

C'est comme ça qu'elle va mourir : la gorge tranchée par le rasoir de son mari ! Il comprendra que c'est lui qui l'a tuée !

11 h 16 mn et 30 s, au nord de la ville : Ramiro a bien failli être dépassé par le bus et devoir attendre le suivant. Mais il force son sprint sur les derniers mètres et, en lui souriant dans le rétroviseur, le conducteur retarde la fermeture de la portière. Ramiro monte, en essayant de ne pas haleter de façon trop visible. Ce ventre, quand même… Il faudra y remédier !

Madrid est sillonnée par 187 lignes d'autobus, très bien organisées. Selon les pointages de la compagnie EMT (Empresa municipal de transportes), selon l'heure et le jour et en fonction de la densité du trafic urbain, le trajet de Ramiro peut prendre entre douze et dix-sept minutes.

Dans cette fin de matinée, seuls deux feux de croisement sont au rouge lors du passage du véhicule. Celui-ci devrait donc effectuer le parcours dans le TMP (temps minimal prévu) : douze minutes.

Cependant, au deuxième feu, un agent de police quitte le trottoir où il patrouillait. Il descend sur la chaussée, en vue de sécuriser la sortie des écoles et de fluidifier la circulation : la file de voitures familiales, qui fait ventouse à proximité des établissements scolaires, ralentit souvent le flux des autres usagers. Pour éviter l'encombrement au carrefour, l'agent stoppe les véhicules qui arrivent perpendiculairement à l'avenue. D'un geste péremptoire, il intime au conducteur du bus l'ordre de dégager en priorité, annulant l'arrêt normal commandé par le feu rouge. Le bus évite ainsi l'attente au croisement et gagne UNE minute sur le TMP.

11 h 24 mn et 30 s : huit minutes que Teresia Menendez retourne le contenu du carton à chaussures et d'autres boîtes à vieilleries.

Elle constate que le rasoir coupe-choux n'est plus là. Tant mieux, finalement : de toute manière, ça doit être très long, épouvantablement douloureux, et très salissant de s'entailler les veines.

Rien qu'à l'image de tout ce sang, elle est prise d'une nausée. Qui la précipite vers les toilettes, où elle va hoqueter pendant trois minutes.

C'est-à-dire jusqu'à 11 h 27 mn et 30 s.

11 h 27 mn et 30 s : l'autobus freine à la station. Ramiro en descend. Puis il se retourne :

— Attendez !

Le chauffeur aurait pu ne pas l'entendre... Mais le chauffeur entend.

Ramiro a oublié son écharpe, la belle écharpe aux discrets carreaux jaunes et bleus, qui lui égaient tellement le teint, offerte par Teresia pour leur douzième anniversaire. Perdre SON cadeau, manquerait plus que ça ! Ramiro retourne à son siège, récupère la précieuse étoffe. Il redescend par la porte avant, en s'excusant.

Il vient de perdre quinze secondes...

Il se remet en marche à... 11 h, 27 mn... et 45 s.

11 h 27 mn 30 s : dans les toilettes de l'appartement, au troisième étage, Teresia tire la chasse d'eau, ouvre l'aération pour dissiper l'odeur de vomi, se rince la bouche, se tamponne les yeux.

Elle va vers la salle à manger.

Elle ouvre la fenêtre de la salle à manger.

Elle enjambe l'appui de la fenêtre de la salle à manger à 11 h 28 mn.

11 h 28 mn : Ramiro tourne l'angle de la rue, à quarante-deux mètres de l'immeuble.

Teresia, depuis le rebord de la fenêtre, pourrait le voir.

Les yeux à nouveau embués, elle ne le voit pas.

Elle demande pardon à Jésus, fait son signe de croix... Pour cet adieu, il lui faut vingt secondes.

En vingt secondes Ramiro franchit 40 mètres...

Teresia tombe de trois étages. Quelle durée ? Une seconde ? Une seconde et demie ? Nous ne savons pas. Mais c'est juste le temps pour son mari de terminer les 42 mètres.

De faire deux pas.

Ses derniers pas.

En chute libre, le corps de Teresia Menendez a brisé net la colonne vertébrale de Ramiro.

Il est déjà mort lorsque Teresia se relève, avec seulement une sérieuse contusion à la cuisse et une au bras.

Si vous avez bien compté, ils ont eu chacun *quinze* occasions de manquer ce rendez-vous...

Ne serait-ce qu'à une seconde près...

Qui donc a dit : « Contre le hasard, on ne peut rien faire. » ?

Nous.

Ou bien les Shadocks.

19

Les sabots dans le plat

Le sens de l'impossible, on l'acquiert pratiquement dès nos premières heures de vie. Exemple : votre âge se compte encore en mois, vous jouez dans votre parc, sur le plancher du salon de vos parents. Vous disposez, d'une part, d'un grand cube de bois, creux, d'autre part de pièces colorées, plus petites, de différentes sections. Immédiatement, vous concevez que votre tâche va consister à faire entrer les petites pièces dans le grand cube.

Pourquoi cette idée vous vient-elle ? Parce que vous êtes intelligent, très intelligent : vous avez compris que le grand cube est une *boîte* et que des pièces en vrac, ça doit forcément se ranger.

Dans une boîte.

Et vu que les machins colorés sont bien plus petits que le cube, ça va être réglé en deux temps et trois mouvements. C'est parti !

Le cube comporte, sur l'une de ses faces, des orifices : introduisons les petits bidules de couleur dans lesdits orifices, et… Et c'est là que vous vous apercevez que la section du petit bidule que vous tenez ne correspond pas à la forme de l'orifice que vous visez !

Inutile de vous faire un dessin : ou bien vous avez le QI d'Einstein et, la chance venant au secours de votre admirable intelligence, vous parvenez à faire riper la pièce vers le bon trou. Ou bien vous êtes normalement sous-doué, comme la moyenne de l'humanité, et vous vous acharnez à taper sur le parallélépipède rectangle de bois rouge, pour le forcer à entrer dans le trou en forme de triangle. Seulement, comme vous n'avez pas la moindre idée de ce que peuvent être un triangle et un parallélépipède rectangle, vos parents vous retrouvent hurlant et trépignant devant l'impossible.

Imaginez qu'alors, un adulte empli de bonnes intentions prenne le cube, y introduise (on se demande comment) les pièces éparses et vous rende le tout en vous disant :

— Tu vois que c'est possible ?

Si vous êtes un bébé humain *normal*, vous n'aurez qu'une hâte : nier cette réalité affolante et bousiller le cube maudit !

Nous avons tous traversé des épreuves du même genre, à différents stades de notre développement. Nous tirons tous l'indestructible certitude de ce qui se peut faire et de ce qui ne se peut pas.

Et nous nous y tiendrons *mordicus* : même si l'expérience matérielle nous apporte toutes les preuves que c'est réalisable, nous irons jusqu'à affirmer que c'est… la matière qui se trompe !

Ainsi, tous les habitants du petit village où la mère Suzelle a vécu son étrange expérience étaient prêts à en témoigner : c'était impossible. Et pourtant…

La mère Suzelle est morte avec le XXe siècle. Elle était née avec lui. Elle a donc passé cent ans tout rond sur cette terre. Mais ces cent années, elle les a vécu comme si le monde n'avait pas changé d'un poil depuis le jour de sa naissance.

Prenez sa maison, par exemple : à la limite du département de l'Yonne et de celui du Loiret, c'est une de ces fermettes que l'on appelle des « longères » précisément parce qu'elles sont tout en longueur.

Sous le toit, un vaste grenier. Toutes les pièces habitables se côtoyaient au rez-de-chaussée, de part et d'autre de la petite porte d'entrée. Elles s'ouvraient toutes sur le côté sud : question de lumière et de chaleur. Vers le nord, les bâtisseurs traditionnels n'avaient pratiqué que de petites ouvertures, des vasistas destinés à l'aération et à l'évacuation de l'humidité. Venaient ensuite, dans le même alignement, l'écurie, l'étable, avec leurs portes qui pouvaient s'ouvrir par moitié, le haut et le bas. Tout au bout de l'édifice, la grange à foin était la seule à bénéficier d'un plus large porche.

Retenez bien cette disposition de l'époque : son importance vous apparaîtra lorsque nous aborderons le « jour de l'impossible ».

Bien sûr, aujourd'hui, cette longère a été rénovée par une famille de Parisiens. La grange est devenue un garage, l'étable un atelier. L'écurie a été jointe au reste de l'habitation, en tant que chambre d'amis…

Mais, jusqu'en l'an 2001, c'est-à-dire après la disparition de la mère Suzelle, l'ensemble est resté exactement comme depuis le XVIIIe siècle. À quelques différences près : malgré sa tête de cochon et sa capacité à freiner des quatre fers devant tout changement, Suzelle a dû accepter, au début des années soixante-dix, l'ultimatum de la mairie : après des négociations qui s'étalèrent sur dix ans, suivies d'un siège en règle mené par le maire et ses adjoints, elle s'est résolue à laisser la municipalité opérer le raccordement en eau et en électricité.

Néanmoins, au cours des trente années qui suivirent, lorsque quelqu'un s'avisait de lui demander ce qu'elle pensait de ce progrès, elle se grattait le menton (quelle avait velu, mais s'en fichait comme de sa première chemise de nuit), elle hochait la tête d'un air sentencieux et finissait par articuler :

— Ben… En définitive… Avoir l'électricité… C'est ben pratique… Je ne peux pas en disconvenir… À cause que j'aime bien écouter Radio Luxembourg… L'électricité, oui !

— Et l'eau courante, mère Suzelle ? Avouez quand même que l'eau courante…

— Alors là, ne me parlez pas *eud* progrès ! Elle a un goût, leur eau toute prête… Et puis, en été, elle prend l'chaud dans leurs tuyaux... Je préfère cent fois celle de mon puits... Au moins, ça me conserve en forme, d'aller la tirer avec *eul* seau ! Et en plus, mon eau à moi... elle est gratuite !

Vous voyez le genre du personnage... Cabocharde, la Suzelle ! Remarquez : cet entêtement peut présenter des aspects sympathiques, voire une certaine noblesse d'âme. Une de ses phrases favorites était :

— Ce qui est dit, est dit !

Quand elle avait donné sa parole, elle ne la reprenait jamais... Qui oserait prétendre que ce n'est pas une qualité ? Mais cela nécessite aussi une force de caractère, et des sacrifices.

À la fin de la Première Guerre mondiale, Suzelle avait dix-huit ans et elle s'était fiancée à un garçon un peu plus âgé qu'elle, prénommé Marceau. Malheureusement, il fut l'un des derniers morts de cette grande boucherie : il se fit hacher menu par la mitraille allemande le 9 novembre 1918. Deux jours avant l'armistice. Eh bien, le croirez-vous ? Suzelle pleura beaucoup, alla déposer des fleurs au pied du monument aux morts pendant que le marbrier y gravait le nom de Marceau, le seul tué du hameau. On l'entendit murmurer :

— Promis, c'est donné. Repris, c'est volé !

Or, elle s'était « promise » à son Marceau. Donc, elle observa ce rituel chaque année, et toutes les suivantes de sa longue vie, tant qu'elle a pu marcher : un bouquet, au pied du monument aux morts de la commune, chaque 9 novembre. Pas le 11 beaucoup trop bruyant, avec leur fanfare. Mais jamais, au grand jamais, on ne la revit auprès d'un autre homme...

Ce qui ne veut nullement dire qu'elle vivait seule. L'étable et l'écurie gardaient leur pleine fonction : il y avait toujours « quelqu'un » dedans. Quelqu'un... avec quatre pattes, à poils ou même à plumes : pour la mère Suzelle, tout ce qui vivait était une personne.

Elle entretenait des relations pratiquement d'égal à égal avec chacun de ses pensionnaires, lapins, oies, chats, chiens ou gorets. Elle leur parlait, leur demandait leur avis sur l'opportunité de telle ou telle plantation dans le potager… Sur le choix de la nourriture qu'elle allait leur donner… Et lorsqu'un problème intérieur la tracassait, elle allait prendre conseil auprès de sa plus ancienne amie : la jument Adrienne.

Il vous faut connaître aussi l'histoire de cette amitié.

Adrienne avait échappé *in extremis* au marteau de l'équarrisseur. Un jour que Suzelle passait par hasard non loin de l'abattoir – un méchant hangar en bordure de rivière – elle avait entendu des hennissements douloureux.

Par la porte coulissante mal tirée, elle avait pointé son nez et pris de plein fouet des effluves d'épouvante. En bonne fille de la campagne, elle n'était pas délicate des narines. Pourtant, elle faillit reculer. Elle entra quand même, et le spectacle expliquait l'odeur : sur des carrelages immondes, incrustés d'excréments et de débris de chair, une jument tentait de se débattre, de ruer, dérapant sur la céramique gluante, au risque de se briser les membres.

Un commis lui avait passé autour du museau un nœud coulant de fil de fer, qui pénétrait jusqu'à l'os dans la peau mince. Le garçon cognait à grands tours de bras, avec un bâton clouté, les côtes et les flancs de l'animal : il tentait de le faire passer entre deux rampes, entourant un caniveau. Là, immobilisé, le bestiau devait être estourbi à coups de masse au milieu du front.

La jument condamnée roulait des yeux fous et se cabrait de toute sa force, s'entaillant la face, s'étouffant dans sa bave. Suzelle avait bondi et arraché le lien des mains du commis.

— Vas-tu donc cesser, bougre d'imbécile !

— Ho, là, m'dame ! Vous avez pas le droit d'entrer, vous savez !

— Quand quelqu'un souffre, j'ai tous les droits, mon garçon ! Je vais te dénoncer, ça ne va pas faire un pli !

— Hé, je fais rien que mon boulot, moi !

— C'est-y ton boulot, de torturer une bête qui va mourir ?

— J'arrive pas à en faire façon, de c'te vieille canasse !

— Mais tu ne sens donc pas, bougre d'andouille ? Ça pue la mort, ici ! Comment veux-tu qu'elle n'ait pas la trouille, cette pauvre bête ? Et d'abord, pourquoi qu'elle est ici ? Malade ? Blessée ?

— Même pas… C'est juste que… Avec les tracteurs, maintenant, un bourrin ça sert plus à rien ! En revanche, ça continue à bouffer ! Sans compter le maréchal-ferrant, qui coûte…

Suzelle avait racheté Adrienne au poids de la viande. Elles étaient ressorties ensemble vers le soleil, vers la vie.

Grâce aux emplâtres « d'herbes de sorcière » de la mère Suzelle, les plaies avaient cicatrisé. La jument avait été conviée à occuper ses appartements privés, jouxtant la chambre à coucher de sa bonne maîtresse. Et, pendant plus de quinze ans, la « vieille canasse » y avait coulé une vie de château.

Oui : elle portait vraiment le doux prénom d'Adrienne, la jument. C'était son ancien propriétaire qui l'avait ainsi baptisée, et Suzelle trouvait que ça lui allait comme un gant : c'était justement le prénom d'une tante à elle, qui s'était toujours comportée en « vieille canasse », elle aussi.

Tout au long de leurs quinze années de vie commune, Adrienne et Suzelle s'étaient amusées ensemble à gambader dans le pré, s'étaient promenées dans les chemins creux à la tombée du jour… Chaque soir, avant de s'endormir, elles échangeaient des petits « toc toc » dans leur mur mitoyen pour se souhaiter de beaux rêves…

Il y eut aussi cet épisode inoubliable, qui fait la raison de ce récit. Inoubliable non seulement pour les deux complices, mais pour tous les villageois, parce que cette aventure était impossible… et pourtant : son souvenir court encore dans la campagne alentour.

Ce matin-là, Suzelle va tirer son premier seau d'eau du jour, sur le coup de 6 heures. Au passage, elle relève le loquet de la porte de l'écurie et dépose un baiser entre les naseaux d'Adrienne :

— Va-t'en donc faire ton petit tour, ma belle ! Je m'en *vâ* te rapporter de l'eau fraîche et une petite surprise ! Mais tu sais de quoi je veux parler, hein, futée que tu es ? Tu les as reniflées, pas vrai ?

Depuis la veille, Suzelle a repéré que de jeunes carottes sont mûres à point. Et Adrienne aussi, bien sûr… Dès le lever du soleil, Suzelle a fait un détour par le potager, cueilli une brassée de délicieux légumes et les a entreposés sur la paillasse à côté de l'évier de la cuisine : elle a l'intention de les nettoyer avant d'en porter la moitié à sa copine. L'autre moitié sera râpée en une délicieuse salade pour midi.

C'est en remontant du puits vers la ferme, qu'elle s'étonne de ne pas avoir déjà la jument collée à ses basques, sa grosse langue cherchant à fouiller dans la poche ventrale de la robe-tablier, ou à laper en marche l'eau dans le seau, comme elle le fait toujours, histoire d'embêter sa maîtresse.

Suzelle, la main en visière au-dessus des sourcils, parcourt l'horizon à 360 degrés, lance deux ou trois sifflets sonores puis hausse les épaules :

— Elle doit être encore à embêter les canards…

Suzelle rentre donc, se met machinalement de biais pour franchir le couloir qui mène vers la cuisine. De biais, puisque, depuis son enfance, elle sait que ce goulet ne permet pas de passer de face en portant un seau. Notez bien la topographie, elle va s'avérer essentielle : le couloir étroit, qui, en plus tourne à angle droit pour desservir la chambre à coucher à droite et la cuisine à gauche…

C'est en débouchant dans ladite cuisine que Suzelle tombe nez à nez – si l'on ose dire ! – avec le derrière de la jument !

Oui, là, comme ça : le noble et confortable cul d'Adrienne est *dans* la cuisine ! Le reste de l'animal aussi, d'ailleurs… Tout le reste de l'imposante jument !

La fermière, soufflée, laisse choir le seau de métal sur le carrelage, l'eau se répandre et, une fois son souffle retrouvé, ne peut rien faire d'autre que de lancer une longue litanie de :

— Mon Dieu, mon Dieu, mon Dieu… Mon Dieu, mon Dieu, mon Dieu…

Pour l'instant, le ciel reste sourd à cet appel, probablement parce que lui non plus n'a jamais eu à se confronter à pareil casse-tête !

Imaginez ça… D'abord le gabarit d'Adrienne : un solide percheron aux pâturons impressionnants, des sabots de la surface d'une assiette, une croupe monumentale encore empâtée par le manque d'exercice et la trop bonne nourriture, un poitrail qui obligerait un cavalier à faire le grand écart pour l'enjamber… Vous l'avez bien devant les yeux ?

Alors, maintenant, figurez-vous cet engin dans une cuisine à laquelle on ne peut accéder QUE depuis le jardin, par ce corridor biscornu où un homme de taille normale se sentirait serré aux épaules… Pourquoi un seul accès ? C'est que l'autre face de la maison donne sur le nord, et, pour éviter la déperdition de chaleur, on n'y a percé qu'une petite fenêtre.

POURQUOI la jument a-t-elle bien pu s'introduire jusqu'à la cuisine ?

Ça semble évident : l'irrésistible attrait des carottes fraîches sur le coin de l'évier. D'ailleurs, quelques fanes dépassent encore au coin de sa bouche, qui mâchonne placidement. Mais comment, COMMENT a-t-elle pu arriver jusque-là ?

C'est ce que se demande Suzelle, tout en essayant de faire effectuer un demi-tour à ces quintaux d'os et de muscles… Mais avec l'évier, le fourneau, la table et le buffet, la manœuvre est délicate. À un moment, Suzelle se retrouve coincée entre le ventre d'Adrienne et la cuisinière. Elle étouffe et doit battre le flanc de la jument, du plat de la main, comme un lutteur qui demande grâce :

— Pousse-toi ! Tu m'écrases !

Adrienne écarquille un œil navré et souffle bruyamment.

— Oui… Tu peux bien t'excuser… Si tu n'étais pas une fieffée gourmande… On n'en serait pas là !

Le seul moyen, ce serait la marche arrière. Suzelle se glisse dans le couloir. Par la porte, elle attrape à deux mains la queue et tire, de toutes ses forces.

— Mais c'est pas Dieu possible !

Même ainsi, la croupe ne passe pas ! N'en croyant pas ses yeux, Suzelle va dans la salle à manger, sort la boîte à couture, en extrait le mètre ruban et vérifie posément. Aucun doute : l'encombrement hors tout de l'arrière-train est supérieur de 30 cm à la largeur du chambranle de la porte, qui est la même que celle du couloir !

C'est devant ces données chiffrées et indéniables que Suzelle va devoir se livrer à une démarche pénible pour elle. En effet, depuis qu'elle s'était retrouvée « veuve » de son Marceau, sans même l'avoir épousé, elle avait reçu maintes et maintes fois des propositions d'union tout à fait raisonnables :

— Allons-donc, la Suzelle : vous pourrez jamais tout faire toute seule, dans c'te ferme ! Faudra bien des bras, pour vous aider !

Elle avait immuablement refusé :

— Point d'autres bras autour de moi que ceux de mon Marceau ! Et puisque mon défunt reviendra jamais de d'là-bas… C'est non !

— Un jour ou l'autre, vous aurez besoin de quelqu'un, Suzelle !

— J'aurai besoin de quelqu'un pour porter mon cercueil, ça, je n'en disconviens pas ! Mais d'ici là, je me débrouillerai avec les forces que le bon Dieu me donnera !

Eh bien, le jour de la jument dans la cuisine, le bon Dieu oublie (ça lui arrive) de donner assez de forces à Suzelle ! Contrainte et forcée, pour sauver son Adrienne, elle va demander l'aide des pompiers.

Ceux-ci se grattent le casque, puis, moyennant quelques contorsions, parviennent à soulever la table et à la hisser sur la cuisinière. Mettant à profit cet espace supplémentaire, ils peuvent faire tourner la jument sur elle-même et la présenter face à la porte dans le sens de la marche.

— C'est tout simplement ça, ma bonne dame ! Elle est entrée *en avant*, elle ressortira *par l'avant* !

Eh bien non ! L'assurance virile et un brin condescendante du pompier va fondre comme neige au soleil : en marche avant, ça ne passe pas non plus ! Il refait la vérification avec un mètre de menuisier : les épaules, *elles aussi,* sont plus larges que le chambranle !

Les pompiers appellent les gendarmes, qui se grattent le képi, puis convoquent à tout hasard un vétérinaire. Lequel se gratte la barbiche.

— Je suis médecin, moi ! Pas magicien !

Oui... Un prestidigitateur serait peut-être le seul spécialiste adéquat devant un tel casse-tête. Comme il n'y en a pas dans la région, les gendarmes prennent la seule décision logique : à 6 heures du soir, devant tout le village, informé par le garde champêtre, en présence du conseil municipal au grand complet, le cantonnier lève sa pioche et commence à casser le mur nord.

Adrienne, câlinée par Suzelle, supporte le vacarme et les poussières de la démolition avec une méritoire patience. Deux heures plus tard, sous les applaudissements, elle s'extirpe seule de son piège, par une ouverture de 2 mètres de large.

Personne n'a jamais pu expliquer comment la jument avait bien pu faire pour se glisser au fond de cette maison, envers et contre toute possibilité mathématiquement envisageable...

En revanche, ceux qui ont connu la vieille dame affirment qu'elle leur a confié, en grand secret :

— Jusqu'à la fin de sa vie, mon Adrienne n'a jamais plus voulu toucher une carotte !... Moi non plus, d'ailleurs !

20

Les dessous de l'espionnage

Où va se nicher l'impossible, dans cette histoire ? Dans de charmants recoins, vous le constaterez.

Mais vous aurez peine à le croire. Car l'épisode survient en des jours cruciaux, où les forces vives de notre pays devraient être unies pour régler quelques menus problèmes, comme une guerre mondiale par exemple… Or, dans un tel drame, voir la police des frontières, le contre-espionnage, l'armée, la justice, le Bottin mondain, bref : voir les plus hautes instances se mobiliser sur un tel enchaînement de gags… On voudrait se persuader que c'était impossible. On le voudrait. Et pourtant…

En cette fin du mois de juillet 1916, le président Lantier est en train de classer des dossiers dans son bureau du Palais de justice. Malgré les atrocités des combats qui déchirent l'Europe, la criminalité, dans la capitale, ne semble pas faiblir. Lantier commence à être agacé : une grande partie du personnel est au front et la paperasse submerge les juges encore plus qu'à l'habitude.

C'est alors que, en provenance du hall, d'inconvenantes clameurs se font entendre. Qui donc ose troubler la sérénité de ce lieu solennel ? Un huissier effaré pousse la double porte capitonnée :

— Monsieur le président, il y a là un individu qui…

Catapulté en avant par une sorte de tornade, l'huissier termine sa phrase en vol plané :

—... Qui insiste pour être reçu !

Le personnage qui fait une irruption aussi cavalière a de bonnes raisons pour cela : d'abord, c'est manifestement un cavalier. Et même un commandant de cavalerie. Un minuscule militaire, sanglé dans une vareuse, le képi planté haut sur le crâne. Les bottes, étincelantes, gainent de courtes jambes en cerceau et, vu la taille du personnage, les culottes de cheval semblent aussi larges que des oreilles d'éléphant.

Un menton inexistant, une moustache excessive, un monocle vissé sous le sourcil, une badine de jonc sous le bras, et le tableau est vraiment complet : le bonhomme semble avoir pour vocation de faire sourire.

Et pourtant, lui n'a pas l'air du tout de s'amuser :

— Ah ! Président ! Je compte sur vous pour m'aider à régler cette affaire intolérable ! C'est odieux ! Je dois obtenir réparation ! RÉ-PA-RA-TION, vous en conviendrez ?

Le président Lantier désigne à son visiteur la seule chaise vacante de l'autre côté de la table :

— Voudriez-vous, mon cher, me préciser en premier lieu de quoi il est question ?

Le cavalier miniature, qui arpentait le bureau, stoppe net, une botte en l'air :

— Comment comment comment ? Vous ne savez donc pas...

Lantier parvient à afficher une mine absolument imperturbable. En réalité, toute la bonne société est au courant. Mais, en ces temps épouvantables, les occasions de se réjouir ne sont pas si nombreuses. Et la mésaventure vaut la peine d'être entendue en direct. Le président ne voudrait pas s'en priver.

— Que devrais-je savoir ? Narrez, mon cher, narrez, je vous en prie !

Charles Urbain Moléson du Coudray est issu d'une de ces familles où la tradition exige, à chaque génération, qu'au moins l'un des fils soit évêque, un autre à l'Académie des sciences. Quant au moins doué de la lignée, il sera destiné à l'état-major.

Charles Urbain s'est donc retrouvé hissé au grade de commandant de cavalerie. Lorsque le grand conflit éclate, il accomplit son devoir au ministère de la Guerre. Sa délicate mission consiste à contrôler la conformité des tampons et cachets qui serviront à estampiller les bordereaux de commande de l'intendance. Ne nous moquons pas : il faut bien que quelqu'un le fasse, alors autant que ce soit le cousin d'un proche du ministre…

Charles Urbain Moléson du Coudray vérifie donc chaque tampon, puis appose un cachet sur le bordereau qui l'accompagne. Après plusieurs mois de ce labeur, il estime avoir bien mérité de la patrie et demande une permission.

Ce temps de repos, il compte le passer en compagnie de son épouse et en Italie. Il faut savoir que la commandante, née Garance Madani de Comberousse, est originaire de la région de Nice. Bien évidemment, sa famille possède des domaines sur la Côte d'Azur, mais tout aussi évidemment, une villa sur la Riviera italienne. C'est dans ce lieu enchanteur que Charles Urbain Moléson du Coudray compte bénéficier d'un juste repos du guerrier…

Certes, les temps sont troublés, mais ce n'est aucunement une raison pour changer les habitudes des personnes de qualité. Ce qui change, c'est que les autorités sont un peu plus regardantes qu'à l'habitude quant aux documents nécessaires pour franchir la frontière. Le couple a donc prudemment fait actualiser ses passeports.

Or, il se trouve qu'une autre habitude de la noblesse va mettre un grain de sable dans ce programme pourtant banal : les gens dont le sang est bleu se doivent de nouer des unions avec d'autres gens dont le niveau de noblesse, et, accessoirement, de fortune, ne saurait être inférieur au leur. Pour faire une alliance convenable, on choisit un époux ou une épouse en vertu de son rang plutôt que de sa nationalité. C'est ainsi que, avant la guerre, la sœur aînée de la commandante a fait un fort beau mariage avec un comte... autrichien. On ne peut pas tout prévoir.

Or donc, lorsque les passeports du couple sont visés par l'administration, un fonctionnaire un peu plus zélé que les autres fait le lien entre Garance (la commandante) sa sœur et l'Autrichien.

Il ne saurait être question de mettre en doute le patriotisme d'un Moléson du Coudray, commandant de cavalerie, dont les quartiers de noblesse remontent largement à Philippe Auguste... Néanmoins, une alliance, même lointaine, avec un Autrichien mérite une certaine prudence et le fonctionnaire marque les passeports d'un signe discret, presque invisible, mais dont le code est parfaitement connu par la police des frontières.

À l'aller, vers l'Italie, rien de notable. La voiture du permissionnaire et de madame est retenue peut-être un peu plus longtemps qu'il n'est d'usage, mais avec doigté, si bien que les passagers n'y prêtent même pas attention : après tout, en temps de conflit, il est assez normal que tout le monde soit contrôlé...

Pour rentrer sur le territoire national, en revanche, ce n'est pas aussi immédiat. Au poste frontière de Vintimille, l'affluence est grande. Par respect pour son rang, la commandante n'est pas astreinte à attendre dans la file avec le vulgaire populo : on lui offre un siège à l'écart. Le commandant, lui, va battre le pavé devant le bâtiment administratif.

Un moment, passe encore. Mais lorsque le moment se prolonge, et que, au cadran de sa montre de gousset, l'aiguille entame un second tour, le pétulant militaire commence à s'impatienter. À plusieurs reprises, il va glisser la moustache dans le poste de douane et en ressort aussitôt : il règne là-dedans une atmosphère d'étuve et il en émane des relents que, d'ordinaire, on ne renifle que dans les casernes. Et encore : pas dans le quartier des officiers !

Au bout de la deuxième heure d'attente, il croit voir que la commandante se trémousse sur sa chaise et lui adresse un léger signe de sa main gantée. Il se penche, elle lui glisse quelques mots soupirés derrière sa voilette :

— Charles Urbain, mon ami… Je suis horriblement confuse de vous demander cela, mais… Je n'en puis plus !

Les demoiselles de Comberousse ont beau avoir appris à se retenir depuis la première croisade… l'humaine nature a ses limites et un besoin urgent submerge Garance.

Le commandant, galant homme, traverse la salle bondée, s'approche d'un planton luisant de transpiration et le questionne à l'oreille. L'autre se redresse, claque des talons, et claironne d'une voix audible jusqu'en Italie :

— Les *VATÈRES* ? Certainement, mon commandant… Au fond, à gauche !

Tous les regards suivent donc la commandante lorsqu'elle trottine (par nécessité) vers le fond et à gauche, comme partout dans le monde.

En pénétrant dans les lieux susmentionnés, la dame a la désagréable surprise de constater, hélas, que le planton avait raison : il s'agit manifestement plus de *vatères* que de toilettes… En particulier (pardonnez ce détail, mais il a de l'importance) la lunette témoigne à elle seule qu'un poste de douane est un lieu de passage intense…

Fort heureusement, la commandante avise, fiché sur un crochet contre le mur pelé, un journal. Ou plus exactement : ce qu'il reste d'un journal… Ce quotidien a été disposé là dans un but qui n'était évidemment pas la lecture.

Qui plus est, il s'agit d'une feuille de chou connue pour ses opinions progressistes et quasiment de gauche.

Une femme du monde ne saurait toucher une telle ignominie, même du bout de ses doigts gantés. Cependant, dans un tel endroit, jusqu'à quel point doit-on rester une femme du monde ? La raison l'emporte, ainsi que l'urgence du besoin naturel : Garance Moléson du Coudray prélève sur le crochet rouillé les derniers feuillets de l'infâme publication antiréactionnaire et confectionne une protection éphémère, dont elle tapisse la lunette douteuse et peu hygiénique.

Ensuite de quoi, la délicate personne entreprend de se dépouiller des multiples couches de tissu qui, selon la mode de ce début de XXe siècle, dissimulent tout ce qui se trouve sous le niveau de la ceinture. Et il y en a, des froufrous !

Puis, enfin, Garance peut s'asseoir et se livrer avec un soupir de soulagement aux activités naturelles qui sont le lot de chacun et chacune d'entre nous.

Il faut ensuite réenfiler, renouer, reboutonner... Ce marathon vestimentaire accompli, la commandante retourne sagement vers la salle d'attente.

Une troisième heure se passe... Le commandant constate que des tas de gens extrêmement ordinaires qui sont arrivés *après lui* ont passé les contrôles et sont repartis depuis déjà belle lurette. C'est totalement anormal. Le monde à l'envers, pour ainsi dire. Pour un peu, il remonterait bien en voiture avec son épouse en plaquant là tout ce monde vulgaire... Si l'un de ces lambins de fonctionnaires trouvait quelque chose à redire, il trouverait aussi à qui parler, bon sang de bois !

Le seul détail qui empêche un tel départ en fanfare, ce sont les passeports : dès qu'ils ont été présentés, à l'arrivée, quelqu'un les a emportés quelque part dans un de ces bureaux, et allez donc savoir où ils sont, à l'heure qu'il est ?

Du Coudray décide d'empoigner le taureau par les cornes : il se campe devant un guichet, mais le petit type de l'autre côté du comptoir lève à peine les yeux derrière ses lunettes :

— Vous retournez attendre là-bas, monsieur, s'il vous plaît... On vous appellera.

Tellement surpris de recevoir un ordre, le cavalier recule de trois pas, toussote, commence à arpenter la pièce en frappant le côté de sa botte avec sa canne de jonc... Puis, conscient que, non seulement le peuple l'observe, mais que, sous sa voilette, le regard de Garance attend sa réaction, il revient à la charge, la moustache en bataille et le monocle étincelant de fureur. Ce qui devait arriver arrive : les fonctionnaires de douane, déjà surchargés par l'affluence et la chaleur, s'énervent à leur tour.

L'attention se focalise sur ce pète-sec qui fait du scandale et, par voie de conséquence, sur son passeport et celui de sa femme.

Et là, le ton change soudain : l'autorité douanière se concerte, les voix se font basses, les regards en biais…

— Voulez-vous nous suivre, s'il vous plaît ?

— Ah enfin ! Ce n'est pas trop tôt !

— Pas vous, monsieur ! Madame seulement !

Malgré les protestations de son mari, Garance est escamotée derrière une porte sans poignée, vers une section administrative réservée aux cas spéciaux… Le petit signe discret apposé dans un angle de son passeport lui vaut cette attention toute particulière.

Horrifiée, elle se voit conduite vers une cabine entourée de rideaux, ou une rugueuse et robuste assistante de police lui intime l'ordre de se laisser pratiquer ce que l'on appelle une « fouille à corps ». Autrement dit : une inspection très détaillée de son anatomie.

Avec autant de dignité qu'elle le peut, elle se débarrasse de ses vêtements, jusques et y compris son corset. Ils sont confiés à une autre assistante pour être examinés dans le moindre ourlet.

Quant à la dame, elle est contrainte de s'appuyer sur un guéridon. Penchée en avant, elle s'attend à un contact révoltant mais, surprise : elle entend dans son dos la fonctionnaire émettre un « Ohoh ! », puis sortir de l'isoloir.

Elle y revient quelques instants plus tard, accompagnée d'une deuxième fonctionnaire portant des galons de chef. Celle-ci contemple également la suspecte et fait : « Ahah ! ».

La commandante ne comprend pas. Elle demande ce qui se passe.

— Ce qui se passe ? ricane la fonctionnaire chef... Elle a le culot de demander ce qui se passe ! Et ça, hein ? Qu'est-ce que c'est que... ça ?

Et le doigt précis de la représentante de l'ordre désigne un endroit de la commandante situé... Comment dire ? Très exactement situé entre le bas des reins et le haut de la cuisse.

— Ça ? rétorque Garance interloquée... Ça, mais ce sont mes fesses, madame !

Après quelques autres phrases de malentendus et de quiproquos, la commandante parvient à obtenir un petit miroir. Munie de cet ustensile et en se tordant un peu le cou, elle parvient à constater *de visu* ce qui fait l'étonnement soupçonneux des dames fonctionnaires : bien qu'elle n'ait jamais observé sa personne sous cet angle, elle discerne parfaitement des sortes de hiéroglyphes tatoués sur ses rotondités laiteuses !

Un message mystérieux apparaît effectivement en noir sur la peau blanche, et dans un alphabet probablement cyrillique, car les lettres elles-mêmes sont inconnues !

— Ah, ils sont forts, les Boches et leurs services secrets ! s'exclame la fonctionnaire chef. Belle combine pour passer leurs codes ! Mais heureusement, on est là, nous ! Et on n'est pas nées de la dernière pluie, ma petite dame !

— Mais non ! Ce n'est pas du tout ce que vous croyez ! J'ai tout compris !

Et Garance s'embarque dans une explication circonstanciée : les vatères... La lunette crasseuse... Le papier journal pendu au mur...

— C'est l'encre ! J'avais très chaud ! Ma peau était moite ! C'est l'encre qui a déteint !

Malheureusement, cette hypothèse qui tombe sous le sens est impossible à prouver : les pièces à conviction ont disparu. Il n'y a plus de journal dans les toilettes. De plus, même en faisant jouer l'imagination, faculté difficile à déclencher dans un poste frontière, il faut bien avouer que les caractères mystérieux imprimés sur le postérieur de la commandante ne rappellent en rien la mise en page d'un journal. Même les gros titres : ils ont été retournés et déformés par un… Disons : par « l'étirement cutané » que la position assise dans l'arrondi d'une lunette fait subir à tout fessier.

Bref : quasiment morte de honte, la pauvre femme se voit contrainte, pour sa défense, de faire appel à son mari, à qui elle aurait pourtant voulu éviter cette pénible confrontation.

Comme il s'avère délicat d'exprimer au commandant de cavalerie Charles Urbain Moléson du Coudray la localisation et l'aspect des hiéroglyphes suspects, on lui propose d'aller constater par lui-même. Mais imaginez ce que représente la perspective d'un tel… tête-à-tête pour la morale catholique de l'officier ! Voici un homme qui, marié depuis vingt-deux ans, souffle pudiquement la lampe à pétrole avant de soulever l'édredon du lit conjugal ! Il refuse violemment de jeter le moindre regard sur le *corpus delicti*.

Malgré sa taille réduite, il tente de prendre les choses de haut. Il monte sur ses grands chevaux (le jeu de mots est facile, mais quasiment obligatoire !). Il ne fait qu'exaspérer les gardes-frontières, qui contactent les services du contre-espionnage. Grâce au téléphone, l'alerte remonte jusqu'au ministère, à Paris.

La première consigne qui parvient à Vintimille prescrit une incarcération du couple, sous la présomption de mise en danger de la sécurité de l'État, jusqu'à temps qu'une délégation d'experts traverse le pays pour venir examiner la chose *de visu*…

Le commandant utilise à son tour le téléphone pour faire jouer ses relations au plus haut niveau, et une solution plus humaine est négociée…

Tard dans la soirée, on voit arriver au poste de douane un photographe de l'Identité judiciaire de Nice. Il plante un imposant trépied de bois et de laiton, surmonté d'un appareil à soufflet et demande que l'on évacue le local, afin de ménager la pudeur de la malheureuse Garance. Elle doit « prendre la pose », sous autant d'angles qu'il sera nécessaire pour que l'objectif puisse clairement enregistrer la totalité des signes cabalistiques. De l'autre côté de la vitre, pourtant masquée de rideaux, les éclairs du flash à poudre de magnésium font tressauter Charles Urbain comme s'il se prenait la mitraille de plein fouet...

Ensuite de quoi, toujours sur ordre du contre-espionnage, la fonctionnaire de police la plus gradée doit procéder à l'effacement total de l'alphabet secret. Malheureusement, si l'encre d'imprimerie du temps de guerre adhère mal au papier journal, elle colle très bien à la peau. On teste plusieurs solvants, sans succès. En définitive, aux alentours de minuit, la femme de ménage qui passe par là se penche à son tour sur le problème :

— Pourquoi que vous essayez pas le jus de citron, avec un bon coup de brosse en chiendent ?

Le commandant Charles Urbain Moléson du Coudray et madame sont de retour dans la capitale après quelques jours... Le temps nécessaire à tous deux pour évacuer le stress de cette humiliation, et à Garance, plus spécialement, pour calmer, dans des bains de siège au lait et aux plantes, l'irritation de sa chair délicate par le vigoureux nettoyage...

Ce délai n'a pas apaisé la fureur du chef d'escadron. Voilà pourquoi il se fait conduire aussitôt au Palais de justice et fait irruption, tambour battant, dans le bureau du président Lantier, un vieil ami de la famille :

— Un traitement inadmissible ! Odieux ! Indigne ! Mon cher, je compte sur vous pour m'obtenir RÉPARATION !

Ce que Charles Urbain ignore, c'est qu'il a été trahi par le progrès : son arrivée a été précédée par celle des photographies, dont des agrandissements ont été transmis à *tous* les services éventuellement concernés. Et cela fait beaucoup de monde !

Lantier, en particulier, possède un dossier sur l'affaire. Un dossier tout à fait complet. Et il fait partie de ce Tout-Paris qui se gausse déjà suffisamment. Aussi use-t-il de toute sa diplomatie :

— Réparation ? Certes… Elle est tout à fait méritée ! Vous pourriez parfaitement intenter un procès. Vous disposerez ainsi d'une tribune qui vous permettra, devant les journalistes et le public, d'*exposer* clairement les pièces qui prouvent…

— Ah non, président ! Non ! Je ne tiens pas à… exposer quoi que ce soit ! La discrétion…

— Hmm hmm… Bien vu, Coudray ! La discrétion, évidemment ! Et dire que moi, je ne songeais qu'à venger un honneur mis à mal ! Quelle hauteur de vue admirable que la vôtre ! Discrétion… Service de l'État… Sécurité de la patrie… Quitte à sacrifier votre juste revanche ! Quelle abnégation ! Vous faites honneur à votre nom, mon vieux ! Nous en resterons donc là, n'est-ce pas ? Bravo !

Sur quoi, le juge songe, une fraction de seconde, à la présidente Edmonde Lantier, sa très, très digne épouse. Un sac d'os revêche qui fait chambre à part depuis leur premier anniversaire de mariage. Le président glisse un œil vers le tiroir entrouvert de son bureau. On y aperçoit un tirage sur papier chamois d'un des clichés de Vintimille. Pièce à conviction… convaincante : indubitablement, les rondeurs laiteuses de cette chère Garance sont plutôt affriolantes.

— Charles Urbain, entre hommes… Si j'étais vous… Je rentrerais bien vite dans mes foyers, et j'irais m'assurer *de très près* que cette cuisante aventure n'a laissé aucune trace !

21

Le diable est… une vieille carne !

Nous devrions ici adopter la formule commode des scénaristes américains, dans les films pour après-midi de semaine : « *Inspiré d'une histoire vraie* ».

Parce qu'après avoir lu, vous vous demanderez, forcément, s'il y a quelque chose de vrai dans tout cela. C'est un peu le but du jeu, vous vous en doutez !

Or, la réponse sera : OUI.

Entendez par là : oui, pour ce qui concerne les faits.

Il y aurait bien eu une sortie de chasse entre riches Argentins. Il y aurait bien eu leur témoignage auprès d'un journaliste. Il y aurait bien eu un laboratoire, qui examina une matière étrange.

Les faits semblent donc avérés.

Quant à leur interprétation… C'est là que VOUS devenez le joueur principal : à vous de prendre votre responsabilité à deux mains. Et votre imagination aussi !

Lorsque Ramon Alvarez arrive chez lui, dans la nuit du 22 août 1978, il est tremblant. Ce qui ne serait pas étonnant en soi : dans le sud de la province de Buenos Aires, le mois d'août marque la sortie de l'hiver. Le froid n'y est jamais extrême, mais une tenue chaude est recommandée. Surtout pour la chasse. Le señor Alvarez est correctement équipé, soyez-en certain : il aime parcourir en toutes saisons les quelque 100 000 hectares de son *estancia*, dans le *partido* (l'arrondissement) de Coronel Dorrego.

En plus de ses tremblements, il est blême et muet. Les deux hommes qui l'accompagnent sont à peu près dans le même état.

Antonia Alvarez a passé à la hâte une robe d'intérieur pour descendre les accueillir. Elle dormait, et c'est le maître d'hôtel qui a ouvert. Antonia n'attendait pas les trois amis avant le lendemain. En général, les parties de chasse qui ne se terminent pas avant la tombée du jour impliquent une nuitée en bivouac, ou dans l'un des nombreux abris dont son mari a jalonné leur propriété. Elle tend la joue, comme à chaque retour de son Ramon. Il ne l'embrasse pas. Il parvient juste à prononcer, d'une voix étranglée :

— Fais-nous donc préparer le maté, Antonia !

Comme ça, sans même ajouter « s'il te plaît, *mi chica* » ? Elle comprend tout de suite qu'il se passe quelque chose de sérieux. De grave, peut-être ? Mieux vaut ne pas poser de questions. Autour de la grande table de bois verni, Alvarez et ses compagnons demeurent silencieux...

Antonia, discrète comme une ombre, revient avec le maté. Elle n'a pas laissé ce soin à une servante. Son mari lui adresse un regard reconnaissant pour sa délicatesse, mais aussitôt, ses yeux se détournent.

Les trois hommes se passent la calebasse emplie de *yerba maté* et d'eau brûlante. Le chalumeau d'argent entre les lèvres, ils aspirent tour à tour la décoction âcre. Au fil des minutes, ils reprennent un peu de couleurs et sentent se calmer leurs battements de cœur.

Ils se demandent encore s'ils doivent douter de leur raison. Ce qu'ils viennent de traverser était impossible. Et pourtant...

Bien sûr, ils avaient déjà entendu parler de ce genre de rencontres : la solitude des gardiens de troupeaux dans les vastes étendues argentines est propice aux débordements des fantasmes. Mais ces trois riches hommes, impliqués dans des affaires de haut niveau, protégés par le luxe, n'y avaient jamais accordé grande attention.

Pour eux c'était surtout des affabulations, des racontars de bonnes femmes, sur lesquels se précipitent les journalistes en mal d'actualité. En tout cas, pour des gens raisonnables ce n'était rien de sérieux, rien que l'on puisse vérifier.

Or, voici qu'en ce soir du 22 août 1978, Alvarez et ses compagnons sont à leur tour les témoins d'une suite de faits pour le moins étranges. Étranges au point que ces messieurs prendront le risque d'entacher leur renom de ridicule.

Ils se sentiront obligés d'en faire part à la presse, pour qu'elle les aide à affirmer à tous les incrédules : « Nous aussi, nous étions prêts à rire de ces prétendus phénomènes et nous prenions ceux qui les racontent pour de joyeux farceurs ou des mythomanes. Nous avions tort : nous les avons vécus ! »

Il faut dire que ces trois hommes ne sont pas n'importe qui : ils ont vraiment une réputation à tenir. Ramon Alvarez est l'un des plus riches éleveurs argentins. Sa propriété, son *estancia*, est à peine plus grande… que la Martinique.

Cette vaste entreprise agricole située au sud de la province de Buenos Aires est aménagée d'une façon rationnelle et scientifique et l'on y dispose des moyens les plus modernes. Monsieur Alvarez a quarante-cinq ans, il est marié, père de quatre enfants et il emploie en permanence une centaine de salariés, et on ne sait combien de saisonniers.

Quant à ses compagnons, l'un dirige une importante banque de Bahia Blanca, la capitale commerciale, universitaire et technique de tout le sud de l'Argentine.

Le troisième est directeur commercial et actionnaire d'une grosse société d'exportation de fruits.

Vous avez bien compris que, si nous vous donnons tous ces détails, c'est pour insister sur le fait que ces trois personnes sont tout, sauf des plaisantins, capables d'inventer une histoire rocambolesque et qu'en aucun cas, on ne serait tenté de les taxer *a priori* de mystification.

Cependant, vous pourriez toujours répondre que même des gens importants peuvent avoir envie de s'amuser en montant un canular ? Accordé.

Néanmoins, si vous aviez été présent ce soir-là, dans leur intimité, si vous aviez été à la place d'Antonia, l'épouse de monsieur Alvarez, vous n'auriez pas songé un seul instant qu'ils étaient en train de faire joujou.

D'abord, il n'y a aucun public devant lequel se livrer à un quelconque numéro. Et puis, en leur servant le maté, Antonia a vu trois visages si effroyablement pâles, des mains si tremblantes qui se passaient le gobelet, qu'elle en est impressionnée à son tour et se tient à l'écart, sans oser poser une seule question.

Elle a aussi remarqué que les trois chasseurs ne sentent pas très bon. Peut-être ont-ils traîné dans des marais ?

Alvarez attend que ses tremblements et sa pâleur soient quelque peu calmés par l'effet de la boisson tonique. Il se lève, imité par ses compagnons :

— Mes amis, je vous propose de nous retirer. Demain matin, nous aviserons.

Les invités saluent poliment Antonia et son mari, puis montent le vaste escalier conduisant aux chambres d'amis. L'*estanciero*, quant à lui, ressort un instant. On entend la portière de la voiture, puis il revient avec son carnier. Il embrasse d'un air soucieux sa femme sur le front.

— Vas dormir, *mi chica*. Je dois encore passer dans mon bureau et… prendre une douche.

Antonia approuve, en tout cas sur le dernier point : Ramon revient souvent avec, sur ses vêtements, des odeurs de bétail, de cheval. Normal pour un éleveur qui aime aller sur le terrain. Mais là… C'est vraiment spécial. Et spécialement désagréable. Surtout depuis qu'il est rentré avec sa sacoche.

Le lendemain matin, de fort bonne heure, les trois hommes prennent un petit déjeuner ensemble. Ils discutent avec animation, et se mettent d'accord sur un choix important et sur une décision.

Ces personnages sont des dirigeants : une décision s'exécute sans attendre, sinon, elle se perd dans les méandres de l'hésitation. Celle de ce matin se concrétise par un appel téléphonique immédiatement passé par Alvarez, depuis son bureau.

À la fin de la matinée, une automobile couverte de poussière freine devant le perron. Le type qui en descend examine ce palais colonial en pleine pampa, précédé d'un jardin à la française, au gazon taillé aux ciseaux à ongles. Par sa décontraction, sa façon d'être aussitôt à l'aise, comme chez lui, le visiteur doit être quelqu'un des médias. C'est effectivement un journaliste de grand métier. Il ne collabore pas à la rubrique des chiens écrasés : il signe des enquêtes pour l'important quotidien *Ecos Diarios Necochea.*

Très vite, il est introduit dans l'un des salons, où le maître d'hôtel le laisse en présence de trois hommes.

— Alvarez, Ramon !

Celui des trois qui était debout vient de se présenter. La poignée de main ferme et le rapide sourire de pure forme indiquent sans ambages qu'il est le patron des lieux. Et aussi qu'il n'a pas envie de s'attarder en mondanités. Il présente ses compagnons. Il enchaîne avec une autorité, peut-être destinée à cacher son trouble :

— Asseyez-vous, cher monsieur. Boirez-vous un whisky ? Une bière ?

— Un peu tôt pour moi, sans vous offenser… Un jus de fruits me conviendrait mieux.

Le journaliste a répondu spontanément. Était-ce un test de sobriété, pour s'assurer de son sérieux et de sa lucidité ? Le fameux cliché sur les fouineurs de la presse, obligatoirement portés sur la bouteille ? Alvarez semble apprécier le choix, en tout cas. Il se dirige vers une desserte.

— Mes amis et moi sommes au même régime. Je vais nous servir : j'ai préféré ne pas avoir de domestiques ici pendant notre entretien… Entretien au cours duquel c'est moi qui vais parler, dans un premier temps, ainsi que nous en sommes convenus avec ces deux messieurs. Je vous prierai, pendant ce récit, de ne pas m'interrompre. Pardonnez-moi cette franchise brutale, mais si je vous demande cela, c'est parce que je sais que n'importe qui en serait tenté. Mais j'ai précisément demandé à mon excellent ami et directeur de votre estimé journal, de ne pas m'envoyer n'importe qui, mais de me déléguer un vrai professionnel, prêt à tout entendre.

— Je suis votre homme, señor Alvarez.

L'*estanciero* revient alors sur l'identité de ses deux invités, en insistant sur leurs titres et leurs fonctions. Sous-entendu : « Vous avez affaire à des hommes dont la probité est à toute épreuve. » Puis, voyant que le journaliste a bien capté l'intention, il commence son incroyable récit.

— J'avais invité ces messieurs, hier, pour mener avec moi une partie de chasse. C'est notre distraction favorite, à tel point que j'ai institué, sur une zone de mes domaines, une vaste réserve où le gibier peut vivre à l'état sauvage. Nous nous sommes rendus en Range Rover sur le site choisi. Nous n'avions pas vraiment l'intention de tirer de grosses pièces, surtout en cette saison. Sinon nous serions partis plus tôt. C'était juste la perspective de faire sortir quelques animaux, et de jouer aux boy-scouts, autour d'une bonne grillade, dans la nature, loin de nos soucis d'affaires et… de nos épouses !

Nous avons garé le véhicule près de la cabane où nous comptions passer la nuit, nous avons débarqué les glacières contenant les provisions et les vins, car j'avais prévu et choisi moi-même un vrai festin pour le dîner. Puis nous sommes partis, à pied, comme l'exige le vrai sport de la chasse.

Nous avons marché un peu plus de deux heures. Nous nous sommes arrêtés pour une collation. Nous nous sommes remis en route, pendant encore une couple d'heures. Un peu moins, peut-être. Je dis « peut-être », parce que c'est là que commence la période… difficile à décrire.

Alvarez confie son premier étonnement : alors que ses amis et lui connaissent la réserve comme si c'était leur jardin, aucun des trois ne parvient à situer exactement le vallon où ils se sont engagés. Ils doivent admettre qu'ils se sont égarés.

— Je me sentais un peu ballot, mais j'ai fini par sortir ma boussole. Elle se comportait bizarrement : elle tournait d'abord dans un sens, puis dans l'autre. Elle a indiqué le nord, mais ça me paraissait tellement improbable qu'il se situe par là que je me suis déplacé d'une quinzaine de mètres. Mesuré de là, le nord était carrément ailleurs. Diego, qui est en face de vous, avait, lui aussi, une boussole. Je te laisse la parole, *amigo* !

— L'instrument que je possède est loin d'égaler en précision celui de Ramon. C'est une fantaisie, plutôt. Incrustée dans le manche de mon couteau. Mais elle rend parfois service. Et là, ça n'a pas été le cas : elle s'est affolée, exactement comme celle de Ramon ! Et lorsque nous les avons placées côte à côte... Elles ont indiqué *deux* nord ! À 110 degrés l'un de l'autre !

Alvarez reprend :

— Cela nous a agacés, tout au plus. Nous avons connu pire, dans nos randonnées : des orages, des éboulements de terrain... Nous ne risquions rien, sur mes terres. Mais comme nous ne voulions pas nous laisser surprendre par la nuit, nous avons voulu escalader la hauteur, pour faire un tour d'horizon. Et là, troisième surprise !

Depuis le sommet dominant ce vallon, ils se rendent compte qu'ils sont tout près d'un lieu qu'ils identifient parfaitement : une petite forêt, dans laquelle ils ne vont jamais.

— Ce serait une perte de temps. De notoriété publique, cet endroit est un coin pourri pour chasse.

— Je sais que vous ne voulez pas d'interruption, señor, mais qu'entendez-vous par « de notoriété publique » ?

— Eh bien, j'emploie des paysans dont les familles vivent ici depuis des générations. Ils m'ont averti que le gibier, à poils comme à plumes, n'établit jamais son habitat dans ce secteur. C'est ainsi, et tout le monde le prend comme une évidence. Je m'y suis fait aussi. En revanche, lorsqu'il a fallu, dans une année particulièrement sèche, ouvrir des herbages supplémentaires au bétail, j'ai autorisé leur entrée sur la réserve... Mes *vaqueros* m'avaient signalé que les bovins, eux aussi, faisaient un détour, depuis assez loin. Pourtant, la forêt et sa colline sont plutôt humides... Jusque-là, je m'étais simplement dit que c'était un coin peu agréable, voilà tout...

Ils vont néanmoins passer le long de ce bois, car le pavillon de chasse se situe à quelques kilomètres au-delà, dans cette direction. C'est là que ça se détraque pour de bon. Et que les faits deviennent très difficiles à décrire. Le plus simple est d'écouter les témoignages croisés des trois chasseurs.

— Nous avons commencé à avoir chaud. Tous les trois. Nous l'avons remarqué parce que nous avons ouvert nos vestes, presque en même temps. Pourtant, nous n'avions pas couru, ni accéléré le pas et le soleil était en train de descendre.

— À un kilomètre et demi environ de la forêt, nous avons senti une secousse dans le sol.

— *Des* vibrations, plutôt. Mes amis ont prêté l'oreille. Antonio m'a demandé s'il pouvait s'agir d'un troupeau, ou d'un cavalier. Il connaissait d'avance la réponse : personne de l'*estancia* ne vient sur la réserve les jours où je chasse, pour ne pas perturber le gibier.

— Entre parenthèses : de gibier, nous n'en avions guère aperçu, depuis le début de notre balade !

— À la réflexion, ces vibrations ne ressemblaient pas au roulement que produisent des bœufs ou des chevaux.

— C'était cadencé. Un coup, un silence, un autre coup.

— Si cela n'avait pas été si fort, on aurait pu croire à un pas. Un pas lent et lourd. Mais personne n'a un pas assez lourd pour faire vibrer le sol tout en étant hors de portée du regard.

— Néanmoins, nous avons commencé à nous retourner, de temps à autre, puisque cela semblait venir dans notre dos.

— Nous nous moquions, bien sûr. Diego gonflait les épaules, pour mimer une sorte de colosse à la Frankenstein. Il posait ses bottes en cadence avec le martèlement qui nous accompagnait. Et puis les vibrations derrière nous ont cessé. Nous nous sommes crus tranquilles. Mais lorsque nous sommes arrivés à la lisière du bois, nous avons entendu des pas.

— Oui, c'était des pas ! Cette fois, il fallait bien admettre l'idée : pour des chasseurs, c'était net. Comme si un animal nous avait suivis un moment sur la plaine, puis avait contourné une partie de la colline pour revenir vers nous à travers bois.

— Un gros animal. Antonio, Diego et moi avons eu le même réflexe : un doigt sur les lèvres, puis armer nos fusils. Je vous l'ai dit : nous avions été plutôt déçus par l'absence quasi totale de gibier, depuis le matin. Là, c'était du lourd, du très lourd, même, à en juger par les craquements de branches.

— Qui plus est, sur une partie de la réserve où nous n'avions jamais rien abattu. Nous n'avons pas résisté à l'excitation de la traque : nous nous sommes déployés, et nous avons pénétré sous les arbres.

— L'obscurité est arrivée d'un coup. Je dis bien « obscurité ». Nous ne nous sommes pas retrouvés dans le noir total, mais dans une sorte de...

— Le terme le plus juste serait *absence de lumière*.

— L'instant d'avant, nous étions dans le soleil de fin d'après-midi, et d'une seconde à l'autre, nous voilà dans le gris fumée.

— C'était gris, mais ce n'était pas de la fumée. Pas non plus un nuage, ni de la brume : comme si l'air environnant était devenu d'un coup couleur anthracite.

— D'un coup. Sans aucune progressivité. Nous n'étions pas *entrés* dans cette obscurité : elle s'était comme « rassemblée » autour de nous. Impossible d'y voir à vingt pas.

— Et, dans le même temps, les fourrés craquaient devant, derrière, comme s'il n'y avait plus seulement un animal, mais plusieurs.

— Maintenant, il y avait des grognements, aussi.

— Des respirations et des grognements. Nous sommes assez habitués aux bêtes pour jauger de leur importance sans les voir : ce qui respirait et grognait dépassait assurément en volume les plus gros taureaux que nous côtoyons.

— Et croyez-moi : certains de ceux que j'élève sont des montagnes ! Nous n'avons pas eu besoin de nous consulter : il n'existe pas, à notre connaissance, de gibier d'une pareille taille sur mes terres.

— Et nous n'allions pas nous risquer à le vérifier, dans un moment où le soleil avait disparu en une seconde !

— Nous ne sommes pas des pleutres, mais, tant que nous pouvions nous voir les uns les autres, nous avons fait demi-tour.

— En sortant de ce bois, nous pensions retrouver la lumière « normale » : il était moins de 17 heures. Mais nous marchions à découvert depuis plusieurs minutes que nous étions encore dans ce gris anthracite. Nous apercevions bien le soleil couchant, mais il nous apparaissait estompé, comme à travers un voile.

— Estompé et décoloré. Il était orange avant notre passage dans la forêt, il aurait dû virer au rouge. Il était à peine discernable, et incolore.

— Comme tout ce qui nous entourait. Nous avons regardé nos mains, nos vêtements, l'herbe sous nos pieds : tout apparaissait éteint, et dans des nuances de gris ou de beige sale.

— Là encore, nous n'avons pas jugé utile de parler : nous savions que nous vivions les mêmes sensations, et que ce n'était pas le moment de les commenter.

— Il nous a semblé que cette « boule » d'obscurité se déplaçait avec nous. Nous avions beau accélérer, ralentir, accélérer à nouveau, tant que nous restions groupés, nous ne parvenions pas à nous extraire du phénomène. J'ai alors tenté une expérience : j'ai fait signe à mes compagnons de me laisser un peu d'avance. Je me suis éloigné d'eux, en avant, puis sur le côté. La sphère grise s'est déformée. Elle a produit un bras, une sorte de « tentacule » qui collait à moi. Plus je prenais de distance, plus ce bras s'étirait. Je restais dans ce gris. Je me suis senti encore plus mal à l'aise : j'ai attendu mes amis et nous avons continué ensemble.

— La lumière « extérieure » nous parvenait, diffusée, monochrome, mais suffisante pour nous permettre de voir le reste du paysage. C'est ce qui nous a permis de repérer et d'atteindre la cabane.

— À l'instant où nous avons dépassé la Range Rover, qui stationnait un peu plus bas, sur le chemin, la grisaille n'a plus été là. Cette fois, nous avons vu comment : elle est *allée dans le sol*. Elle n'a pas été aspirée : elle y est *entrée* ! Aussi soudainement que nous avions été dans « l'absence de lumière », nous avons été en éclairage normal. C'est-à-dire avec les dernières lueurs du couchant, puisque, de cette hauteur, nous avions un horizon dégagé.

— La réaction a été immédiate : nous avons éclaté de rire. Ça faisait un bien ! Nous avons laissé se déverser en vrac tout ce qui nous était resté en travers de la gorge : les questions, les suppositions… Les plaisanteries, surtout : quelle belle bande de poules mouillées nous étions ! Une banale perturbation atmosphérique, un début d'orage local qui avorte avant le premier coup de tonnerre, et nous voilà en train de nous défiler comme des collégiennes !

— Ne pas se conduire comme *un hombre* ? Impensable pour notre orgueil de machos ! Je crois bien que c'est moi qui ai regardé ostensiblement ma montre et qui ai lancé : « Holà, Ramon… C'est l'heure du dîner ! J'ai les crocs ! On attend quoi, pour le festin ? ».

— Exact, Antonio : c'est toi ! Et, une fanfaronnade en entraînant une autre, au lieu de plier bagages, moi, j'ai relevé le défi ! J'ai sorti la pièce de bœuf, je l'ai posée sur un gril et saupoudrée de condiments, pendant que Diego préparait le barbecue !

— J'essayais, plus exactement ! Parce que j'ai eu beau le charger copieusement en allume-feu, rien à faire ! Les allumettes s'éteignaient. J'ai pensé qu'elles étaient humides. J'en ai demandé une autre boîte. Même chose. Je ne sais plus lequel de ces messieurs m'a traité de « manchot » ?

— J'ai dit : « Ma parole, t'es manchot ! » Le manchot est un animal sympathique, non ?

— C'est le stress accumulé, qui reprenait le dessus : nous nous sommes mis à nous chamailler !

— À nous disputer pour de bon, tu veux dire ! Comme des gamins énervés ! Nous qui comptions jouer les boy-scouts…

— Mais nous avons cessé instantanément lorsque les… les Autres sont arrivés.

— Presque en même temps que le nuage gris revenait. C'était des silhouettes… Hautes…

— Trois à quatre mètres, je dirais.

— Ah non : moins, il me semble ?

— J'ai l'impression qu'elles changeaient. Qu'elles changeaient de taille. Mais c'est vrai : par instants, elles dépassaient la hauteur du toit.

— On ne voyait pas si elles avaient des pieds.

— On avait tendance à regarder vers le haut… J'allais dire « vers la tête ». Mais est-ce que c'était des têtes ? Comme on les voyait en noir sur le fond sombre…

— Pour les pieds, c'est vrai que je ne saurais pas me prononcer, mais on ressentait les « boum-boum » dans la terre, comme vers la forêt.

— En tout cas, les souffles et les grognements ne venaient pas d'un quelconque gibier, ni d'un taureau égaré, c'est certain ! C'était bien ces… ces « présences » !

— Oui, on ne peut les appeler qu'ainsi : elles dansaient tout autour du sommet de notre colline.

— Danser, tu parles ! Ça grondait, c'était en colère !

— Je ne peux pas prétendre le contraire. Ça n'avait pas l'air amical. Ça donnait l'envie de décamper, très vite, très loin !

— Surtout quand nous avons senti l'odeur de… Dis-le-toi, Ramon… Parce que, rien que de prononcer ce mot-là, je vais faire rire notre ami journaliste !

— D'accord. Je sais que le mot a des résonances un peu taboues, mais il faut bien que quelqu'un ose en parler, puisque c'est la vérité : il y a eu cette odeur de soufre. Maintenant que je l'ai dit, je le répète, calmement et en toute conscience : ça s'est mis à sentir le *soufre*. Brutalement. Tout près de nous. Et Diego s'est mis à crier, en pointant du doigt quelque chose, sur ma gauche. Raconte, Diego.

— C'est vrai que j'ai dû crier. Parce que c'était affolant… La viande… La pièce de bœuf… Elle était en train de grésiller ! Elle changeait de forme !

— Nous l'avons vue tous les trois : le morceau de bœuf s'était mis à changer de forme, à se rabougrir. Il était d'un bleu, d'un bleu malsain.

— Bleu, tu es sûr ?

— Je crois bien que je l'ai vu tourner au bleu.

— Ce qui est certain, c'est que l'odeur de soufre venait de là.

— La viande se couvrait de bulles, qui éclataient. Elle avait l'air de… pourrir, ou de brûler ?

— Or, brûler, c'était impossible : elle était bien sur le gril, mais le gril n'était pas sur le barbecue !

— Pour la bonne raison que le barbecue n'était pas allumé !

Le journaliste parvient à garder un sérieux… relatif.

— Êtes-vous certain, señor, que cette viande était tout à fait… tout à fait fraîche à l'origine ?

Puis il regrette aussitôt sa question : Ramon Alvarez, milliardaire de l'élevage, choisirait-il, pour lui-même et pour ses invités, une pièce de viande douteuse ? De plus, n'a-t-il pas mentionné qu'elle était conservée dans une glacière ? L'éleveur le fusille d'un regard qui en dit long, et sans même répondre, il continue.

— Presque aussitôt, il y a eu le sifflement. Une note aiguë, tellement aiguë, qu'elle nous a fait mal dans la tête et que, nous avons mis les mains sur nos oreilles pour ne plus l'entendre. Mais, nous l'entendions quand même.

— Ah oui, nous l'entendions ! approuvent les deux invités.

— Ensuite, dit Alvarez, les lumières du pavillon se sont éteintes. Éteintes d'un seul coup. J'avais une torche électrique, mais elle n'a pas fonctionné.

— Nous n'avons plus essayé de crâner, monsieur : nous avons dévalé le bout de chemin et nous avons sauté dans la Range Rover.

— Là, ça s'est passé comme dans les films d'épouvante de série B, vous savez : quand l'héroïne, poursuivie par le psychopathe, tourne en vain la clef de contact. « Démarre, mais démarre, bon sang ! » Rien au tableau de bord, rien dans le contacteur !

— Mais les formes noires nous avaient suivis. Elles entouraient la voiture, de si près qu'elles occultaient les vitres.

— Et nous avons été secoués, comme un jeu de dés dans un gobelet. J'en ai encore des ecchymoses sur les bras : regardez !

— Le châssis et la carrosserie grinçaient.

— Nous avons été collés à nos sièges, comme si une main géante soulevait la voiture. Et une Range, ce n'est pas une cocotte en papier !

— Il y eut un choc, sur les amortisseurs et les pneus. En retombant sur le sol.

— Nous avons regardé dehors. C'était la nuit, mais *la vraie* nuit ! On y voyait nettement mieux.

— Assez bien pour constater que les lumières de la cabane étaient à nouveau éclairées.

— Et aussi… qu'elles étaient maintenant à 300 mètres de nous au moins !

— Lorsque nous avions grimpé dans la voiture, elle était garée à vingt pas du bâtiment.

— Et elle n'avait pas roulé.

— J'ai tourné la clef de contact. Le tableau de bord s'est allumé. J'ai demandé à mes amis, aussi calmement que possible : « Quelle heure marquent vos montres ? » Parce que la pendule de bord devait être détraquée.

— Elle ne l'était pas : nos montres donnaient la même heure.

— Elles indiquaient minuit cinq. Précisément.

— Alors que, quelques instants auparavant, lorsque Diego avait plaisanté sur le repas qui se faisait attendre, il était 19 heures 30.

— Il s'était passé un peu moins de cinq heures. En quelques instants.

— Voilà, monsieur. Nous sommes prêts tous les trois à répéter ce récit sous serment…

Le señor Alvarez s'est tu, et le silence s'établit dans le salon. Malgré la dignité de ces trois messieurs, malgré la pâleur de leur face lorsqu'ils se remémorent ces épisodes… Malgré les regards anxieux qu'ils lui jettent pour attendre ses réactions, le journaliste doit quand même avoir l'air assez peu convaincu. Cependant, il garde une réserve polie, car l'*estanciero* est un homme puissant, un ami du directeur du journal…

Quant à faire semblant d'avaler cette histoire comme du bon pain, son honnêteté professionnelle le lui interdit. D'ailleurs, son mensonge se verrait comme le nez au milieu de la figure. Devant cet embarras, c'est encore Alvarez qui prend l'initiative.

— Si vous avez la moindre requête…

— J'aimerais me rendre sur les lieux et y prendre quelques photos.

— Bien entendu. C'est prévu.

— Je souhaiterais y aller… comment dire ? Personnellement.

Alvarez esquisse un léger sourire.

— Votre patron n'a pas menti : vous êtes un professionnel. Il va de soi que nous ne vous accompagnerons pas, afin de ne pas vous influencer. Néanmoins, pour ma tranquillité, j'ai demandé à l'un de mes gardes-chasses de vous escorter. Il connaît parfaitement l'endroit, mais il n'était pas présent hier. Il n'est pas non plus au courant de… Et vous pourrez profiter du pavillon, si vous souhaitez y séjourner : l'homme emporte des provisions et restera à votre service.

Le journaliste se met en route sans attendre. Dans le courant de l'après-midi, il avertit par radio qu'il reviendra en fin de journée.

Ramon Alvarez l'attend, impatient.

— Vous avez vu quelque chose ? Des traces ? Une preuve ?

— Désolé, señor... Votre « cabane » est plutôt un joli pavillon, du point de vue de l'humble travailleur... Mais je n'ai pas jugé bon de m'y attarder, car, très franchement, je n'y ai rien relevé d'étrange, ni même de particulier... À part les lumières allumées, comme vous m'en aviez prévenu. Et aussi, sur la terrasse, un barbecue un peu bousculé... Le charbon de bois était intact... En revanche, pas la moindre trace de cette viande. Je suppose que des carnassiers sont passés et...

— Pas du tout.

Alvarez se lève comme un ressort, l'œil brillant.

— Vous avez un mouchoir ? Un foulard ?

— Un bandana contre la poussière. Pourquoi ?

— Venez avec moi. Vous comprendrez.

L'un suivant l'autre, ils montent à l'étage, traversent les appartements du maître de maison. Celui-ci pousse une porte, s'efface :

— Je vous en prie, entrez. C'est mon bureau. Pas celui destiné aux affaires. Mon bureau privé.

La pièce est de dimensions presque modestes, tapissée de tissus écossais, dans les vert bouteille, et meublée d'acajou. Du mobilier ancien, du temps de la marine à voile. Sur des tables et dans des vitrines, quelques maquettes de bateaux dignes d'un musée.

Ramon Alvarez s'arrête devant un tableau. Une somptueuse bataille navale, française, pour autant que le journaliste puisse en juger. Il demande :

— Joseph Vernet ?

— Vous avez l'œil, mais c'est seulement de Kapeller, son élève…

Un petit lien vient de s'établir entre les deux hommes. Un lien de plus, qui expliquera en partie la suite qu'ils vont donner ensemble à cette interview.

Alvarez pousse la toile sur le côté. Elle coulisse sur deux rails, au mur, et démasque une plaque d'acier ronde, de la taille d'un hublot. Un coffre-fort.

— Ceci est encore plus confidentiel que mon récit. Vous avez vu le barbecue renversé, devant le pavillon ?

— Oui.

— Le charbon n'avait pas brûlé ?

— Intact. Aucune cendre récente.

— Je vous ai dit que la viande s'est pourtant mise à grésiller, à se racornir, et que, pris de panique, nous avions sauté dans la Range Rover ?

— Oui. Ce n'était pas vrai ?

— Si. À un détail près. Vous allez voir.

Le maître de maison compose la combinaison du coffre, fait jouer la serrure mais, avant d'ouvrir, il plaque un mouchoir contre son nez.

— Votre bandana, ce serait le moment ! Je vous avertis : c'est une puanteur !

Puis il prend une large inspiration, tire la porte blindée, et se recule vivement.

— Prenez !

Alvarez reste interloqué : le journaliste a ôté le foulard de son visage et semble humer l'air ambiant, sans aucun malaise. L'éleveur se décide à risquer une narine : le coffre a effectivement expulsé, à l'ouverture, une bonne bouffée d'œuf pourri. Désagréable, mais fort supportable. Loin de la pestilence annoncée. D'ailleurs, elle se dissipe déjà en bonne partie. Maintenant, se dégage plutôt une odeur minérale, comme lorsque l'on vient de polir ou de décrasser du métal dans un atelier. Alvarez répète :

— Prenez, prenez…

Le journaliste plonge la main dans le coffre. Il en retire un sac de papier.

— Au moment de notre… appelons cela par son nom : au moment de notre fuite du pavillon, seuls mes amis ont couru directement vers la Range Rover. Pour ma part, je ne sais pas ce qui m'a pris, mais j'ai fait un détour de quelques pas, j'ai piqué mon couteau dans la viande, je l'ai jetée dans un sac. C'est en faisant cela que j'ai renversé le gril. Et c'est seulement après, que j'ai rejoint la voiture. J'ai peut-être fait une sottise, mais j'ai rapporté… ça.

« Ça », c'est une boule de quelque chose de dur, grosse comme les deux poings, que le journaliste fait rouler sur le bureau. C'est d'un bleu malsain. Ça sent encore assez fort. Et ça ressemble plutôt à une sorte de pierre fondue, avec des milliers de bulles éclatées à la surface. Alvarez se penche :

— Je n'en reviens pas : hier soir, je n'ai pas vraiment eu le cœur de regarder à nouveau, mais, dans le sac, la consistance était bien celle d'une viande. Très ferme, mais encore élastique. J'y avais planté mon couteau sans mal ! Et là… On croirait qu'elle a pris cent ans en une nuit !

Le journaliste retrouve l'intonation du doute :

— Et d'ailleurs, on ne dirait plus du tout de la viande… De la pierre ? De la pierre bleutée, très dense ?

— Écoutez… Je ne sais pas pour quelle raison exacte, mais mon instinct me dicte que vous êtes quelqu'un d'honnête. Prenez ceci et… Faites-en ce que bon vous semble.

— Votre confiance m'honore, señor Alvarez. Je crois pouvoir en être digne.

— À ce propos… Dans votre journal… S'il vous était possible d'éviter de mentionner le nom de mes amis et le mien ? Avec la notoriété qui est la vôtre et la confiance dont votre lectorat vous crédite… Vous pourriez juste dire que vous tenez l'information de source sûre ?

— J'avais envisagé cette éventualité… Je crains malheureusement, vu la nature très particulière de vos témoignages, que ma seule parole de journaliste ne suffise pas ! Si on me demande impérativement de citer mes sources, je serai contraint de vous nommer... Ou alors, nous renonçons à cet article ?

Ramon Alvarez tend la main au journaliste.

— J'avais aussi envisagé cette éventualité. Faites votre travail : le monde doit savoir.

Son travail, le journaliste le fit. Mais la civilisation n'en fut pas bouleversée pour autant : l'article parut quelques semaines plus tard, et passa plus ou moins inaperçu, dans une Argentine qui sortait de l'euphorie artificielle de la Coupe du monde de football, pour retourner aux angoisses et aux violences policières de la dictature.

C'est presque la fin de cette histoire. Presque : vous souvenez-vous qu'en la commençant, nous vous avions dit que ce serait à vous d'en tirer l'interprétation ? C'est le moment.

Alors, si vous avez un penchant pour les petits hommes verts et les envahisseurs extraterrestres, vous trouverez bien vite que cette région argentine, au sein de la province de Buenos Aires, le *partido* de Coronel Dorrego, la région de Necochea, Mar Del Plata, ont été le théâtre de phénomènes assimilés à des présences d'OVNI, à une vingtaine d'occasions dans les quelques jours autour de cette fin août 1978.

Les témoignages en ont été donnés *au même moment* que celui des trois chasseurs, ce qui rend peu probable qu'ils aient pu en avoir connaissance et s'en inspirer dans leur récit.

Cependant, ne mettez pas à profit cette coïncidence pour étayer vos propres convictions sur l'existence des extraterrestres : la contrée entre l'Argentine et le Chili est *en permanence* le lieu de ce genre de visions collectives ! Une sorte de tradition locale, en quelque sorte ?

Le señor Alvarez, lui, a plutôt opté pour une autre explication. Le journaliste d'*Ecos Diarios*, en vrai professionnel, a affiné ses recherches. Il a écumé les bibliothèques de Buenos

Aires et y a découvert l'œuvre d'un certain Emmanuel Swedberg, dit Swedenborg.

Né en 1688 à Stockholm, décédé à Londres en 1772, ce brillant esprit fut philosophe, économiste, physicien, théologien. Il inventa, par exemple, le système monétaire décimal, dont le principe est également applicable à... la cristallographie. (Ne nous demandez surtout pas comment !) Il fut respecté et jalousé en son temps, et plus tard admiré de Balzac, Valéry, Baudelaire. L'universalité de son génie lui valut le surnom de « Léonard de Vinci du Nord ». Autrement dit : c'était tout, sauf un simplet.

Or, ce grand bonhomme mit une part de sa science et une aussi de sa spiritualité à déterminer, à l'unité près, le nombre de démons qui pénètrent dans notre monde en une année. Il décrit précisément ces entités, ainsi que l'endroit par lequel ils entrent.

Bien que ce lieu soit situé dans l'extrême nord de l'Europe, et que les descriptions de Swedenborg datent du XVIIIe siècle, certains passages de ces écrits présentent de nombreuses similitudes avec les témoignages des trois chasseurs argentins. Notamment les bruits, les pestilences de soufre et l'obscurité qui accompagnent l'intrusion dans notre univers de ces entités. Des similitudes suffisantes, en tout cas, pour que Ramon Alvarez en soit troublé, et demande à la science du XXe siècle des éclaircissements plus solides.

Le journaliste a pu convaincre un éminent chercheur (nommé d'ailleurs Alvarez, lui aussi), responsable d'un laboratoire universitaire, de participer à l'enquête dans des conditions singulières. Il lui a présenté une curieuse masse noirâtre, et lui a demandé de la soumettre à des tests sans en connaître auparavant ni l'origine ni les circonstances dans lesquelles elle avait été recueillie. Il s'agissait, vous l'aurez compris, de ce que l'*estanciero* avait conservé dans son coffre et qu'il prétendait être de la viande retirée d'un brasero... éteint. Les résultats émanant du laboratoire valent leur pesant d'impossible.

— Nous avons déterminé la constitution de cette matière. Comme son état est très inhabituel, nous avons vérifié nos hypothèses en cherchant des analogies, dans les banques de données de divers instituts autour du globe.

Finalement, nous avons trouvé un équivalent, en Europe. La comparaison corrobore nos analyses : sans aucun doute possible, il s'agit de tissu animal *fossilisé*.

Flottement dans l'assistance. Puis Ramon Alvarez se décide :

— Sans vouloir vous froisser, professeur… Il doit y avoir une confusion, au moins de vocabulaire ?

Réponse mi-figue, mi-raisin :

— J'ai soigneusement pesé mes conclusions, señor.

— Vous êtes certain du terme « fossilisé » ? Parce qu'en fait, le spécimen que vous avez examiné provient effectivement d'un animal. Mais il est récent. Quelques mois, tout au plus.

Le scientifique se gratte l'oreille, toussote, tapote de l'ongle les diagrammes du dossier.

— Alors, messieurs, nous nous trouvons devant un léger… un très léger problème.

Le professeur Alvarez martèle, avec un air mi-figue, mi-raisin :

— Car les tissus de référence, semblables à votre morceau de viande durcie, ont été récoltés par des archéologues. En Italie. Sur le site de Pompéi. Seulement ces échantillons, eux… avaient séjourné pendant deux millénaires sous les laves du Vésuve.

Rien ne prouve qu'il s'agit de l'œuvre d'un diable.

Mais à coup sûr, c'est vraiment une vieille, une *très vieille* carne !

22

Libertalia
L'épopée d'une chimère

Qu'y a-t-il de plus impossible, par définition, qu'une utopie ? Quoi de plus irréalisable que de créer le monde idéal, celui où règnera, pour de vrai, l'égalité sans mensonges, sans privilèges, sans faux-semblants ?

Comment pourrait-il surgir, ce monde où nul ne sera plus tenu, ni sous peine de mort, ni sous risque de ridicule, de lécher les bottes d'un individu dont le seul mérite est de posséder un titre, un diplôme, un sabre, une mitre, un blason ou un compte en banque ?...

Or, des hommes, pas plus fous que la moyenne, ont essayé. Et c'est un spectacle grandiose que de les voir à l'œuvre.

De plus, nous pensons que dans un ouvrage comme celui-ci, vous aimerez trouver un épisode historique. En voici un, qui ravira les amateurs de films en 3D. Une superproduction en costume, qui vous fera plonger avec délices dans un temps où ce qui existe et ce qui n'existe pas n'était pas encore décidé à votre place par Internet.

Voici donc le récit d'une utopie. Quelque chose comme l'Atlantide, ou l'Eldorado, pour de vrai sur un coin de cette terre. Ce qu'il y aurait de plus impossible. Et pourtant...

Cette histoire est tellement inouïe, tellement fertile en coïncidences fantastiques, en coups de théâtre éclatants, que l'on a de la peine à croire aux hasards de la vie.

Les personnages que nous allons rencontrer sont si hauts en couleur, si différents les uns des autres et, par ailleurs si complémentaires, que rien n'aurait dû les réunir. Rien, sinon la plume d'un scénariste pour les besoins de son film.

Pourtant, bien avant les expériences des communautés socialistes du XIXe siècle, voici que des hommes vont tenter de réaliser l'un des plus vieux rêve de l'humanité. Une société idéale. Littéralement : une utopie.

Prêt pour le casting ? Nous allons voir entrer en scène un officier de la Marine royale de France, noble et désespéré. Un prêtre dominicain italien, exalté et passionné. Un gentilhomme des Amériques, devenu le plus riche pirate de son temps. Le pire paillard, aussi ! Vous rencontrerez également un ancien malfrat repenti, à l'esprit fruste, mais droit.

Derrière eux, se profile la silhouette gracieuse d'une jeune femme, belle, hautaine, aimée par tous, mais qui va se montrer inflexible.

Ces figures, que l'on peut croire sorties d'un recueil de gravures, vont, en 1690, fonder la cité du bonheur, la nation où tous les hommes seront égaux.

Cette chimère s'appellera *Libertalia*.

L'an 1690, à Rome. La ville prépare la liesse pascale et chacun, au cœur de la cité sainte, s'apprête à célébrer dans la joie cette fête du renouveau.

Un homme, pourtant, marche au long des rues avec un visage grave et désabusé. Sa mise annonce une certaine aisance matérielle, il est robuste et sa figure agréablement tournée. Mais il est triste, et sa tristesse lui paraît sans remède. Qu'est-ce qui peut donc rendre aussi morose un être qui semble avoir tout pour lui ?

Voici l'ombre accueillante d'un porche d'église. L'homme y entre, et, en cueillant l'eau fraîche du bénitier, il vérifie d'un regard s'il est bien seul. Il n'aperçoit que les silhouettes de deux vieilles, la tête voilée de dentelle, vers l'autel de saint Antoine. L'homme effectue une génuflexion puis, discret, passe derrière une colonne et s'abîme dans une intense prière : puisse Dieu faire en sorte que sa vie redevienne possible, utile. Veuille le ciel l'aider à sortir de cet ennui sans fin, de ce coupable accablement, où il a eu la faiblesse de se laisser engluer.

Soudain, il sent qu'une main se pose sur son épaule. Il relève la tête et croise dans la pénombre un regard intense. Un regard à la flamme pénétrante.

— Avez-vous besoin de réconfort, mon fils ?

C'est un religieux qui se tient là. Un sourire grave adoucit sa face pâle de prophète passionné.

Dans une vie, il y a des moments privilégiés. Celui-là en est un : dans cette seconde, les deux hommes se sont trouvés. Ils ne se quitteront plus jusqu'à la mort.

La conversation qui les réunit va durer très avant dans la nuit. Avant même d'avoir quitté le lieu de prière, ils se sont présentés.

Le premier est le chevalier Misson. C'est en tout cas le nom qu'il utilise. Son patronyme véritable, il a choisi de le taire : il est le dernier-né d'une vieille famille de la noblesse provençale. Le nom de cette famille, il ne veut plus jamais le porter. Il a rompu tout lien avec les siens et il est devenu navigateur.

Sa frégate fait relâche à Naples et s'il a fait le trajet jusqu'à Rome, c'est pour tenter d'oublier dans la prière le chagrin qui a détruit en lui toute bribe de courage. Un chagrin d'amour. Il voulait épouser une adorable jeune fille, Béatrix de Sainte-Marthe. Mais son père s'y est opposé. Quant à la famille de Béatrix, elle l'a donnée en mariage, d'autorité, à un vieillard fort riche, gouverneur de la Martinique et des îles Caraïbes. Depuis, Misson ne croit plus à rien.

Pourtant, face à lui, voici celui qui va lui redonner le souffle, l'envie de vivre. C'est le père Caraccioli. Étrange, ce dominicain… Passionné, visionnaire, il est considéré comme dangereux par les tenants de l'église traditionnelle.

C'est que le père Caraccioli voue publiquement aux gémonies les prélats qui se pourrissent dans le luxe, alors que les hommes, leurs semblables, souffrent et ont faim. L'inégalité, considérée encore en cette époque comme naturelle, même par les pauvres... pour Caraccioli c'est bafouer l'ordre divin et, à trente-cinq ans, il brûle de faire voler en éclats cette société. Le dominicain scande en agitant ses longues mains blanches :

— Le Christ, chevalier Misson, c'est nous qui l'avons crucifié ! Nous le crucifions jour après jour, et nous le ferons souffrir sur sa croix encore et encore, tant que les hommes se déchireront ! Tant qu'il y aura des riches pour dominer et des pauvres pour se laisser dominer ! L'argent, chevalier, voilà le mal ! L'argent et la terre que l'on veut posséder... Le sang qu'il faut verser pour prendre aux autres, puis la force que l'on se sent légitime d'employer, pour défendre ce que l'on a dérobé !... Oui, Misson : le mal, le voilà ! Voilà le malheur du monde !

Le jeune chevalier est fasciné par ce moine, qu'une sorte de feu sacré semble habiter.

— Ah ! Mon père, mon père, quand je vous entends parler ainsi, je revis ! Je vois le monde que vous décrivez, dans toute sa cruelle injustice. Mais j'en vois aussi un autre se dessiner, si différent ! Un monde où chacun pourrait respecter l'autre comme lui-même, ainsi qu'il nous est annoncé dans les Évangiles ! Un monde où l'on pourrait faire fi de l'allégeance à ces préjugés immondes : le droit d'une classe sociale sur une autre, les préséances et les châtiments encourus si on ne les respecte pas ! Serait-ce possible, mon père, un monde où les êtres humains n'auraient plus seulement la valeur du bien qu'ils possèdent ?

— Je le voudrais, chevalier ! Je le voudrais tant !

— Dans un tel monde, mon père, je n'aurais pas perdu ma chère Béatrix ! Nul ne m'aurait enlevé ma bien-aimée pour la vendre à ce vieillard lubrique, à cause de la fortune qu'il possède ! Mais un tel monde, mon père, ne peut-il être qu'un rêve ? Ne peut-il pas exister ici-bas ?

— Hélas, chevalier ! Regardez autour de nous ! Regardez ma ville, Rome, qui se prétend la cité de Dieu ! Voyez ces gens en loques, qui meurent de faim et que l'on refoule aux portes des remparts ! Voyez ces dignitaires de ma propre église, qui me montrent du doigt et, s'ils le pouvaient, me feraient excommunier, parce que j'ose ouvrir les yeux, parce que je refuse de vivre comme eux, confit dans le luxe et la graisse ! Je refuse de gâcher ma vie, avec pour seule préoccupation d'amasser toujours plus d'or et de terres ! Et c'est bien pour cela que j'enrage, chevalier : notre vieille Europe est pourrie et nos forces ne suffiraient pas à remuer ce cloaque ! Il ne poussera rien de bon sur une pareille fange !

— L'Europe, mon père ? Certes ! C'est bien elle, avec ses traditions inébranlables, qui a causé mon malheur et votre désespoir ! Mais il n'y a pas que l'Europe ! Avez-vous déjà voyagé, père Caraccioli ?

— Fort peu, je dois en convenir !

— Eh bien moi, j'ai vu, de mes yeux, d'autres terres ! Des territoires immenses, où poussent des forêts denses et drues, comme dans le jardin de l'Éden ! J'ai vu ce soleil, sous lequel les hommes vivent nus comme notre père Adam avant le péché ! Des espaces libres, qui n'appartiennent à aucun roi, où l'Église pompeuse et dorée que vous rejetez n'a pas encore laissé son empreinte, puisque les sauvages n'ont même jamais entendu parler de Dieu ! Il est là, notre pays, vierge et pur de toute inégalité ! Il nous appartient de faire en sorte que cette société, juste et libre, à laquelle nous aspirons, surgisse demain ! Il faut partir !

— Partir ? Mais ce simple désir n'est-il pas un rêve à lui seul, chevalier ? Comment ferons-nous exister notre cité ? Vous n'avez plus de fortune, je ne suis guère plus riche que vous... Et nous ne sommes que deux qui croyons à ce bonheur possible !

— Oui, père ! Mais nous sommes *déjà* deux ! Songez que ce matin, je me croyais seul et si je n'avais eu foi dans le baptême, j'eusse demandé à mourir ! Et voici que ce soir, nous sommes réunis, par la grâce du Seigneur ! Je rougis d'oser vous dire cela, à vous, le prêtre... Mais si nous nous laissons porter par notre confiance en Lui, et s'Il soutient notre projet, le Seigneur saura mettre sur notre route d'autres compagnons. Ils sont l'essentiel. Quant aux moyens, nous les trouverons !

— Voilà qui est d'un noble cœur, chevalier ! Et c'est bien un comble, vraiment, que vous deviez me rappeler l'aide du Seigneur ! C'est dit, nous partons ! Mais comment ? Et à quoi vais-je vous servir ? Je ne sais rien faire que lire et prier !

— Détrompez-vous, mon père ! Ne possédez-vous pas quelques notions de médecine ?

— Si fait ! Mais juste ce qu'il faut pour soigner un peu les pauvres et soulager les souffrances des mourants.

— Parfait : le chirurgien de la frégate *La Victoire*, sur laquelle je sers, est tombé malade. Je me fais fort de convaincre le capitaine de vous embarquer à sa place !

Aussitôt dit, aussitôt fait : les deux hommes sortent en cachette de Rome la nuit même, et, le lendemain, la frégate *La Victoire* cingle vers La Rochelle, en France, avec à bord le nouveau chirurgien.

Courageusement, le père Caraccioli apprend le métier de marin, grimpe dans les vergues, hisse les voiles, veille lorsque vient son tour de quart. On le voit même, sur le pont, s'initier au maniement du sabre et de la hache d'abordage, sous la conduite du chevalier.

Changement de séquence. Nous voici à La Rochelle. C'est là que se produisent coup sur coup deux événements, que l'on croirait arrangés à l'avance.

D'abord, la frégate reçoit, du ministère de la Marine, sa nouvelle affectation : elle doit rejoindre les Antilles. La Martinique !

Et puis voici que le chevalier Misson se voit remettre une lettre, par estafette spéciale. La missive est signée du frère cadet de sa bien-aimée. Il écrit :

« Mon ami,

Mon beau-frère, le gouverneur de la Martinique, vient de mourir. Ma sœur Béatrix se trouve donc veuve… »

Béatrix veuve ! Béatrix libre ! Misson est fou de joie. De plus, il est affecté aux Antilles ! Son devoir et sa passion se conjuguent : tout le mène vers sa belle !

Le voyage commence, dans l'impatience la plus fébrile. Lorsque la manœuvre ou le vent laissent un peu de répit aux marins, le père Caraccioli les réunit et leur parle de ses idées.

Le premier à être convaincu, c'est le maître d'équipage. Il se nomme Férolles et c'est un vrai personnage. Ancien pirate des Frères de la côte, il a tué, pillé, torturé. Mais depuis que le chevalier Misson lui a permis sa rédemption, en lui procurant une place honorable dans la Marine royale, il s'est pris d'une véritable dévotion pour le jeune noble. Il ne songe plus qu'à le protéger et le suit partout.

Puisque le chevalier écoute le prêtre, Férolles l'écoute aussi. Si Misson approuve, Férolles hoche la tête. Évidemment, les exhortations du prêtre, il les comprend à sa manière, selon sa morale à lui. L'égalité, dit Caraccioli ? Ouais, d'accord : quand on fait une prise, on partage le butin à égalité. D'accord. La liberté ? Sûr : faut pas chercher à me l'enlever ! Si quelqu'un essaie de me faire prisonnier, je lui fais tâter de mon sabre !

Lorsque Caraccioli commence à esquisser l'idée de la cité idéale, Férolles est donc partant.

Et si un matelot s'avise d'élever une objection, il la lui fait rentrer dans la gorge, avec en prime quelques dents, d'un direct bien appliqué.

Misson et Caraccioli ont donc trouvé un vigoureux compagnon de plus. Mais leur aventure vers l'impossible va prendre soudain un tournant décisif.

Voici qu'un cri retentit à la vigie :

— Bâtiment à tribord !

On se précipite au bastingage : le bateau annoncé apparaît. C'est un gros navire, et même un très gros. Ami ou ennemi ? Qu'il montre son pavillon, bon sang ! Le voilà !

— C'est un Anglais !

L'ennemi ! Un rugissement de plaisir et d'excitation court dans l'équipage : il nous le faut !

Et c'est là qu'intervient un scénariste de génie : le destin.

Le vaisseau ennemi approche : c'est bien un Anglais, imposant. Il est puissamment armé et il vire pour présenter son flanc où pointent deux rangées de canons.

À bord de *La Victoire*, le chevalier Misson, le père Caraccioli et le maître d'équipage Férolles, comme leurs compagnons, se préparent à un dur combat. Pourtant, ils n'ont pas peur. La frégate française est certes moins bien équipée, mais elle est plus légère, elle manœuvre mieux.

Maintenant, on déchiffre bien le nom de l'Anglais, en lettres d'or à la proue : *Winchelsea*. Eh bien, *Winchelsea*, montre tes beaux canons tant que tu veux, on ne tient pas à goûter leur feu ! Avant d'être à portée de tir, *La Victoire* opère un changement rapide, bord sur bord. Elle parvient à prendre l'adversaire par l'arrière. Ce sera le corps à corps à l'arme blanche. L'engagement est terrible, sauvage, sans quartier.

Pendant que l'on s'entre-tue sur le pont, le père Caraccioli a rejoint son poste de chirurgien, en bas. Un jeune mousse lui tient une lanterne, en détournant la tête pour ne pas voir les blessés, que l'on apporte au fur et à mesure qu'ils se font hacher menu, et qui défilent sur la table.

Le dominicain opère à tour de bras. Il scie, tranche, cautérise au fer rouge au milieu des hurlements de douleur. S'il s'interrompt, c'est pour donner l'extrême-onction aux malheureux qui trépassent entre ses mains.

Enfin, le *Winchelsea* amène ses couleurs : les Anglais capitulent. L'équipage français est trop épuisé, trop exsangue, pour pousser un cri de triomphe.

C'est le moment de faire le point sur l'état des forces : parmi les premières victimes de l'affrontement, il faut compter les capitaines des deux bâtiments et le second de la frégate française.

Le chevalier Misson est donc le seul officier survivant du côté des vainqueurs. C'est à lui que le lieutenant Ravensdale vient remettre l'épée de son capitaine décédé, avec ses compliments. Et il se met aux ordres.

Le *Winchelsea* a trop souffert pour être pris en remorque. Misson fait transborder la cargaison à bord de *La Victoire*, ainsi que ce qui reste de l'équipage anglais : pas même un tiers de l'effectif.

Puis on place des barils de poudre dans la soute, on y boute le feu. Coupé en deux par l'explosion, le *Winchelsea* sombre aussitôt.

Pendant ce temps, Misson est descendu auprès du père Caraccioli, pour encourager les blessés. Le maître d'équipage Férolles vient au rapport.

— Tout a été exécuté selon vos consignes, monsieur. J'ai pris sur moi de faire donner une cabine à la dame.

— Une dame ? As-tu la berlue, Férolles ?

— Je puis vous assurer que non, monsieur ! Il y avait bien une dame avec les Anglais. C'est peut-être bien la femme de leur capitaine. Quoique, ma foi, elle ne pleure pas trop son défunt mari…

Le chevalier se fait conduire auprès de la dame en question, et, en ouvrant la porte de la cabine, il se trouve (vous ne l'auriez pas deviné !) face à Béatrix, sa bien-aimée.

Effusion, pleurs, embrassades… Puis la jeune femme raconte comment ce hasard insensé a pu se produire. Si un scénariste hollywoodien osait inventer une suite d'événements aussi insensés, on le prierait d'aller se… moucher avec son manuscrit !

À la mort de son époux, le vieux gouverneur de la Martinique, Béatrix a aussitôt voulu regagner la France, pour retrouver Misson, celui qu'elle aimait toujours d'amour tendre et que des familles sans cœur avaient arraché de ses bras. Elle s'embarque sur le premier brick en partance. Un bâtiment français, évidemment. Il est intercepté et arraisonné par un corsaire anglais, qui le prend en remorque jusqu'à la Jamaïque, territoire acquis à la Couronne anglaise.

Là, Béatrix se fait conduire chez le gouverneur. Veuve d'un autre gouverneur, elle exige et obtient, eu égard à son rang, la permission de monter comme passagère sur le *Winchelsea*, qui appareille pour Londres. On connaît la suite, et la fin du *Winchelsea*.

Les deux amoureux en sont à se tenir les mains et à louer le ciel d'autant de bonheur, lorsque quelqu'un vient interrompre ces douces retrouvailles. C'est le père Caraccioli. Certes, il partage et respecte les battements de cœur de Misson, mais il place le jeune chevalier devant ses responsabilités : comme ils en avaient fait la prière dès leur première rencontre à Rome, la chance est avec eux. Il faut la saisir.

En effet, ne vient-on pas de leur accorder, d'un coup, tout ce dont ils n'auraient pas osé rêver ? Misson se retrouve seul maître à bord après Dieu d'un vaisseau rapide, aux cales richement chargées grâce à leur belle prise. Le jeune chevalier a retrouvé la dame de ses pensées, il dispose de troupes enthousiastes. Ce n'est plus la peine d'aller jusqu'à la Martinique.

— Nous voici autonomes, si nous le voulons ! Rien ne nous oblige plus à suivre les règles d'un lointain royaume d'Europe, auquel justement nous voulions échapper ! Il nous suffit d'un tour de gouvernail pour aller vers un pays neuf, où nous pourrons bâtir notre cité idéale !

Misson hésite un instant, puis, pressé par la conviction du prêtre, il fait réunir tous les hommes sur le pont, Français et Anglais, sans ségrégation.

— Mes amis, nous voici tous ensemble, égaux, comme je voudrais nous voir désormais. Il n'y a plus de vaincus, plus de vainqueurs, plus de prisonniers, plus de gardiens ! Juste des humains, à qui je dis ceci : le despotisme qui règne dans notre vieille civilisation engendre tous nos malheurs ! La propriété entraîne la pauvreté ! L'autorité engendre l'esclavage ! Les frontières appellent les guerres ! Aujourd'hui, mes amis, nous pouvons rejeter tout cela ! Nous pouvons créer la République des hommes libres ! Nous *sommes* ces hommes libérés de nos vieilles nations ! Nous serons les *Liberi* et notre cité se nommera *Libertalia* !

À *Libertalia* régnera l'égalité pour tous. Tout homme, je dis bien « tout homme », d'où qu'il vienne, pourra se joindre à nous, pourvu qu'il soit de bonne volonté ! Voilà ce que je vous propose, mes amis, et que ceux qui veulent faire vivre cette cité nouvelle se joignent maintenant librement à moi !

Une volée d'exclamations retentit pour saluer ce discours vibrant. Le brave Férolles crie plus fort que tous. Puis il fait un pas hors du groupe, se plante au côté de Misson, fait face à ses camarades et ajoute, dans son langage direct :

— Et ceux qui préfèrent retourner esclaves, ils sont libres aussi ! On n'en veut pas avec nous ! Si y en a qui se reconnaissent dans ce que je viens de dire, qu'ils se dépêchent de trouver une carte de cette portion d'océan ! On va les mettre dans la grande chaloupe. Et en plus, on leur laissera des provisions et de l'eau potable ! On n'est pas des sauvages, nous autres !

Seuls quelques Anglais préfèrent cette solution. Le lieutenant Ravensdale en fait partie. Il se rend à la salle des cartes, revient avec un rouleau et regroupe les autres autour de lui.

Mais quelqu'un a suivi en silence le discours de Misson. C'est Béatrix. Lorsque le chevalier, tout heureux de la tournure des événements, vient la retrouver, elle fait une telle mine que la joie de Misson tombe aussitôt.

— Qu'y a-t-il donc, ma chérie ? N'êtes-vous pas d'accord avec ce que je viens de dire ?

— Mais vous êtes inconscient ! Vous venez, par le désastre d'un combat, de vous retrouver à la tête de ce bâtiment. Ce commandement, vous l'avez acquis et vous devez le tenir au nom du Roy ! Or, je vous entends projeter de voler ce bateau ?

Voulez-vous donc devenir pirate et courir sous le pavillon noir jusqu'à ce que l'on vous pende ? C'est cette vie que vous voulez me faire partager ? Alors, non ! Non, je ne suis pas avec vous ! Je pars avec les Anglais !

— Sur cette chaloupe, larguée en pleine mer ? Mais c'est leur vie qu'ils risquent !

— Et c'est leur honneur qu'ils sauvent ! Le mien vaut bien ce risque aussi !

Béatrix a vraiment l'air décidée. Sous prétexte d'un au revoir discret, Misson la pousse prestement vers la cabine, tire la porte derrière elle et l'enferme ! Le temps pour elle, se dit-il, de revenir à une plus juste vue des choses...

Le lieutenant Ravensdale et son petit groupe s'embarquent sur la chaloupe. Misson leur crie :

— Bonne chance !

— C'est à vous qu'il faut la souhaiter, chevalier ! Moi, j'ai peu de chances de m'en tirer, mais j'en ai ! Vous, en revanche, vous vous balancerez à coup sûr au bout d'une vergue ! Adieu !

En renvoyant cette chaloupe vers la civilisation, Misson coupe le dernier lien avec son monde. Le sort en est jeté.

Le père Caraccioli hisse au grand mât un drapeau bleu, sur lequel se détache, en lettres blanches, le nom de la nouvelle république. *La Victoire* vire de bord : cap sur la terre de *Libertalia* !

Cap sur l'isle de Saint-Laurent, la Grande-Isle. Celle que nous connaissons aujourd'hui sous le nom de Madagascar.

Le voyage se passe sans incident, mais non pas sans histoire. C'est que Béatrix, après avoir fulminé et tenté de défoncer la porte de la cabine, s'y tient maintenant volontairement enfermée ! Elle refuse toute communication avec Misson.

— Je suis sur ce bateau contre ma volonté. Vous êtes traître à notre roi ! Vous ne me ferez pas partager cette infamie !

Misson est désespéré. Il demande l'aide du prêtre.

— Père, essayez, je vous en prie ! Vous, elle vous écoutera ! Parlez-lui de notre projet ! Vous saurez trouver les mots !

Le dominicain tente une approche. Béatrix le laisse entrer, le laisse parler. Alors il parle. Pendant des heures. Puis il ressort de la cabine. À Misson, qui attend anxieux, il adresse un signe de tête pessimiste.

Pourtant, jour après jour, il revient à la charge. La jeune femme reste toujours aussi fermée à ses idées. Mais peu à peu, c'est lui qui ressent quelque chose de bizarre : un sentiment s'infiltre au plus profond… Un sentiment qu'il n'a jamais connu, qu'il n'a jamais cru possible : l'amour. Pas celui pour Dieu. Ni pour le genre humain. L'amour pour UN humain. Pour une femme… Lui aussi, il le sait maintenant, il aime Béatrix. Plus encore : il en est amoureux fou.

Imperceptiblement, ses relations avec Misson changent. Après tout, le chevalier n'a-t-il pas retenu Béatrix prisonnière, sans se soucier de la volonté, de l'opinion, bref : de la liberté de la jeune femme ? Cette liberté que Misson prétend être son idéal même, comme en témoigne le nom qu'il a choisi pour leur future cité ? Et Caraccioli, sans se demander si les élans de son cœur n'occultent pas maintenant sa raison, dirige un regard soupçonneux vers son compagnon : qui est-il vraiment, celui-là ? Quelle idée ne cache-t-il pas derrière sa belle tête ?

Par bonheur, avant que les choses ne s'enveniment entre les deux amis, voici que la vigie annonce :

— Terre ! La Grande-Isle !

Et, presque simultanément :

— Bâtiment droit devant !

Effectivement, c'est bien Madagascar qui est enfin en vue. Mais la Terre promise ne s'offre pas sans difficulté. Un sloop noir, élégant, très bas sur l'eau, arrive à belle allure vers *La Victoire*. Au dernier instant, il vire, présente son flanc et lâche une bordée de boulets, par un nombre impressionnant de bouches à feu. Sérieusement touché dans sa voilure, la frégate de *Libertalia* est contrainte de mettre en panne.

Ce mince vaisseau noir, preste, redoutable, porte comme pavillon une simple flamme rouge. Misson et ses marins le reconnaîtraient à 1 000 lieues. Il n'a pas son pareil. C'est *Le Pélican*, le navire de Tom Tew !

Le pirate le plus redouté de ces dernières décennies ! La mer Rouge, Malabar, les îles Comores : voilà son domaine. Madagascar : son quartier général. Il considère la Grande-Isle comme sienne, et entend bien que personne n'y pose le pied.

Misson, l'air sombre, explique cela à Caraccioli.

— Il va falloir renoncer, mon père.

— Pas du tout ! Notre cause est juste, et, avec l'aide de Dieu, ainsi que vous m'avez rappelé à n'oublier jamais… Je convaincrai ce forban ! Faites-moi conduire à son bord !

Le dominicain s'est fait annoncer comme « ambassadeur plénipotentiaire de la Libre République de *Libertalia* ». Il se retrouve sur *Le Pélican*, au milieu d'une troupe de pirates aux mines épouvantables. Ce que vous pouvez imaginer de pire après avoir vu des superproductions sur grand écran. Mais ceux-là, ils n'ont besoin d'aucun trucage ni d'aucun maquillage : chaque cicatrice de leur visage, chaque mutilation révèle leur dureté et leur cruauté.

Et là se produit une nouvelle fois quelque chose d'impossible : c'est l'irréductible Tom Tew qui se fait tout petit, dès le premier contact ! C'est la première fois qu'il reçoit un officiel ; de plus la robe de moine qu'il aperçoit l'impressionne à un point que personne n'aurait pu supposer. Pas même lui, probablement… L'aide de Dieu ? Allez savoir.

Toujours est-il que Caraccioli ressent instantanément cet avantage : quand il pose le pied sur le pont, il dégaine le sabre qu'il avait apporté comme symbole honorifique de sa « fonction ». Le menton haut, il écarte les pirates, qui lui dégagent respectueusement un chemin jusqu'à leur terrible chef.

Autour de Tom Tew, son état-major, bien composé pour inspirer la frayeur. Deux Malais aux dents limées en pointe, le visage et le crâne complètement couverts de hideux tatouages. Un voyou londonien blond, blafard, efféminé, redoutable lanceur de couteaux. Un colosse, dont la mâchoire purulente, ouverte par un boulet, n'a jamais cicatrisé et qu'il renforce par une mentonnière de cuir. Un Chinois, au demi-sourire affable et cultivé dont la ceinture, ornée d'une série de lames effilées, révèle la spécialité : c'est un ancien bourreau de l'Empereur de Chine.

Tom Tew a soigné la mise en scène. Pour laisser se calmer l'émotion, indigne de lui, que lui avait causée l'habit ecclésiastique, il s'est un peu dissimulé derrière son staff et se révèle enfin. Conforme, lui aussi à la tradition de l'imagerie : puissant, hirsute, chamarré, des bagues à tous les doigts et des pistolets dans le large baudrier.

Cet ancien gentilhomme authentique, un Américain de la Nouvelle-Angleterre, est devenu par vocation le plus craint, le plus tonitruant, le plus paillard pillard des coureurs d'océan.

Nul récit ne mentionne exactement quel langage l'habile Caraccioli sait lui tenir. Quels honneurs lui promet-il, pour le convaincre et le toucher ?

Le soir même, une impossible équipe est réunie sur *La Victoire*, pour un dîner somptueux : Misson, Férolles, Caraccioli et Tom Tew. Et voyez ce qui n'est même plus du domaine de l'impossible, mais carrément de l'invraisemblable : au mât du sloop *Le Pélican*, la fameuse flamme rouge – qui a bravé les pavillons de toutes les marines royales – , est remplacée… par le drapeau bleu de *Libertalia* !

Pendant cette nuit mémorable, les bases de la Constitution de la cité du bonheur sont lancées. À la fois simplistes et très avancées pour l'époque.

La religion chrétienne sera obligatoire, mais le culte pratiqué sera dépouillé, tout luxe et tout apparat en seront bannis.

Tout homme, indigène ou voyageur, pourra devenir *liberi* à part entière : il lui suffit d'accepter les règles de la Constitution.

Un nouveau langage va être inventé : un mélange de latin, d'italien, de français, d'anglais et de malgache.

La devise sera : « Générosité, Reconnaissance, Justice, Fidélité ».

C'est vraiment la cité idéale. Dans les jours suivants, *Libertalia* commence à surgir du sol.

Le site choisi est une belle vallée, près d'une rivière, sur une terre où vit le peuple Antemoro.

La ville est organisée autour d'un centre, où s'élèveront les monuments et bâtiments publics. De là, partent des rues qui se coupent à angle droit, jusqu'à de grosses murailles de pierre qui protégeront la capitale.

Bientôt, la ville se met à vivre. Les indigènes viennent au marché, apportent des marchandises, font des échanges.

Cependant, sur la mer, les nouvelles voyagent plus vite que les bateaux : l'existence de *Libertalia* est très rapidement connue sur de lointains rivages. Des flibustiers et pirates de toutes origines y convergent. Ils espèrent trouver un refuge, un lieu vivable où leur tête ne sera plus mise à prix... Un lieu dans lequel ils se referont une honorabilité, ne seront plus des proscrits.

Conformément à la Constitution, ils sont acceptés comme *liberi.* Ils choisissent un lopin de terre, chacun y construit sa case. Toutes ces habitations sont semblables, pour éviter les marques d'inégalité.

À l'intention des nouveaux arrivants, une loi est édictée : les jurons sont interdits sur le sol libertalien et punis d'une forte amende. On peut imaginer qu'avec de pareils olibrius, habitués aux comportements les plus débridés, les caisses de l'État se remplissent assez rapidement !

Pendant que s'organisent tous ces détails, ridicules ou importants, d'autres événements se déroulent. Tom Tew le redoutable, Tom Tew le requin des sept mers, passe des nuits entières à rêver en regardant une lumière fragile, qui brille au hublot d'une certaine cabine, à bord de *La Victoire*.

Le hasard lui a fait découvrir l'existence de Béatrix, la belle séquestrée, dont la présence avait été tenue secrète par Misson.

On le comprend : elle est la seule femme blanche à des milles autour de la République !

Alors, oui : le cruel Tom Tew se découvre un cœur. Le voici, à son tour, romantique amoureux de la gracieuse silhouette à peine entrevue !

Mais arrive le jour de la grande fête qui marquera la naissance de la nouvelle république. Tous les hommes y assistent, rassemblés sur la grand-place. Soudain, Tew demande le silence.

— Amis, voulez-vous que les *liberi* deviennent un vrai peuple ?

Acclamations.

— Un vrai peuple, honorant la loi divine, se construit autour de la famille et de son respect !

Acclamations.

— Un vrai peuple voit ses enfants naître sous un même drapeau !

Acclamations.

— Alors mes amis, les *liberi* doivent fonder des foyers ! Les *liberi* doivent avoir des enfants, nés sur cette terre et sous ce drapeau !

Acclamations.

— L'exemple doit venir d'en haut ! Je propose que, dès maintenant, notre État se donne une régente !

Et, devant la foule éberluée, Tom Tew s'efface pour révéler aux regards la belle Béatrix, qu'il a fait enlever sur *La Victoire* et amenée en secret. L'ovation est générale ! À la faveur de cette ferveur, Tom Tew clame :

— D'ailleurs, si le chevalier Misson n'épouse pas cette belle, je l'épouserai, moi !

Pris de court, Misson glisse quelques mots à Béatrix : qu'elle l'épouse, pour la forme et sur-le-champ ! Il faut éviter que les émois populaires ne tournent en émeute !

L'atmosphère est tellement électrique que Béatrix ne peut pas faire courir ce risque à tout un peuple : elle accepte. Le mariage est célébré dans l'instant, par le père Caraccioli.

Si tout se terminait ainsi dans le meilleur des mondes, ce serait un peu trop facile et le public trouverait le scénario faiblard. Mais nous sommes dans la réalité : le grain de sable se glisse dans l'engrenage. Cette union ne sera pas consommée. Inflexible, tant que Misson ne fera pas allégeance au roi de France, Béatrix retourne s'enfermer sur *La Victoire*.

Vous savez comment cela se passe dans une mécanique où s'introduit le grain : lorsqu'elle commence à gripper, tout tourne de travers. Là, ce sera très rapide.

Tom Tew, déçu, se mord les doigts de sa maladresse : qu'est-ce qui lui a pris de donner le choix à Misson, au lieu de profiter de l'effet de surprise et de demander Béatrix en mariage pour lui-même ? Mais comme il a de la suite dans les idées et que cet épisode romantique a un peu échauffé l'esprit de ses forbans, il décide de les calmer en les autorisant à partir en razzia sur plusieurs villages des Antemoros. Il s'agit de ramener des épouses pour les *liberi*.

Au retour, des disputes éclatent : quelques citoyens veulent avoir plusieurs femmes. Comme jusqu'à présent il n'y en avait aucune, la Constitution n'a pas songé à interdire cette pratique. Tout ce qui n'est pas interdit étant permis, va donc pour la polygamie ! Mais comme toutes les épouses ont été attribuées, un citoyen plus affamé que les autres n'hésite pas à s'introduire chez son voisin pour lui voler sa conquête. Le voisin le surprend et l'intrus le tue.

Voici donc le premier crime commis dans la cité idéale. Il faudrait que ce soit aussi le dernier. Pour faire un exemple marquant et définitif, Misson prononce la peine capitale.

Tom Tew ne l'entend pas de cette oreille : pour lui, trancher la gorge d'un quidam pour lui piquer sa dulcinée n'a jamais été un acte méritant punition. Sans cela, il aurait été puni plusieurs fois par jour, fut un temps ! De son point de vue, la première injustice à *Libertalia*, c'est justement cette condamnation ! En vertu de quoi, avec son ancien équipage, il décide de délivrer le prisonnier qui attend sa dernière heure.

Mais comme emprisonner quelqu'un entraîne la nécessité de le surveiller, Misson, en créant la prison, a créé aussi des postes de gardiens. Ceux-ci, de par leur fonction se considèrent obligés de riposter aux troupes de Tom Tew. S'ensuit un désordre considérable, avec des cris et des coups de feu, audibles de fort loin.

Or (comme dirait Shrek), le « royaume de Fort, Fort Lointain » jouxte la république de *Libertalia* : il s'agit de celui du peuple antemoro. Et qui dit royaume, dit roi.

Les Antemoros ont un souverain, à qui le coup de la razzia et les enlèvements d'épouses sont restés en travers du gosier. Sa royale fierté a souffert de ne pouvoir mener des représailles immédiates. Mais contre des pirates aguerris et pourvus d'armes à feu, la prudence conseillait à l'orgueil de s'écraser, en attendant le moment propice. Le voici : désordre manifeste à *Libertalia*, combats où les *libéri* s'entre-déchirent... Le roi lance sa tribu à l'assaut de la cité.

Attaqués de tous côtés, désorganisés par leur lutte fratricide, les citoyens de la nouvelle république sont pris par surprise et massacrés dans leur presque totalité.

Tom Tew se défend comme un beau diable, mais une lance le cloue net au milieu de la place centrale.

Misson et Caraccioli ont réussi, par miracle, à sortir de la ville. Ils trouvent une barque et rament de toutes leurs forces vers la frégate *La Victoire*, à bord de laquelle est toujours Béatrix. Le fidèle Férolles, qui veillait sur elle, a saisi la situation : il a déjà donné l'ordre de tout parer pour mettre à la voile.

La barque approche, suivie de près par plusieurs pirogues, chargées d'Antemoros hurlants. Férolles fait pointer les mousquets au bastingage et le feu nourri arrête les poursuivants.

Déjà Misson et Caraccioli escaladent la coque de la frégate. Misson, le premier, prend pied sur le pont, se retourne et tend la main au prêtre. À cet instant, une dernière flèche traverse la gorge du dominicain, qui tombe à la renverse.

C'est terminé. Pendant que la frégate prend le large, Misson regarde au loin s'élever une épaisse fumée : *Libertalia*, son beau rêve, s'évanouit pour toujours.

Le chevalier fait amener le pavillon bleu à lettres blanches de la jeune nation, morte sitôt née. À sa place, il fait hisser le drapeau à fleurs de lys.

Puis il entre dans la cabine, pour chercher enfin l'oubli dans les bras de Béatrix. Mais les larmes lui nouent la gorge, lorsqu'il murmure :

— Vive le Roy...

Quelle belle dernière image, n'est-ce pas, pour votre grand film en costume ? Mais la vie peut aller jusqu'à la perfection : la frégate *La Victoire* s'est perdue sur le chemin du retour vers la France. Perdue corps et biens.

Il serait difficile de trouver mieux, non ? Alors, que nous reste-t-il ? À vous saluer et à écrire, en lettres d'or, au milieu de l'écran, le mot :

FIN

Maintenant, un petit clin d'œil personnel des auteurs : cette histoire nous est connue pour avoir été relatée en 1724, par un certain capitaine Charles Johnson. Son ouvrage, *Histoire générale des plus fameux pirates*, est la seule trace écrite de ce personnage.

On a supposé que Charles Johnson était l'un des pseudonymes de Daniel Defoe, l'auteur de *Robinson Crusoé*.

Certains historiens contestent la véracité des faits rapportés et veulent n'y voir qu'une œuvre romancée, dans laquelle le prolifique Defoe aurait accumulé toutes sortes d'idées pour des événements et des héros, qui auraient pu constituer la trame de nombreux scénarios, et qu'il n'a jamais poussés plus loin.

Alors, comme souvent, nous vous laissons le soin de décider, pour ce récit comme pour tous ceux qui composent ce recueil : préférez-vous qu'il reste dans votre mémoire comme une épopée véritable, bien qu'impossible ?

Ou plutôt comme une aventure possible… Mais de pure invention ?

Table

Prologue 7

1. Les amants de Melbourne 9
2. Panique sur Turin 31
3. Cendrillon engueulait les anges 49
4. Un amour… vraiment fou ! 91
5. Un cadeau emm… bêtant 101
6. L'amour est un collier de pierres bleues 111
7. Le mariage est toujours une loterie 133
8. La couleur de l'âme 147
9. Au nom du buzz 177
10. Silence, s'il vous plaît ! 195
11. Le grigou 211
12. Roger ? Il est plus là… 225
13. Un cerveau détraqué 241
14. OOPS ! 251
15. Le désespoir n'a pas de visage 265
16. Supertoubib 279
17. La saga d'Ascott 295
18. Le destin, à la seconde près 335
19. Les sabots dans le plat 345
20. Les dessous de l'espionnage 357
21. Le diable est… une vieille carne ! 371
22. *Libertalia.* L'épopée d'une chimère 395

Du même auteur (suite)

L'Empreinte de la bête : 50 histoires où l'animal a le premier rôle, Albin Michel, 2000.

Les Amants diaboliques : 55 récits passionnément mortels, Albin Michel, 1999.

L'Enfant criminel, Albin Michel, 1998.

Les Aventuriers du XXe siècle, Vol.3. Journées d'enfer, Albin Michel, 1998.

Les Aventuriers du XXe siècle, Vol.2. Ils ont vu l'au-delà, Albin Michel, 1997.

Les Aventuriers du XXe siècle, Vol.1. Carrefour des angoisses, Albin Michel, 1997.

Possession : l'étrange destin des choses, Albin Michel, 1996.

Issue fatale : 75 histoires extraordinaires, Albin Michel, 1996.

Tragédie à la une : la Belle Epoque des assassins, avec Alain Monestier, Albin Michel, 1995.

Nuits d'angoisse : 50 histoires vraies, TF1 Éditions, 1995.

Crimes de sang, TF1 Éditions, 1995.

La Peur derrière la porte, TF1 Éditions, 1995.

Instant crucial : les stupéfiants rendez-vous du hasard, Albin Michel, 1995.

Instinct mortel : 70 histoires vraies, Albin Michel, 1994, rééd. Albin Michel, 1996, Éditions de la Seine, 2001.

Les Génies de l'arnaque : 80 chefs-d'œuvre de l'escroquerie, Albin Michel, 1994.

Dictionnaire des 1 000 trucs, TF1 Éditions, 1992.

L'Année criminelle : les 80 histoires extraordinaires de l'année, TF1 Éditions, 1992.

Dossiers secrets, Éditions n° 1, 1989.

Les Crimes passionnels : 50 histoires vraies, TF1 Éditions, 1989.

Par tous les moyens : 38 histoires bouleversantes de sauvetage, Éditions n° 1, 1988.

Histoires choc, Éditions n° 1, 1987.

Marqués par la gloire : 23 destins exceptionnels, Éditions n° 1, 1986.

Les Assassins sont parmi nous, Éditions n° 1, 1986.

Histoires de mystères, avec Jean-François Nahmias, Éditions n° 1, 1985.

Au nom de l'amour : 59 histoires de passion, Éditions n° 1,1985.

Les Tueurs diaboliques, Éditions n° 1, 1985.

Dossiers secrets, Éditions n° 1, 1984.

Les Grands Crimes de l'histoire, Éditions n° 1, 1984.

Suspens, vol.2, Éditions n° 1, 1994.

Suspens, vol.1, Éditions n° 1, 1983.

Quand les femmes tuent, Éditions n° 1, 1983.

Histoires vraies, vol.2, Éditions n° 1, 1982.

Histoires vraies, vol.1, Éditions n° 1, 1981.

C'est arrivé un jour, vol.2, Éditions n° 1, 1979.

C'est arrivé un jour, vol.1, Éditions n° 1, 1979.

Les Dossiers d'Interpol, vol.2, avec Jacques Antoine, Éditions n° 1, 1979.

Les Dossiers d'Interpol, vol.1, avec Jacques Antoine, Éditions n° 1, 1979.

Les Aventuriers, avec Jacques Antoine, Fayard, 1978.

Les Dossiers extraordinaires de Pierre Bellemare, avec Jacques Antoine, Fayard, 1976.

Mise en page Meta-systems
59100 Roubaix

Cet ouvrage a été achevé d'imprimer en mars 2014
dans les ateliers de Normandie Roto Impression s.a.s.
61250 Lonrai
N° d'édition : L.01ELKN000505.N001
N° d'impression : 1401275
Dépôt légal : avril 2014

Imprimé en France